의료계약법론

의료계약법론

김 병 일 著

한국학술정보㈜

책 머리에

오늘날 의사와 환자 사이의 계약에 의한 법률행위의 빈도가 다른 계약과 견주어서 결코 적지 않고, 당사자 사이의 신뢰가 중요한 역할을 하고 있는 것은 주지의 사실이다. 그러나 민사상의 손해배상청구소송에 있어서 그 청구원인을 불법행위로 구성하는 경향이 강하고, 이러한 경향은 환자 측이 의사 측의 의료과실을 원인으로 손해배상을 청구하는 의료소송에 있어서도 마찬가지이다.

우리나라의 민법전에 의료계약이 하나의 전형계약으로 규정되어 있지 않은 실정이다. 그리고 개별적인 법률로 의료법과 보건의료기본법이 있기는 하지만, 동 법률들은 국가의 의료기관 및 의료인에 대한 행정상의 문제에 중점을 둔 법률이다. 그럼에도 불구하고 오늘날 사회 환경의 변화와 과학기술의 발달에 따른 의료기술의 발전으로 인하여 더욱 복잡한 법률문제가 의료분야에 나타나고 있다. 따라서 그러한 변화에 적합한 법제도의 보완 또는 신설이 필요하다.

이 책에서는 우선, 의료계약에 대한 일반론으로서 외국의 입법 내지는 입법노력의 경과를 독일과 네덜란드 의료서비스계약법을 중심으로 살펴보았다. 또한 환자와 의사 사이의 의료계약관계의 기초적 법률관계를 고찰하여 당사자 사이의 보편적인 권리의 행사와 의무이행을 확보하기 위한 행위준칙의 구체화를 시도하였다. 특히 행위준칙의 구체화를 위해 의료계약의 본질, 법적 성질, 민법상의 위임계약과 의료계약의 관계 및 전형계약으로의 규율문제 등을 다루었다.

둘째, 의료분쟁의 해결에 있어서 당사자 사이의 권리·의무관계의 구체적인 범위설정 등을 통하여 각 당사자에게 자신의 행위의 결과에 대한 예측가능성과 예방적 기능을 할 수 있는 의료계약의 효력을 의사 측과 환자 측의 입장에서 각각 정리해 보았다.

셋째, 의료계약도 다른 계약과 마찬가지로 각 당사자 사이에 채권·채무관계가 발생하게 되고, 그에 따른 권리의 행사와 의무의 이행문제가 발생하게 된다. 그러나 의료계약은 환자 측의 의사 측에 대한 의료과실을 원인으로 하는 손해배상청구소송에 있어서 전통적인 계약이 아닌 이른바 현대사회의 발전과 더불어 나타난 현대형 소송의 한 유형으로서 입증의 곤란성 등 입증책임의 문제가 가장 중요한 문제로 나타나게 된다. 따라서 의료계약의 불이행과 그 구제의 부분에서는 입증책임의 문제와 소송 이외의 방법에 의한 의료피해의 구제에 대한 방안에 대하여 논하여 보았다.

넷째, 마지막 장에서는 본문에서 논한 내용의 종합적인 검토와 요약을 하고, 앞으로 우리나라에서 의료계약에 대한 입법을 하는 경우 참작해야할 것이라고 생각되는 입법론 및 대안에 대하여 논하였다.

이 책은 필자가 2004년 8월에 발표한 박사학위논문을 바탕으로 서명을 새로이 붙이고, 논문 발표 후 발견된 오류의 수정과 미진한 부분을 보충하여 출간한 것이다. 또한 필자가 의료문제에 관심을 갖게 된 데에는 18년 전에 위암으로 고생

하시다 돌아가신 아버님의 영향이 크다 할 것이다. 이 책을
고인이 되신 아버님, 오늘에 이르기까지 물심양면으로 뒷바
라지를 아끼지 않는 가족 및 아내 천정애에게 바친다. 그리
고 필자에게 학문의 길을 바르게 걷도록 곁에서 항상 지도해
주신 徐 敏 지도교수님께 이 자리를 빌려 다시 한번 진심으
로 감사드린다. 끝으로 언제나 격려와 충고를 아끼지 않으시
는 韓福龍 교수님, 朱仁 교수님, 金容秦 교수님, 申有哲 교수
님과 鄭震明 선배님, 成升鉉 선배님께도 감사드린다.

2006년 3월

김 병 일

목 차

第1章 序 論

第2章 醫療契約 一般論

第5章 結　論

第 1 章 序　論

第 1 節　問題의 提起

오늘날 민사상의 법률분쟁에 있어서 손해배상을 청구하는 경우에 그 법리구성은 계약보다는 불법행위를 원인으로 청구하는 경향이 강하다. 이러한 경향은 계약관계에 있어서 계약당사자의 고의·과실이 있는 경우 채무불이행책임과 불법행위책임을 모두 물을 수 있지만, 채무불이행책임에서는 채권자의 채무자에 대한 위자료청구권이 거의 인정되지 않기 때문이다. 그로 인하여 민법상 책임법체계는 채무불이행보다는 불법행위를 원인으로 하는 손해배상판례가 두드러지게 많아 두 책임체계의 균형 있는 성장·발달이 이루어지지 않고 있다.

이러한 경향은 의료분쟁에도 그대로 반영되어 의료관계에서 발생하는 환자 측과 의사 측의 의료분쟁소송에 있어서도 채무불이행으로 법리를 구성하여 손해배상을 청구한 판례는 극소수에 불과한 실정이다.[1] 이러한 현상에 대해 "사법영역에서 계

---

[1] 대판 1988. 12. 13. [85다카1491]; 대판 1994. 2. 22. [93다4472]; 대판 2001. 11. 9. [2001다52568] 등. 의료계약과 관련된 위 판결들은 의사와 환자 사이의 계약 성립의 인정 여부와 의사의 환자에 대한 의료비의 지급을 청구한 사례들이다. 환자가 의사를 대상으로 소송을 제기하는 경우에는 불법행위를 청구원인으로 제기함에 비하여, 의사가 환자에 대하여 의료비 등의 보수청구를 할 때에는 의사와 환자의 계약관계의 성립을 전제로 하여(민법 제680조), 채무불이행

약책임과 불법행위책임이 분화되지 않았던 전근대사회의 '사또재판'에서나 볼 수 있는 현상"이라고까지 비판되고 있다.[2]

오늘날과 같은 복잡·다양한 사회 속에서 각각의 법률행위에 맞는 법이론을 모두 갖춘다는 것이 불가능한 일이기는 하지만, 의사와 환자 사이의 진료행위에 관한 계약의 빈도가 다른 계약과 견주어서 결코 적지 않고, 국민들 대부분이 의료행위의 도움을 받고 살아갈 수밖에 없는 것이 현실이다. 또한 의사와 환자 사이의 의료계약도 다른 계약과 마찬가지로 당사자 사이의 신뢰관계가 중요한 역할을 하고 있기 때문에 의료관계를 올바르게 자리 매김할 필요가 있다.

그럼에도 불구하고 실무에서는 의료계약관계에서 발생하는 대부분의 법적 분쟁이 당사자 사이에 특별한 관계가 없는 경우에 적용되는 불법행위이론을 통해 해결되고 있다.[3] 이러한 현상은 의료계약이 전형계약으로 되어 있지 않은 점, 입증책임에 있어서 계약책임과 불법행위책임 사이에 차이가 거의 없다는 점, 손해배상의 범위에 있어서 계약책임에서는 위자료청구권이 거의 인정되지 않는다는 점 등이 주요한 이유이다. 그렇다고 하여도 의료계약관계에서 발생하는 법적 분쟁을 불법행위로만 해결하고자 하는 것은 합리적이고 타당한 해결방법이라고 볼 수 없다.

을 그 법적 근거로 하고 있다.

2) 曺圭昌, 債務不履行과 不法行爲(不法行爲判例肥大化의 原因), 主題別判例研究 ⑤ 民法, 債權(Ⅱ), 法院公報社, 1993, 160쪽.
3) 그러나 판례는 환자와 의사 사이의 기본관계가 계약관계라는 점을 분명히 밝히고 있다(대판 1994. 4. 15. [93다60953]; 대판 1997. 7. 22. [95다49608]; 대판 2002. 10. 25. [2002다48443] 등).

第 2 節 研究의 目的

의사와 환자의 관계가 의료계약에 기초하고 있음은 주지의 사실이다. 그러므로 이 연구에서 의사와 환자의 관계를 계약법 이론에 기초하여 고찰하는 것은, ① 계약당사자의 정상적인 의무이행을 확보하기 위한 행위준칙을 구체화할 수 있는 기초를 제공하고, ② 의료사고 발생 시에 그 책임구조를 불법행위책임으로 구성한다고 하더라도 그 책임요건인 과실, 즉 주의의무위반의 내용특정에 기초가 되며, ③ 그에 따라 각 당사자의 권리의무관계를 구체화함으로써 과실상계의 구체적 근거를 제공하며, ④ 소송상 입증방해이론의 적용에 대한 근거를 마련해 준다.4) 뿐만 아니라 의사와 환자 사이의 관계를 계약관계로 구성함으로써 의사의 설명의무와 그 설명에 대한 수령과 동의 및 의료기록에의 접근에 대한 환자의 권리의 본질적인 출발점을 계약법의 대원칙인 사적자치에서 찾을 수 있게 된다. 따라서 환자와 의사의 법률관계를 계약법이론에 따라 그 관계를 설정하고, 그 관계로부터 발생하는 문제에 대한 해결방법을 모색하여, 각 당사자에게 자신의 행위의 결과에 대한 예측가능성과 예방적 기능을 할 수 있는 준칙을 좀 더 구체적으로 마련하고자 한다.

의료계약은 전통적인 계약법이론에 따르는 경우에는 의료계약의 의의, 유형 및 법적 성질, 성립요건과 종료사유 및 의

---

4) 石熙泰, 醫療契約(上), 司法行政 通卷 第333號(1988. 9.), 36쪽; 同, 醫療契約의 法的 性質과 內容, 月刊考試, 1994. 3, 14쪽.

료계약의 효력인 계약당사자의 권리·의무에 대하여 살펴보아야 한다. 이러한 의사와 환자 사이의 제 문제에 대하여 지금까지 국내외에서 많은 논의가 진행되었다. 그러나 밀실성, 폐쇄성, 재량성 및 침습성 등과 같은 의료행위와 의료계약의 특성과 함께 새로운 형태의 의료기술이 계속해서 등장하고, 그로 인하여 의료관계에 새로운 법률문제가 나타나고 있다. 그러므로 의료기술의 발전에 따른 지속적인 의료계약법이론의 연구뿐만 아니라 의료분쟁에 대한 의료분쟁조정법·의료배상책임보험 등의 법적·사회구조적 대처방안 또는 제도에 관한 고찰도 중요한 문제이다.

따라서 의료관계에 대하여 계약법이론을 통하여 구체적으로 검토하고, 의료계약이 갖는 법적 성질과 관련하여 위임계약이 적용될 수 없는 특수한 성질은 어떠한 것이 있으며, 이를 극복하기 위해 어떠한 법해석 또는 입법이 필요한지를 살펴보아야 한다. 또한 의료소송에 있어서 그동안 많은 논의가 이루어져왔던 환자 측의 의사 측의 과실과 인과관계의 입증에 대한 입증완화이론, 우리나라 판례의 최근 동향 및 의사 측과 환자 측 당사자들 사이의 극단적인 대립을 회피할 수 있는 소송 이외의 분쟁해결방법 또는 제도에 대한 검토가 필요하고, 어떠한 제도의 활용 또는 정비가 필요한가를 살펴볼 필요성이 있다.

이 연구는 의료분쟁의 해결에 있어서 당사자 사이의 권리·의무관계의 범위를 구체적으로 설정하고, 종래의 불법행위책임 일변도의 손해배상청구의 경향에서 벗어나 채무불이행책임의 이론구성을 통한 해결방법을 제시함으로써 손해배

상책임체계의 균형 있는 성장·발달에 기여함과 아울러 의료
계약 당사자들의 권리의 행사와 의무의 이행에 대한 예견가
능성을 높여주고, 의사와 환자 사이의 의료관계를 당사자 사
이의 신뢰에 바탕을 둔 계약이라는 인식의 전환을 꾀하고자
한다. 뿐만 아니라 의료분쟁에 대하여 소송에 의한 해결이
불가피한 경우 외에는 각종의 조정 및 보험제도와 같은 법
적·사회적 제도에 의한 해결방법을 모색함으로써 당사자 사
이의 신뢰관계의 회복과 법적 분쟁으로 인한 시간과 비용의
낭비를 줄일 수 있는 방안을 마련하는 데 그 목적이 있다.

第 3 節　硏究의 方法 및 範圍

이 연구에서는 의료계약의 당사자 사이에 발생하는 법률관계
를 계약법 이론으로 구성하여 논의하고 있는 우리나라와 외국
의 문헌자료를 탐색하여 연구의 기초로 삼았다. 특히 의료계약
에 있어서 의사와 환자 사이의 법률관계는 우리나라와 유사한
위임규정을 가지고 있는 일본의 학설과 판례를 주로 참고하였
고, 의료분쟁을 해결하기 위한 소송 또는 법적·사회적 제도에
대한 검토에서는 필요한 한도 내에서 독일·미국·일본 등의
외국문헌과 함께 각종 보고서, 공청회자료 및 인터넷 검색을 통
한 자료도 참고하였다. 특히 입법론을 마련하는 데 있어서는 이
책에서 검토되어 앞으로 마련되어야 될 것이라고 생각되는 견
해와 아울러 이미 1994년에 민법전에 「의료서비스계약(The

contract for medical services)」을 규정한 네덜란드 민법과 독일의 채권법 개정과 관련하여 1981년에 발표되었던 Deutsch/Geiger의 Medizinischer Behandlungsvertrag(Gutachten und Vorschläge Zur Überarbeitung des Schuldrechts)도 참고하였다.

의료사고는 경우에 따라서 행정·형사·민사상의 문제를 복합적으로 발생시키지만, 이 연구에서는 민사책임 중에서 계약책임에 중점을 두고 고찰하였다. 또한 미용성형·불임수술·성전환수술 등 특수한 의료계약의 문제는 개별적으로 검토해 볼 필요성이 있지만, 특수한 의료계약이나 특약이 있는 의료계약을 제외한 일반적인 의료계약관계의 범위로 한정하였다.

위와 같은 방법으로 아래와 같이 연구하였다.

제2장에서는 환자와 의사 사이의 의료관계의 발생유형과 그로부터 나타나는 법률관계를 살펴보고, 그중에서 계약관계를 중심으로 ① 의료계약의 의의, 내용, 종류 및 법적 성질, ② 보건의료기본법과 의료법 등 의료와 관련된 법률들이 규정하고 있는 진료거부금지의무와 의료계약의 청약·승낙의 문제 및 구체적인 경우 의료계약의 체결능력과 권리·의무를 갖는 당사자의 문제, ③ 민법상의 전형계약인 위임계약과 의료계약의 비교·검토 및 의료계약의 종료사유에 대하여 살펴본다.

제3장에서는 의료계약의 체결과 함께 당사자들 사이에 나타나는 의료계약 특유의 권리와 의무를 의사 측과 환자 측으로 나누어 살펴본다. 다만, 의사의 설명의무는 계약법 이론에 그 중심을 맞추어 살펴보고, 그 이외의 부분은 개괄적인 고

찰에 그치는 것으로 그 범위를 한정하였다.

　제4장에서는 의료계약의 일방당사자의 채무불이행을 이유로 타방당사자가 손해배상을 청구함에 있어서 나타나는 청구원인의 법리구성과 입증책임을 둘러싼 문제에 대하여 살펴본다. 다만, 입증책임의 문제는 전반적으로 다루지 않고, 의료소송의 특수성 등으로 인해 나타나는 환자 측의 입증곤란의 문제를 계약법이론을 통해 해결하고자 하는 이론과 그 비판에 대해 검토하는 한도 내에서 살펴본다. 또한 오늘날 미국·독일·일본에서 환자 측의 입증책임을 경감하기 위해 이용하고 있는 res ipsa loquitur 이론, 표현증명 및 개연성이론을 살펴보고, 아울러 우리나라 판례의 최근동향을 살펴본다.

　또한 의료계약의 불이행이 있는 경우 그 해결은 소송에 의하지 않고 의료배상책임보험 또는 각종의 조정제도에 의해서도 해결할 수 있다. 우선 의료배상책임보험제도가 활성화된 미국·독일·일본의 현황을 살펴본 후, 현재 우리나라의 현황과 그 활성화방안에 대하여 검토한다. 그리고 현재 의료분쟁의 해결에 이용되고 있는 조정제도 중에서 민사조정법에 의한 조정 및 소비자보호원의 소비자분쟁조정위원회에 의한 조정제도의 운영현황, 실적, 문제점 및 그 개선점과 활용방안에 대하여 살펴본다.

　제5장 결론에서는 제2장 내지 제4장에서 논한 내용을 종합적으로 요약·정리하여 의료계약관계의 구체화를 시도한다. 또한 환자와 의사 사이에 의료사고로 인한 의료분쟁이 발생한 경우 소송에 의하지 않고 양 당사자 사이의 분쟁을 공평·타당하게 해결할 수 있는 법적·사회적 제도의 문제점,

그 해결방안 및 활성화방안에 대한 검토와 함께 앞으로의 발전방향을 제시하였다. 아울러 앞으로 의료계약관계의 구체적인 규율을 위해 필요한 의료계약 또는 의료계약법의 마련을 위한 입법론의 제시와 도입해야 될 필요성이 있는 제도를 제시해보았다.

第 2 章 醫療契約 一般論

第 1 節 序 說

I. 槪 說

의료는 과학기술의 발달과 더불어 새로운 형태의 편의기구·시설이 이용자를 끌어 모으는, 즉 공급이 수요를 창출하는 특성을 가지고 있는 계약의 하나이며,5) 이로 말미암아 의료분쟁을 해결하기 위해서는 고도의 의학적인 지식뿐만 아니라 과학기술과 법이론을 필요로 하고 있다. 또한 의료분쟁에 있어서 사법상의 문제는 계약, 불법행위, 사무관리 등의 법이론적 문제를 수반하여 복잡하게 전개되고 있다.

의료계약6)도 다른 계약과 마찬가지로 일반적인 성립요건으로, ① 계약의 당사자 가 존재하여야 하고, ② 당사자 사이에 의사표시의 합치, 즉, 청약과 승낙의 합치가 있어야 한다. 그러나 대부분의 경우에 계약체결의 단계에서는 의료계약이

---

5) 丁容鎭, (대법원 판례 정선)보건의료법·의료분쟁, 울림사, 1999, 57쪽.
6) 의료계약은 주로 진료계약에 관한 문제이기는 하지만, 각종의 모든 의료행위를 목적으로 하는 계약을 포괄하는 명칭으로 사용하고 있다 (金天秀, 診療契約, 民事法學 第15號(1997), 147쪽). 따라서 의료계약은 진료계약의 개념보다 더 넓은 의미의 일반적이고 포괄적인 환자와 의사의 의료서비스를 목적으로 하는 계약이라고 할 수 있다.

목적으로 하는 의료의 범위가 개괄적이고 추상적이기 때문에 불분명한 경우가 많다. 특히 계약의 당사자와 관련해서 환자 측 당사자가 행위무능력자 또는 의사무능력자인 경우에 있어서는 계약체결의 능력과 계약책임을 부담하는 당사자가 불분명하기 때문에 많은 학설이 등장하고 있다.

또한 의료계약이 위임과 비슷한 성질을 가지고 있다고 하더라도, 위임계약은 위임사무의 종료, 위임사무의 이행불능, 기간의 만료[7] 및 조건의 성취 등으로 종료하지만, 의료계약은 당사자의 계약해지, 당사자의 사망·파산 및 법인인 의료기관의 해산, 수임인의 후견개시·자격상실·면허취소 등의 경우에 종료하며, 위임계약과 다른 특질을 가지고 있다.

이 장에서는 우선 의료계약에 관한 법률규정을 가지고 있거나 입법을 시도한 외국의 입법례를 살펴보고, 환자와 의사 사이의 의료관계와 의료계약의 의의, 내용 및 법적 성질과 위임계약과의 관계를 비교·검토한 후, 의료계약의 성립과 종료의 문제를 살펴본다.

Ⅱ. 立法例

의료계약에 관하여 민법전에 명문으로 규정하고 있는 대표적인 나라는 네덜란드이다. 다만, 영국도 환자의 설명의무와 관련하여

---

7) 의료계약은 기간의 정함이 없는 것이 일반적이지만(金天秀, 診療契約, 166쪽), 일정한 기간 동안 요양을 하기로 하는 계약을 체결하는 경우도 있을 수 있다(金玟中, 醫療契約, 司法行政 特輯號(1991. 1.), 46쪽).

16세 이상의 미성년자의 수령능력과 동의권을 가족법에 규정해놓고 있다.8) 또한 독일에서도 1979년부터 감정의견을 작성하면서 민법전의 개정작업을 시도하였고, 그중에 Deutsch/Geiger의 "의료계약(Medizinischer Behandlungsvertrag)"에 관한 감정의견과 입법안이 있었다. 아래에서는 네덜란드 의료서비스법(Dutch Medical Services Act 1994)9)에 대한 입법배경과 그 주요내용 및 독일의 Deutsch/Geiger의 입법안을 살펴본다.

1. 네덜란드 醫療서비스契約法

(가) 立法의 背景

네덜란드는 민법전에 의료서비스계약을 규정하기까지 많은 법적・사회적 과정을 거쳤다. 의료서비스계약의 입법은 ① 안락사(euthanasia)와 자살관여(assisted suicide)에 대한 법적・사회적 논쟁, ② 의료서비스에 대하여 의사의 말을 무조건적

---

8) 영국의 Family Law Reform Act, 1969, C. 46의 제8조는 제1항에서 "자신에 대한 침해를 구성하는 모든 외과・내과 또는 치과치료의 동의는 미성년자이더라도 16세 이상의 자인 경우에는 성년에 달한 경우와 동일한 효력을 갖는다. 또한 미성년자가 본 조항에 따라 치료에 대한 유효한 동의를 한 경우에는 친권자 또는 후견인으로부터 어떠한 동의를 얻을 필요가 없다"고 규정하고 있고, 제2항에서는 "그에 수반하는 부수적인 모든 처치(마취의 실시)에도 적용이 있다"고 규정하고 있다. 그리고 제3항은 경과조치로서 "본 조가 제정되지 않았던 때 행한 동의도 유효하다"고 규정하고 있다.
9) 이하에서는 네덜란드 민법 Book 7, Title 7, Subchapter 5의 표현(The contract for medical services)에 따라 의료서비스계약이라는 용어를 사용한다.

으로 신뢰하지 않고 의문을 제기하는 새로운 세대의 등장과 그러한 세대들에 대한 의료전문인의 인식부족, ③ 새로운 세대들과 견해를 같이하는 입법자들의 등장, ④ 1973년 J. F. Rang의 "환자의 권리(Patients' Rights)"라는 연설에서부터 시작된 환자의 권리를 위한 운동이 시작되면서 나타난 의료서비스에 대한 인식의 전환으로부터 논의되기 시작하였다.

특히 환자의 권리운동이 시작된 후, 네덜란드 정부는 환자의 권리를 어떻게 보호할 것인가의 문제를 숙고하기 시작하였고, 의료계의 반대에도 불구하고 입법자들은 의료서비스법의 입법을 추진하였다. 또한 의료서비스법의 입법을 법체계상 어떻게 설정할 것인가에 대하여 정부와 대부분의 학자들은 민법전에의 편입을 결정하였다. 그 후 민법체계 내에서도 불법행위(negligence)로 다룰 것인가, 계약으로 다룰 것인가에 관한 논의가 있었고, 결국 환자의 자기결정에 기초한 계약법으로 다루는 것으로 그 방향을 설정하였다. 그 후 의료서비스계약은 민법전 Book 7, Title 7, Subchapter 5에 삽입되는 것으로 하여 1994년 12월 15일에 제정되었고, 1995년 4월 1일부터 시행되고 있다.10)

(나) 네덜란드 醫療서비스契約의 主要 內容

네덜란드 의료서비스계약은 민법전 Book 7, Title 7, Subchapter 5, Article 7:446부터 Article 7:468까지 총 22개의 조문으로 규정되

---

10) Hondius/Hooft, The New Dutch Law on Medical Services, 1 NILR(1996), p.1.

어 있다. 주요한 내용을 살펴보면 다음과 같다.

(a) 醫療서비스契約의 適用範圍

의료서비스계약은 의사의 환자에 대한 모든 의료활동뿐만 아니라 의료적 처치(Healthcare treatment)를 제공하는 모든 의료제공자와의 계약에 적용되고, 의료제공자는 자연인과 법인 모두가 가능한 것으로 규정하고 있다. 또한 환자는 이 법에 따라서 간호와 감호(Care)를 위한 의료기관과의 계약과 검사와 의료적 처치를 위한 의사와의 계약을 체결할 수도 있다. 그리고 의료와 관련된 행위 중에 치과의사, 조산사 및 간호와 관련된 치료 등은 모두 포함되지만, 약사의 행위는 의료서비스계약의 적용에서 제외하고 있다(Article 7:446 §1~§5).

(b) 未成年者의 當事者能力에 대한 規定

의료서비스계약은 16세에 달한 자는 스스로 의료서비스에 관한 계약을 완전하게 체결할 수 있고, 계약과 관련된 법률행위를 직접 할 수 있는 것으로 하고 있다. 또한 16세 이상의 미성년자는 보호와 양육비를 부담하는 부모의 책임과 별개로, 계약으로부터 초래되는 모든 책임을 부담한다(Article 7:447 §1~§2).

(c) 說明義務(Informed consent)

의료서비스계약은 의료제공자는 환자에게 제안된 검사, 치료 및 환자의 건강상태와 진료 후의 경과에 대한 정보를 제공하여야 하고, 환자가 정보를 요청하는 경우에는 그 정보를 서면으로 제공하여야 한다(Article 7:448 §1). 다만, 의료제공자는 그가 가지고 있는 정보 중 그 정보의 제공으로 인해 환자에게 중대한 불이익을 초래할 것이 명백한 경우에 이를 유보할 수 있는 치료특권이 있다. 또한 의료제공자는 치료특권에 의해 환자에게 설명의무를 이행하지 않는 경우에 환자가 아닌 다른 당사자에게는 설명을 이행하여야 한다(Article 7:448 §3). 뿐만 아니라 환자 또는 다른 사람에 대하여 정보를 제공하지 않을 때의 위험보다 환자 또는 다른 사람의 이익이 보다 중요한 경우가 아닌 한, 환자는 정보를 제공받을 권리와 아울러 정보를 제공받지 않을 권리도 가지고 있다(Article 7:449).

(d) 患者의 同意

(ⅰ) 原 則

의사는 의료서비스계약에 의해 환자에게 의료행위를 하기 위하여 사전에 동의를 받아야 한다(Article 7:449 §1).

(ⅱ) 無能力者

의료제공자는 무능력자에 대해서 대리인을 지정하도록 하여야 하고, 미성년자는 원칙적으로 친권자가 대리한다(Article 7:450). 환자가 16세에 달하지는 않았지만 12세 이상인 경우에는 원칙적으로 부모 또는 후견인의 동의를 요한다. 그러나 의료제공자는 환자의 중대한 손해를 예방하기 위하여 또는 부모·후견인에 의해 동의가 거절된 경우라 할지라도, 환자가 충분한 고려를 한 후 특정의 의료행위를 받기를 원하

는 경우에 환자의 동의만으로도 의료행위를 실시할 수 있다
(Article 7:450 §2). 16세 이상의 환자가 자신의 이익에 대해
합리적인 판단을 할 수 없는 경우에 의료제공자와 Article
7:465 §2~§3[11])에 의해 지정된 대리인은 환자가 사전에 의사
능력이 있는 상태에서 일정한 의료행위를 받을 것인지의 여
부를 서면으로 작성해 놓은 경우에는 환자의 意思에 따라야
한다(Article 7:450 §3). 성년인 무능력자에게 배우자가 있는
경우에는 배우자가 대리인이 된다(Article 7:465 §3). 대리인
은 환자의 건강과 관련된 모든 결정을 할 수 있지만, 대리인
의 결정이 의료제공자의 양심에 따라 기대되는 주의의 정도
에 반하는 경우에 의료제공자는 대리인의 결정에 따르지 않
을 수 있다(Article 7:465 §4). 의료제공자는 환자의 요청이
있는 경우에 환자의 동의를 얻어서 의료행위가 본질적인 것
에 속하는 행위인 경우에는 환자의 모든 용태를 서면으로 기
록하여야 한다(Article 7:451).

(e) 患者의 協力義務

환자는 의료제공자가 의료서비스계약을 이행함에 있어서
합리적으로 요구되는 정보와 협력을 의료제공자에게 최선을
다해 제공하여야 한다(Article 7:452).

---

11) Article 7:465 §2에서는 후견인 또는 판사에 의해 지정된 보호자
    (mentor)를 환자의 대리인으로 규정하고 있고, §3에서는 성인인 환
    자가 자신의 이익에 관하여 합리적인 판단을 할 수 없고, 후견인
    또는 판사에 의해 지정된 보호자도 없는 경우에 환자의 이익을 위
    해 환자가 서면으로 대리인을 지정할 수 있도록 하고 있다.

(f) 醫療서비스 契約의 締結과 終了

일단 의료서비스계약이 체결되면 의사는 중대한 사유[12]가 없는 한 계약관계를 종료시킬 수 없다(Article 7:460). 의료제공자는 법률의 규정이 있거나 당사자의 특약이 없는 한 원칙적으로 보수청구권을 갖는다(Article 7:461).

(g) 安樂死의 許容

의료서비스계약에 따라서 환자는 자기 자신의 意思에 의하여 의료상의 치료를 거부할 수 있다. 따라서 환자는 자기 자신의 삶을 포기할 수 있는 권리가 인정된다. 물론 생명의 유지가 가능한 경우에 환자의 意思에 의한 치료의 거부는 환자가 수술 등의 의료행위에 들어가기에 앞서 완전한 능력을 가지고 있는 동안에 서면에 의해 요청되어야 한다(Article 7:450 §3). 따라서 환자가 의료행위 과정 중에 의사능력을 잃게 되더라도 사전에 안락사를 요청한 경우에 환자의 친권자 또는 후견인 등의 대리인은 환자가 결정한 意思를 침해할 수 없는 것으로 해석된다.

(h) 診療記錄簿 등의 作成義務와 秘密遵守義務

의사는 환자의 진료기록부 등을 작성하여야 하고 최소한 10년 동안 보존하여야 한다(Article 7:454). 환자의 요구가 있는 경우에는, 다른 환자의 이익과 법률에 의하여 보관할 것

---

12) 의사가 의료서비스계약을 종료시킬 수 있는 사유로는 의료서비스계약의 입법당시의 검토보고서에서는 환자의 무단전원 또는 퇴원이 언급되고 있다고 한다(Hondius/Hooft, ibid., p.7).

이 요구되는 것이 아닌 한, 환자의 의료기록 폐기의 청구가 있은 후 3월 이내에 의료기록을 폐기하여야 한다(Article 7:455). 환자는 다른 사람의 프라이버시권을 침해하거나 법률에 의해 제한되는 의료기록을 제외한 모든 의료기록에의 접근이 무제한 허용된다. 다만, 의사가 청구하는 합리적인 비용을 지급하여야 한다(Article 456, 457).

의사는 환자의 동의 없이는 의료기록을 다른 사람에게 제공할 수 없다. 그러나 환자의 치료에 직접적으로 관련이 있는 전문가에게 제공하거나 전염성 질환과 같이 법률의 규정에 의해 요구되는 경우에 한하여 환자의 동의 없이 의료기록을 다른 사람에게 제공할 수 있다(Article 7:457 §2~§3). 또한 통계 또는 과학적인 연구를 위해서도 환자의 동의 없이 의료기록을 제공할 수 있다. 다만, 환자의 동의 없이 의료기록을 제공하기 위해서는 환자의 동의를 요청할 수 없는 것이 확실한 경우에 한정된다(Article 7:458).

(i) 醫師와 病院의 責任

의사는 의료행위를 함에 있어서 의사 또는 의료제공자에 대하여 요구되는 전문가로서의 수준에 상응하는 성실한 주의를 기울여야 한다(Article 7:453). 의료서비스계약의 이행이 계약당사자가 아닌 병원에서 행하여지는 경우에도 의료시설 등을 사용하게 한 병원은 스스로가 계약당사자인 것과 동일한 책임을 부담한다(Article 7:462). 또한 의료서비스계약을 이행하는 계약당사자가 아닌 병원에서 행하여지는 경우에도 당해 병원의 책임은 제한되거나 면제되지 않는다. 즉, 의료서비스계약을 이행하는 의사와 병원은 연대책임을 부담한다 (Article 7:463).

(다) 立法例의 檢討

네덜란드 의료서비스계약은 의료계약을 민법전 속에 명문으로 규정하고 있으며, 의료계약관계에서 발생할 수 있는 법률관계에 관하여 구체적으로 규정하고 있다는 데에 중요한 의미가 있다. 다만, 의료서비스계약은 당사자 사이에 발생할 수 있는 의료분쟁으로 인한 의료과오소송에 있어서 일방 당사자, 특히 환자의 입증책임의 범위나 그 정도 등에 대한 언급은 전혀 하지 않고 있다. 따라서 의료계약에 있어서도 계약법의 일반이론에 따라서 각 당사자가 입증책임을 부담한다. 그러나 네덜란드 최고법원(Hoge Raad)은 의료과오소송에 있어서 의사 또는 의료제공자에게 입증책임의 전환에 가까운 입증책임을 부담시키고 있다.[13]

2. 獨　逸

(가) Deutsch/Geiger의 立法案

최근 2002년 1월 1일부터 개정되어 시행된 독일의 채권법의 개정작업은 1979년 학자들의 학문적 감정의견서의 제출과

---

[13] Hondius/Hooft, ibid., p.7.

더불어 시작되었다.14) 독일의 채권법 개정과 관련하여 제출된 감정의견서에는 Deutsch/Geiger의 의료계약에 관한 감정의견서가 포함되어 있었고, 동 감정의견과 입법안은 1982년에 독일 연방법무부에 제출되었다.15)

Deutsch/Geiger의 감정의견서 및 입법안에서는 "의료계약(Medizinischer Behandlungsvertrag)"에서 그 내용 또는 목적으로 하는 의사의 환자에 대한 의료행위는 인간에 대한 의사 고유의 직무를 행하는 과정에서 환자와 맺게 되는 계약이라는 점에서 변호사, 건축가 및 공인회계사 등이 자신의 고객과 체결하는 노무급부계약인 고용 또는 도급과는 다르고, 의사가 개인으로서 행하거나 의료기관과의 계약에 의하여 다수의 의사가 행하는가에 따라 전혀 다른 모습의 계약이 체결될 수 있다. 그리고 의사는 일단 진단을 한 후에 그에 따라 치료를 하거나, 조언과 같은 것을 행할 수도 있고, 환자와 연구를 수행하기 위하여 통상적인 진료행위가 아닌 행위를 계획할 수도 있다. 또한 "제2의 전문가의 의견(Second opinion)"을 위해 순수한 의미의 "진단계약(Diagnosvertrag)"을 체결할 수도 있기 때문에 의료계약을 독자적인 유형으로 다루어야 한다고 하고 있다. 그 외에도 의사와 환자의 계약관계에서 나타나는 여러 가지 특성을 고려하여야 하고, 따라서 의사와 환자 사이에 맺게 되는 의료계약을 민법상 전형계약의

---

14) 자세한 것은 金載亨(譯), 獨逸의 債權法 改正: 새로운 賣買法, 서울대학교 法學 제43권 제4호(2002. 12.), 347쪽 이하; 최봉경(譯), 독일 개정 채권법상의 신급부장애론, 법학연구 제12권 제3호(2002. 12.), 연세대학교 법학연구소, 298면 이하 참조.

15) Deutsch, Medizinrecht, Springer, 1997, S. 59.

하나로 규율할 필요성이 있다고 하고 있다.16) 그러한 이유에 근거하여 Deutsch/Geiger가 입법안으로 제안한 12개의 조문을 살펴보면 아래와 같다.

(나) 立法案의 主要內容17)

(a) 醫師와 醫療機關의 責任

의사는 의료계약에 기초하여 환자에 대한 의료행위에 있어서 임상의학의 수준에 따른 책임을 부담한다(§1). 또한 의사와 의료기관개설자는 환자에 대하여 동등한 지위에서 연대책임을 부담하고, 의사와 의료기관은 서로 구상권이 있다(§2). 즉, 의사와 의료기관개설자와의 계약에 의하여 내부적으로 각자가 부담하는 책임부분이 분리된 경우가 있을 수 있지만, 의사와 의료기관은 환자에 대해서는 단일한 계약당사자로서의 지위에 있고, 그에 따라 의사와 의료기관은 연대책임을 부담하는 것으로 하여야 한다. 따라서 이 경우에 의사와 의료기관은 민법 제426조의 규정에 따른 구상권을 갖게 된다.

(b) 患者의 醫師에 대한 報酬의 價額과 支給義務者

의사는 사회보험자가 급부에 대하여 책임을 부담하지 않는 한, 환자 또는 환자의 부양의무자에 대하여 보수의 지급을 청구할 수 있다. 보수의 가액은 보수규정 또는 합의에 의하

---

16) Deutsch/Geiger, Medizinischer Behandlungsvertrag, Gutachten und Vorschläge zur Überarbeitung des Schuldrecht Ⅱ, 1981, Bundesanzeiger Verlagsges.mbH., Köln, S. 1094~1095.
17) Deutsch/Geiger, Medizinischer Behandlungsvertrag, S. 1096~1113.

여 결정될 수 있고, 의사는 공평한 재량에 따라 보수를 결정할 권한이 있다. 이 경우에는 민법 제315조가 적용된다(§3). 따라서 급부가 계약당사자 일방 즉, 의사에 의하여 정해져야 하는 경우에, 의사는 환자에 대한 의사표시로 지정권을 행사한다. 다만, 의사에 의한 지정이 의심스러운 경우에 의사는 공평한 재량에 좇아 행하여야 하고, 공평에 맞는 경우에 한해서만 상대방에 대해 구속력이 있게 된다. 또한 지정이 공평에 맞지 않거나 지연되는 경우에는 법원의 판결에 의해 지정된다.

(c) 醫師의 治療上의 權利와 義務

의사는 환자의 진단과 치료에 있어서 그 당시의 학문의 수준에 상응하는 의무를 부담하고, 필요한 경우 환자를 轉醫하거나 다른 전문의를 초빙할 수 있다. 또한 의사는 모든 환자에 대하여 동일한 치유 또는 침습의 효과를 보증하지 않는다. 의사는 완전히 검증된 진찰 또는 치료방법에 대해서는 환자의 동의를 요하지 않지만, 그렇지 않은 경우에는 환자에게 설명을 하고 그에 따른 동의를 얻어야 한다(§4).

(d) 說明義務와 同意權者

(ⅰ) 一般的인 경우

의사는 환자에게 질병의 종류, 경과 및 진찰과 치료의 전망과 그에 따르는 위험에 대하여 고지하여야 한다. 그러한 고지는 환자의 수준에 맞는 적당한 방법으로 하여야 하고,

38

위험성이 있는 처치에는 설명과 그에 따른 동의를 요한다. 다만, 예외적으로 환자는 설명을 포기할 수 있다(§5 S. 1).

(ⅱ) 未成年者인 경우

환자가 미성년자인 경우에는 환자를 대신하여 법정대리인이 의료행위의 가부를 결정할 수 있다. 그러나 법정대리인이 그의 권한을 남용한 결정은 따라서는 안 되고, 그 경우에는 민법 제1666조(미성년자의 복리의 危害에 대한 법원의 조치)가 적용된다. 또한 환자 스스로 적절한 고지를 받을 수 있다(§5 S. 2).

(ⅲ) 醫師의 治療特權

의사는 환자에게 현저한 건강상의 위험을 유발할 수 있는 진단, 경과 및 그 위험을 비밀로 할 수 있다. 그러나 가능한 한 환자의 친족에게는 고지하여야 하고, 이러한 결정은 환자의 추정적인 이익을 고려하여 결정하여야 한다(§5. S. 3).

(ⅳ) 意識不明인 患者의 경우

환자가 의식불명 또는 판단능력이 없거나 법정대리인이 없는 경우에는 환자의 현실적 또는 추정적 이익에 상응하는 급박한 진찰과 치료는 동의 없이도 할 수 있다. 이 경우에는 민법 제679조(본인의 반대의사의 不考慮)의 규정이 적용된다. 동의는 친족과의 접촉이 가능한 한, 친족에게 치료의 고통, 경과 및 위험에 관한 정보를 제공하여야 한다. 동의권이 있는 친족은 주거가 불명확한 경우 외에는 배우자, 부모, 자녀 및 형제자매가 동일한 순위로 고려되지만, 환자의 일상의 모습을 알 수 있는 경우에는 환자와 가장 가까운 친족이 우선한다(§6).

(e) 秘密維持義務

의사와 그 보조자는 환자와 환자의 질병에 대하여 비밀을 유지하여야 한다. 다만, 환자가 의사의 비밀유지의무를 면하게 할 수 있고, 환자 또는 다른 사람에게 명백한 손해를 초래하게 할 위험이 있는 경우에는 의사는 비밀준수의무가 없다(§7).

(f) 診療記錄의 作成과 閱覽, 謄寫 및 交付義務

진료를 행하는 의사는 진단과 치료에 대한 진료기록을 작성하여야 한다. 또한 환자는 정당한 이익이 있는 경우에 의사에게 기록의 열람, 등사 또는 복사를 요구할 수 있다(§8).

(g) 損害賠償責任과 立證責任

의사는 의료행위 중에 특히, 오진, 치료과오, 재량권의 남용 및 설명과 동의를 얻을 의무 등을 위반한 경우에 손해배상책임을 부담한다.

입증책임은 진료기록이 규정에 맞게 작성된 경우에는 원칙적으로 환자가 부담하지만, 중대한 진단과오 또는 치료효과가 확실한 경우에 환자의 건강상태가 나빠진 경우에는, 제3자의 개입이 있었음을 입증하지 않는 한, 의사가 자신의 과오로 손해가 발생한 것이 아니라는 것을 입증하여야 한다. 또한 후속손해에 대해서는 과오로 인한 것이라는 것이 명백하여야 한다. 손해배상의 범위에 대해서는 민법 제842조 내지 제847조가 적용된다(§9).

(h) 免責特約 및 消滅時效

의사의 책임은 사전에 배제되거나 제한할 수 없다(§10). 또한 환자의 손해배상청구권은 피해자에게 침해가 있은 날 또는 손해를 안 날로부터 5년의 기간의 경과로 소멸한다(§11).

(i) 醫療契約의 終了

의료계약관계는 환자의 계약해지, 계약당사자의 사망, 목적의 달성 및 다른 의사가 치료를 개시하는 경우에 종료한다. 의사와 환자는 원칙적으로 언제나 예고 없이 계약을 해지할 수 있다. 다만, 환자에게 치료가 필요한 경우에는 다른 의사의 도움을 받을 수 있을 때까지 치료를 계속하여야 한다(§12).

(다) 立法案의 檢討

독일의 채권법 개정과 관련하여 1981년에 Deutsch/Geiger가 작성한 의료계약에 관한 감정의견서 및 입법안은 의료계약을 독자적인 유형으로서의 특성과 구체적인 적용가능성을 밝히고 있고, 위에서 살펴본 것과 같이 의사의 치료상의 권리와 의무에 필요에 따라 다른 전문의를 초빙할 수 있게 하거나, 설명의무와 동의권자 등의 문제를 세분하여 입법을 제안하고 있었다. 그러나 동 입법안은 1984년에 채권법개정위원회가 구성되어 1991년 독일 연방법무부에 의해 출간된 최종보고서에 포함되지는 않았다.[18] 따라서 독일에서는 여전히 의료계약을 채권법상의 특수한 고용계약으로 처리하고 있다.

다만, 독일은 1997년 독일의사협회가 Heilberufs-Kammergesetz[19]에 기초하여 작성한 표준의사복무규정(Muster-Berufsordnung für die deutschen Ärztinnen und Ärzte)에 의해 의사와 환자 사이의 계약관계뿐만 아니라 동료들과의 관계, 보건에 관한 사항을 다루고 있는 의사의 파트너들(간호사, 의료기사 등) 및 공중에 대한 의사협회의 행동원칙들에 대한 것까지도 포함하는 규정들을 통하여 의료관계의 기초적인 문제들을 해결하고 있다.[20] 물론 의료계약의 입법을 완전히 포기한 것은 아니고 지금도 계속해서 논의되고 있다.

---

18) Bundesanzeiger, Abschlußbericht der Kommission zur Überarbeitung des Schuldrechts, 1992. 참조.

19) Heilberufs-Kammergesetz라는 명칭은 「의사, 치과의사, 수의사, 약사 및 치과기공사의 공적인 직무대표, 직업상의 의무, 지속적인 교육 및 직무관할에 관한 법률(Gesetz über die öffentliche Berufsvertretung, die Berufsgerichtsbarkeit der Ärzte, Zahnärzte, Tierärzte, Apotheker und Dentisten)」의 약어이고, 동 법률은 州法이기 때문에 효력범위는 각 州에 한정되지만, 표준의사복무규정(MBO-Ä)에 의해 독일의 모든 州에서 동일한 효력을 갖는다.

20) Deutsches Ärzteblatt 94, Heft 37(1997), A-2354 ff. 독일의 표준의사복무규정(Muster-Berufsordnung für die deutschen Ärztinnen und Ärzte)은 1997년 제100회 독일의사대회(100. Deutscher Ärztetages, Eisenach 1997)에서 독일표준의사복무규정안(Muster-Berufsordnung für die deutschen Ärztinnen und Ärzte: MBO-Ä 1997)을 결의하였고, 州의사협회 대표자들의 연석회의에서 동 표준의사복무규정안을 채택하였다. 독일의사협회가 결의한 표준의사복무규정은 각 州의 의사협회가 채택하고 주무관청의 승인을 얻으면 법적인 효력을 갖는다. 또한 현재 독일표준의사규정(MBO-Ä)은 2000년(103. Deutschen Ärztetages 2000 in Köln), 2002년(105. Deutschen Ärztetages 2002 in Rostock), 2003년(106. Deutschen Ärztetages 2003 in Köln)에 각각 개정되어 시행되고 있다.

第2節 患者와 醫師 사이의 醫療關係

환자21)와 의사22) 사이에 특약이 없는 통상의 의료관계에서는 ① 계약, ② 사무관리, ③ 법률의 규정에 의한 경우의 세 가지로 크게 나누어 볼 수 있다.

Ⅰ. 患者와 醫師의 契約關係

환자와 의사와의 법률관계는 환자가 의사에게 진료의 의뢰와 일정한 급부의 지급을 약속하고, 의사는 환자가 의뢰한

---

21) 환자는 의학상의 질병을 가지고 있거나, 의심이 가는 자를 말한다. 그러나 의료계약의 당사자로서의 환자는 이유 여하를 불문하고 의사와 계약에 의해 의료행위를 위한 계약을 체결하는 자라고 할 수 있다(사법연수원, 의료과오 손해배상(손해배상Ⅱ), 1997, 21쪽 각주 44; 石熙泰, 醫師와 患者의 基礎的 法律關係, 法學研究 第3輯(延世大學校 法學研究所), 1983, 165쪽 각주 1).

22) 의사는 「보건복지부장관의 면허를 받아 의료와 보건지도에 종사함을 임무로 하는 의사(의료법 제2조 제1항, 동조 제2항 제1호), 치과의료 및 구강보건지도에 종사함을 임무로 하는 치과의사(동법 제2조 제1항, 동조 제2항 제2호), 한방의료와 한방보건지도에 종사함을 임무로 하는 한의사(동법 제2조 제1항, 동조 제2항 제3호)」를 말한다. 의료계약을 논하는 데 있어서 의사 측 당사자는 "의료기관개설자"라는 말이 현행 실정법상 통일된 용어가 될 수 있다(金天秀, 診療契約, 153쪽 각주 14). 그러나 의료계약에 있어서 의사 측 당사자는 위에서 말한 의료기관개설자뿐만 아니라 물리치료사·접골사·침사·구사(灸士)·방사선사·치과기공사·치과위생사·간호조무사 등 의사의 보조원도 포함하는 용어로 사용한다(石熙泰, 醫師와 患者의 基礎的 法律關係, 165쪽 각주 2).

진료를 개시함으로써 성립하는 것이 일반적이다.23) 바꾸어 말하면 의료계약관계는 환자의 청약과 의사의 승낙에 의해 성립되는 사법상의 계약에 의해 창설되고,24) 이러한 유형의 의료계약관계가 의사와 환자 사이의 가장 기본적인 모습이다. 더 나아가 환자 본인 스스로 의사에게 진료를 의뢰할 수 없는 상태에서 법정대리인 또는 후견인이 환자를 대신하여 의료기관에 의료급부를 신청하는 경우에도 계약관계는 성립한다. 이러한 경우에 의료계약의 당사자는 환자를 대신하여 급부를 청구하는 법정대리인과 의료기관이며, 이들 사이에 제3자(환자)를 위한 계약이 체결된 것으로 보는 것이 일반적이다. 다만, 환자가 의식불명의 상태이고 법정대리인이 동반하지 않은 경우 등의 의료관계는 의사와 환자 사이의 사무관리관계가 성립하게 된다.

물론 보험의료관계25)에 있어서는 그 원인이 되는 보험계약의 당사자는 보험자(국민건강보험관리공단)와 피보험자이고, 피보험자인 환자는 보험의료기관에서 직접 "요양급부"를 받

---

23) 星野雅紀(山口和男・林豊 編), 医師の說明義務と患者の承諾, 現代民事裁判の課題 ⑨ 医療過誤, 新日本法規出版株式會社, 1991, 124面; 菅野耕毅, 医療契約法の理論, 信山社(東京), 2001, 91面.
24) 石熙泰, 醫療契約의 法的 性質과 內容, 14쪽; 同, 醫療契約(上), 35쪽; 同, 醫師와 患者의 基礎的 法律關係, 166쪽.
25) 우리나라는 국민건강보험법 제40조(요양기관) 제1항 제2문의 예외를 제외하고는, 제1항 제1호 내지 제5호에 규정된 의료기관, 약국, 한국희귀의약품센터, 보건소・보건의료원 및 보건지소, 그리고 보건진료소를 요양기관으로 하고 있다. 따라서 거의 모든 의료기관이 보험의료 환자를 취급하는 요양기관으로 지정되어 있다고 할 수 있다. 그러므로 환자 스스로 보험급여가 적용되지 않는 의료만을 위하여 의료급부를 제공받는 경우를 제외하고는 보험의료 계약관계가 가장 기본적인 의료계약관계라고 할 수 있을 것이다.

44

는 현물급부방식의 3자관계로 되어 있고,26) 그 때문에 환자
와 의료행위를 실시하는 의료기관 사이에는 어떠한 법률관계
가 있는가에 대하여 논란의 여지는 있다. 그러나 보험진료의
경우에 있어서도 환자는 의사로부터 보험의 적용이 없는 일
반진료도 병행해서 제공받는 경우가 많기 때문에,27) 사법상
의 직접적인 계약이 성립된다고 보는 것이 가장 타당할 것이
다.28) 즉, 의료계약에 있어서 보험자의 요양의료기관에 대한
보험금의 지급은 환자의 진료보수 지급을 위한 특별제도에
불과하다.29)

---

26) 菅野耕毅, 医療契約法の理論, 113面.
27) 우리나라에서는 현재 전 국민을 대상으로 의료보험이 적용되고 있
    기는 하지만, 의료보험이 적용되는 의료행위는 약 52%이고, 나머
    지 48%는 의료보험이 적용되지 않는 일반의료로 시행되고 있다
    (2004. 1. 14. 연합뉴스).
28) 일본에서도 보험의료에 있어서 보험자와 요양취급기관과의 사이에
    어떠한 공법상의 권리의무관계가 발생하는지에 관계없이 보험진료
    의 피보험자인 환자와 요양취급기관과의 사이에는 진료에 관한 합
    의로 직접 진료계약이 체결되었고, 이러한 경우 공법상의 법률관계
    와 사법상의 계약관계가 함께 성립할 수 있다고 하고 있다(東京地
    判 昭和 49(1974). 4. 2, 判例時報 第738号, 24面; 東京地判 昭和
    51(1976). 2. 9, 判例時報 第824号, 83面; 東京高判 昭和 52(1977). 3.
    28, 判例タイムズ 第355号, 308面; 東京地判 昭和 56(1981). 2. 26,
    判例タイムズ 第446号, 157面; 東京地判 昭和 58(1983). 7. 29, 判例
    タイムズ 第510号, 171面; 東京地判 昭和 58(1983). 10. 20, 判例時
    報 第1127号, 119面; 菅野耕毅, 医療契約法の理論, 114面.
    따라서 이 책에서 의료계약을 논함에 있어서는 의사와 환자 사이
    의 일반진료에 있어서의 계약뿐만 아니라 보험의료도 의사와 환자
    사이에는 직접적인 계약관계가 성립한다는 전제하에서 논한다. 자
    세한 것은 의료계약의 당사자 부분을 참조.
29) 筋 立明·中井美雄, 医療過誤法, 靑林書院, 1995, 65面; 李輔煥, 醫
    療過誤로 因한 民事責任의 法律的 構成, 裁判資料 第27輯, 法院行
    政處, 1985, 34쪽.

Ⅱ. 事務管理關係

1. 醫療行爲와 事務管理

교통사고 등 각종 사고로 인하여 의식불명인 채로 응급구조에 의하여 병원에서 진료를 받아야만 하는 자는 스스로 계약을 체결할 수 없거나, 친족을 동반하지 않은 경우가 대부분이다. 이 경우에 119구조대와 같은 응급구조기관, 불특정 병원의 구급차 또는 친족관계 등의 특별한 관계가 없는 知人·행인 등에 의해 병원에 후송되어 의료행위를 받는 경우에도 의사는 응급환자에 대하여 진료를 거부할 수 없다. 다만, 이러한 경우를 사적 자치의 원칙에 비추어 본다면 의사는 응급환자에 대한 진료를 거부할 수 있고, 이러한 진료거부가 "정당한 이유"가 없는 경우에는 형법상30) 또는 행정상31)의 처벌을 받을 뿐이다.

이와 같이 의사가 사법상의 의무 없이 환자에 대하여 의료행위를 제공한 경우에는 양자의 관계를 사무관리로 파악할 수 있고(민법 제734조 제1항),32) 그에 따라 의사가 환자에게

---

30) 형법 제20조(정당행위), 제268조(업무상과실·중과실치사상), 제271조(유기, 존속유기).
31) 의료법 제16조(진료의 거부금지 등), 동법 제68조(벌칙), 응급의료에관한법률(제6조 이하), 동법 제60조(벌칙), 동법 제61조(양벌규정) 등.
32) 崔載千·朴永浩, 의료과실과 의료소송, 育法社, 2001, 167쪽; 趙炳元, 醫師와 患者의 法律關係, 現代民法의 展望(範周 徐永培博士 華甲記念論文集), 慶尙大學校 法學硏究所, 1995, 548쪽; 石熙泰, 醫師와 患者의 基礎的 法律關係, 170쪽; 이덕환, 의료행위와 법, 文英社, 1998, 22~23쪽.

의료행위를 실시하는 경우에 ① 의사는 환자에게 이익이 되는 방법으로 의료행위를 실시하여야 하며(동조 제1항 후단), ② 의사가 환자의 意思를 알거나 알 수 있는 때에는 그 意思에 적합하도록 의료행위를 실시하여야 하고(동조 제2항), ③ 의사의 환자에 대한 의료행위가 공공의 이익에 적합한 때에는 고의나 중대한 과실이 있는 경우에만 배상책임이 있으며(동조 제3항, 민법 제735조), ④ 또한 환자에게 불리함이 명백한 경우 외에는 환자와 그 상속인 또는 법정대리인이 당해 의료행위에 대한 의사표시를 할 수 있을 때까지 의료행위를 계속하여야 한다(민법 제737조). 그리고 ⑤ 의사가 환자에게 반대급부를 청구하면 환자는 의사가 지출한 유익비와 필요비를 상환하여야 하고, ⑥ 환자는 자신의 意思에 반하는 경우에 한해 현존이익의 한도 내에서 상환하여야 한다(민법 제739조 제1항 내지 제3항, 민법 제688조).

2. 事務管理의 問題點과 對應策

의식불명인 환자에 대하여 민법상의 사무관리 규정을 적용하는 경우에 다음의 문제점이 발생하게 된다.

첫째, 의사의 환자에 대한 의료행위가 환자의 추정적 意思와 이익에 상반되는 행위인 경우이다.[33] 그 경우에는 환자의 추정적 意思보다는 의료의 본질인 인간의 생명과 신체의 존

---

33) 예컨대 환자가 피아니스트인인 경우 팔을 절단해야할 필요가 있을 때, 환자의 추정적 의사는 절단을 거부하는 쪽이라고 판단되는 경우 등을 들 수 있다(崔載千·朴永浩, 의료과실과 의료소송, 164쪽; 石熙泰, 醫療契約(上), 39쪽).

중이 우선하는 것으로 보는 것이 타당하다.[34]

둘째로, 사무관리에 의하는 경우에 의사는 환자에 대하여 필요비와 유익비의 한도 내에서만 비용을 청구할 수밖에 없다. 이 경우에는 환자가 의식을 회복하거나 친족 등 부양의무 있는 자에 의해 의료계약관계가 성립되면 소급적으로 그 계약의 효력이 인정되고,[35] 실질적으로도 의사들은 이러한 경우에도 환자에 대하여 치료비 전부를 청구하는 것이 현실이라는 점에서 의사는 환자에게 통상의 보수를 청구할 수 있을 것이다.[36] 사무관리관계의 경우에 의사는 자기의 직업활동에 의한 의료행위를 제공한 것이기 때문에 통상적인 보수를 청구할 수 있다고 하는 것이 사회통념에 부합된다.[37] 특히 의사의 진료보수는 의료사회일반의 보편적인 진료비수준(특히 醫療保險酬價 또는 응급의료에관한법률에서 인정하고 있는 비용 등) 등 제반사정을 고려하여야 할 것이다.[38]

셋째, 민법 제735조의 규정을 그대로 적용할 경우에 의사는 고의나 중대한 과실이 없는 한, 경과실에 의해 의료과오가 발생하더라도 환자에 대해 손해배상책임이 없는 것으로

---

34) 崔載千·朴永浩, 의료과실과 의료소송, 164쪽.
35) 趙炳元, 醫師와 患者의 法律關係, 550쪽; 石熙泰, 醫師와 患者의 基礎的 法律關係, 180쪽; 이덕환, 의료행위와 법, 23쪽. 다만, 金天秀, 診療契約, 154쪽에서는 "무효인 계약도 존재하지 않으므로 그 추인도 인정될 수 없고, 이 경우에는 이미 이루어진 진료행위에 대한 보수지급채무의 부담과 향후의 진료 및 보수에 대한 채권관계의 발생을 목적으로 하는 계약이 체결된 것으로 보는 것이 타당하다" 고 하여 결론적으로는 같으나 그 이론 구성을 달리하고 있다.
36) 崔載千·朴永浩, 의료과실과 의료소송, 164쪽.
37) Deutsch/Geiger, Medizinischer Behandlungsvertrag, S. 1061.
38) 대판 1988. 5. 24. [87다카1518].

되어 주의의무가 경감된다. 사무관리관계로서의 의료행위는 주로 응급의료 등의 상황에서 행하여지는 것이 보통이고, 판례39)도 이러한 경우의 주의의무는 "당시의 일반적인 의학의 수준과 진료 환경 및 조건, 의료행위의 특수성(특히 야간응급의료의 경우) 등이 고려되어야 할 것이다"라고 하여 구체적 상황에 따라 주의의무의 정도를 다르게 판단하고 있다.

그러나 의료의 본질에 비추어 일반적으로 주의의무를 경감하는 것은 부당하다.40)

3. 小　結

위에서 살펴본 것처럼 환자가 의식불명이고 보호의무 또는 부양의무 없는 자에 의해 의료행위를 받는 경우는 사무관리관계로 이론구성을 할 수 있다. 그러나 사무관리관계로 파악하는 경우에도 사무관리의 규정을 전적으로 적용하기에는 무리가 따르므로 사회통념상 합리적이라고 판단되는 한도 내에서 적용되어야 하고, 응급의료의 경우 주의의무가 다소 완화된다고는 하지만,41) 완화의 범위는 환자의 병상이 긴급한 치료를 요하는 상황에서의 문진42)이나 각종의 사전검사를 실시할 수 없는 경우 등

---

39) 대판 1999. 11. 23. [98다21403]; 대판 1997. 11. 14. [97다29226]; 대판 1997. 2. 11. [96다5933]; 대판 1994. 4. 26. [93다59304] 등.

40) 石熙泰, 醫師와 患者의 基礎的 法律關係, 171쪽.

41) 崔載千·朴永浩, 의료과실과 의료소송, 165쪽.

42) 물론 부상자가 의식이 있거나 의료기관으로 이송한 자가 부상의 경위 등을 알려줌으로써 어느 정도 해결될 수 있겠지만, 환자가 무의식인 경우 등에 있어서는 환자의 특이체질 또는 과민반응 등이 있는 지의 여부를 확인할 수 없는 경우도 있을 것이다.

의료행위의 특성에 기인하는 범위에 한정하는 것이 타당하다.

Ⅲ. 法律의 規定에 의한 醫療(公法上의 醫療關係)

우리나라 헌법은 제10조에서 인간의 존엄과 기본인권보장을 규정함과 아울러 제36조 제3항에서 "모든 국민은 보건에 관하여 국가의 보호를 받는다"고 규정하여, 사회복지의 일환으로 국가에게 국민에 대한 보건상의 의무를 부과하고 있다. 또한 2000년 1월 12일 법률 제6150호로 공포되고, 동년 7월 12일부터 시행된 보건의료기본법은 헌법 제10조를 기본이념으로 하여 보건의료에 관한 제 법률의 기본법으로 제정되었다.[43]

국가 또는 지방자치단체는 각종의 의료에 관한 공법적인 규제를 통해 국민의 보건향상과 질병의 퇴치 및 예방 등을 위하여 각종 의료기관을 설치·운영하고, 의료인의 자격을 제한하고 심사하여 면허를 부여하고 있다. 뿐만 아니라 사설 의료기관의 설치·운영을 규제·감독하고, 의약품 및 의료용구의 제조·수출입·판매 등을 규제 감독하며, 국민에 대하여 강제접종·강제진료 등을 통하여 직·간접적으로 의료에 관한 문제에 관여하고 있다.[44]

여기에서는 그중에서 중요한 법률규정에 대해서만 간략하

---

43) 동법 제9조에서는 "보건의료에 관한 법률을 제정 또는 개정하는 경우에는 이 법에 부합되도록 하여야 한다"고 하여 다른 법률과의 관계를 명시하고 있다.
44) 高鉉哲, 醫療事故와 國家의 責任, 裁判資料 第27輯, 法院行政處, 1985, 191~192쪽.

게 살펴본다.45)

1. 强制的으로 實施되는 豫防接種

전염병예방법 제9조,46) 결핵예방법 제11조 내지 제13조47)에서 행정상의 강제에 의해 예방접종의 실시를 강제할 수 있도록 하고 있다. 기타 선박·항공기의 승무원이나 승객에 대한 예방접종시행을 규정한 검역법 제11조 제1항 등이 있다.

2. 强制入院 및 隔離收容

전염병예방법 제29조의 규정에 의해 제1군 전염병환자와 제3군 전염병환자는 시장·군수·구청장이 지정하는 의료기관 등에 격리 수용되어 치료를 받아야 한다. 그리고 결핵예

---

45) 기타 자세한 내용은 高鉉哲, 醫療事故와 國家의 責任, 192쪽 이하; 崔載千·朴永浩, 의료과실과 의료소송, 168쪽 이하; 下山瑛二, 医療事故と國の責任, 現代損害賠償法講座 4, 1982, 日本評論社, 209面 이하 참조.

46) 전염병예방법 제9조는 「시장·군수·구청장은 전염병이 감염되었으리라고 의심되는 충분한 이유 있는 자 또는 전염병에 감염되기 쉬운 환경에 있는 자에 대하여 보건복지부령이 정하는 바에 의하여 건강진단을 받거나 예방에 필요한 예방접종을 받을 것을 명할 수 있다」고 규정하고 있다.

47) 결핵예방법 제11조에서는 신생아에 대한 예방접종의무를, 동법 제12조에서는 예방접종을 받지 아니한 자에 대한 조치를, 동법 제13조 제1항에서는 동법 제11조와 12조의 규정에도 불구하고 질병 기타 부득이한 사유가 있는 자에 대한 예외를, 동법 제13조 제2항에서는 동법 제13조 제1항의 규정에 의해 예방접종을 받지 못한 자에 대하여 그 사유가 소멸한 후 예방접종을 실시할 것을 규정하고 있다.

방법 제25조 제1항은 「시장·군수·구청장은 결핵예방상 동거자 또는 제3자에게 결핵을 전염시킬 우려가 있다고 인정되는 경우, 환자 또는 그 보호자에게 일정한 기간을 정하여 결핵병원(요양소·부설결핵병동을 포함)에 입원할 것을 명할 수 있다」고 규정하고 있다. 또한 시·도지사는 정신보건법 제25조에 근거하여 일정한 정신질환자에 대해 강제로 진단 및 입원 조치를 취할 수 있고,[48] 군교도소장은 軍行刑法 제7조의 신체검사, 제23조 및 제25조의 규정에 의해서도 전염병에 걸린 收容者를 격리수용하여야 한다.

3. 强制로 實施되는 健康診斷

전염병예방법 제8조,[49] 식품위생법 제26조 제1항 내지 제4

---

48) 원칙적으로는 정신보건법 제23조(자의입원)와 제24조(보호의무자에 의한 입원)의 규정에 의해 자의적으로 입원하여 진단 또는 치료를 받을 수 있지만, 정신보건법 제25조(시·도지사에 의한 입원)에서 「① 정신질환으로 자신 또는 타인을 해할 위험이 있다고 의심되는 자를 발견한 정신과전문의 또는 정신보건전문요원은 시·도지사에게 당해인의 진단 및 보호를 신청할 수 있다. ② 제1항의 규정에 의하여 신청을 받은 시·도지사는 즉시 정신과전문의에게 당해 정신질환자로 의심되는 자에 대한 진단을 의뢰하여야 한다. ③ 정신과전문의가 제2항의 정신질환자로 의심되는 자에 대하여 자신 또는 타인을 해할 위험이 있어 그 증상의 정확한 진단이 필요하다고 인정한 때는 시·도지사는 당해인을 국가나 지방자치단체가 설치 또는 운영하는 정신의료기관 또는 종합병원에 2주 이내의 기간을 정하여 입원하게 할 수 있다」고 규정하여 시·도지사에 의한 강제 진단 및 입원을 행할 수 있도록 하고 있다.
49) 동법 제8조는 「성병의 예방을 위하여 종사자의 건강진단이 필요한 보건복지부령이 정하는 직업에 종사하는 자와 성병에 감염되어 그 전염을 매개할 상당한 우려가 있다고 시장·군수·구청장이 인정하는 자는 건강진단을 받아야 한다」고 규정하고 있다.

항 및 산업안전보건법 제43조 제1항 내지 제3항 등의 규정에
의해 건강진단이 강제로 행해질 수 있다.

4. 法律의 規定에 의한 醫療와 醫療契約과의 關係

국가 또는 지방자치단체가 관여하는 의료의 영역은 더욱더
포괄적이고 광범위하다. 헌법과 법률의 규정에 의해 국가 또
는 지방자치단체는 국민보건복지를 위해 각종의 사회복지제
도를 실천하기 위한 시설을 설치하고, 이러한 시설을 통해
국민에게 건강진단, 격리수용 또는 입원을 강제하여 의료행
위를 실시할 수 있다. 이러한 행정상의 요청에 의해 건강검
진을 받거나 일정한 질병을 가진 환자는 사회복지급여의 대
상으로서 국가의료기관 또는 공무의 위탁을 받은 사설의료기
관으로부터 의료급부를 받을 수 있다.

국민이 국가의료기관으로부터 직접 의료를 받는 경우뿐만
아니라 전염병예방법 등의 법률의 규정에 의해 공무의 위임
을 받은 사설의료기관의 의료인도 공무원에 포함된다고 여겨
진다.50) 따라서 국민에 대하여 행해지는 행정상의 의료급부
로 인한 각종의 의료사고의 경우에는 본인 또는 대리인의 자
유의사에 기한 의료가 아니고, 국가 또는 지방자치단체의 행
정행위로 인한 의료이기 때문에 의료사고 발생 시 국가의 책
임,51) 즉 국가배상의 문제가 발생한다. 그러나 행정행위 이외

---

50) 高鉉哲, 醫療事故와 國家의 責任, 193쪽 · 223쪽; 石熙泰, 醫師와 患
  者의 基礎的 法律關係, 173쪽; 대판 1970. 11. 14. [70다2253].
51) 법률의 규정에 의한 의료행위에 있어서 의료사고가 발생한 경우의
  피해보상에 관한 규정은 전염병예방법 제54조의 2(예방접종으로

의 의료급부인 국가 또는 지방자치단체가 운영하는 병·의원과 보건소, 진료소 등에서 발생한 의료사고는 환자와 국가 또는 지방자치단체와의 의료계약의 문제이다.

第 3 節 醫療契約의 意義, 內容 및 法的 性質

환자와 의료기관 사이의 법률관계가 계약관계를 구성하는 경우에 그 계약은 어떠한 계약이며, 어떠한 내용의 계약이 체결되었는가도 중요한 문제이다. 일반적으로 의사와 환자 사이에 질병의 진료·치료를 위하여 맺어지는 계약을 의료계약이라고 부르는데, 의료계약은 ① 계약내용의 불명확, ② 환자의 병상의 예측불가능, ③ 진료 및 치료효과의 예측불가능, ④ 의료행위의 특수성 및 ⑤ 당사자 사이에 명확한 계약을 체결하지 않는 관습 등의 원인으로 인하여 그 범위가 특정되어 있지 않을 뿐만 아니라, 이를 특정하기도 어렵다.

또한 의료계약의 내용인 의료행위도 ① 위험성(위험내재성), ② 예측불가능성, ③ 재량성, ④ 비공개성(밀실성), ⑤ 침습성 및 구명성, ⑥ 의사집단의 폐쇄성, ⑦ 전문성, ⑧ 환자 개인소견의 개별성 등의 특성을 가지고 있다.[52]

인한 피해에 대한 국가보상), 동법 제54조의 3(손해배상청구권과의 관계)이 유일한 규정으로 보여진다.

52) 崔載千·朴永浩, 의료과실과 의료소송, 139쪽 이하; 曺喜宗(編著),

Ⅰ. 醫療契約의 意義와 內容

의료계약의 문제에 있어서 진료계약이 가장 기본적이고 중요한 형태의 계약이다.53) 대부분의 의료계약은 진료계약이라고 할 수 있을 정도로 진료계약이 의료계약의 가장 일반적인 계약유형이라고 할 수 있다. 따라서 의료계약은 진단과 치료를 목적으로 하는 전형적인 의료계약인 진료계약과 그 목적이 진단만인 경우, 입원특약도 포함하는 경우 및 의료용구제작공급인 경우 등 모든 각종의 의료행위를 목적으로 하는 계약을 모두 포괄하는 계약이다.54)

의료계약의 의의와 내용에 대하여 학설과 판례는 ① 의사의 진료의무와 환자의 보수지급의무가 대가적 관계를 이루는 유상의 쌍무계약이라는 견해,55) ② 질병의 예방·치료, 건강진단, 미용성형, 불임수술, 의치 등을 위하여 환자와 의사가 맺는 사법상의 계약이라는 견해,56) ③ 환자가 질병의 진단 및 치료를 목적으로 하는 진료급부를 신청하고 그 급부에 상

醫療過誤訴訟, 法元社, 1996, 29쪽 이하; 丁容鎭, 보건의료법·의료분쟁, 109~111쪽; 김민중, 의료분쟁의 법률지식, 청림출판, 2002, 67~69쪽; 이덕환, 의료행위와 법, 2~3쪽; 筋 立明·中井美雄, 医療過誤法, 35~40面 등 참조.

53) 金天秀, 診療契約, 148쪽; 菅野耕毅, 医療契約法の理論, 94面.

54) 金天秀, 診療契約, 147~149쪽.

55) 大谷 實, 医療行爲と法, 弘文堂法學選書 11, 1980, 60面; 사법연수원, 의료과오 손해배상, 22쪽; 金玟中, 醫療契約, 36~37쪽; 金玟中, 醫療行爲에서의 法律問題와 醫師의 責任(上), 法曹, 通卷 第414號 (1991. 3.), 76쪽; 李銀榮, 債權各論, 博英社, 2001, 935쪽; 徐光民, 醫療過誤責任의 法的 構成, 民事法學 第8號(1990. 8.), 328쪽; 李輔煥, 醫療過誤로 因한 民事責任의 法律的 構成, 21쪽 등.

56) 石熙泰, 醫療契約(上), 35쪽.

당한 대가(진료보수)를 지급할 것을 약속하며, 의사(병원 등)가 이를 승낙하여 진료급부를 약속하는 계속적 계약관계라는 견해,57) ④ 진단과 치료를 목적으로 하는 계약을 진료계약으로, 계약의 목적이 진단만인 경우, 입원특약 및 의료용구제작 공급인 경우 등 모든 종류의 의료행위를 목적으로 하는 계약을 의료계약이라고 하는 견해58) 등이 있다.

이상의 논의를 종합해 보면 의료계약은 환자가 의사에게 진료, 입원 및 의료용구의 제작공급 등을 요청하면서 의사에게 진료 등에 대한 협조와 보수의 지급을 약속하고, 의사는 환자의 요청에 대하여 당시의 의학수준과 의료기술에 부합하는 경험과 지식을 가지고 환자와의 계약내용에 따라서 선량한 관리자의 주의의무의 원칙에 따르는 의료행위를 할 의무를 부담하고 환자에 대하여 의료비의 지급을 청구할 수 있는 유상·쌍무·낙성·불요식의 계약이고, 계속적 계약관계이다.

Ⅱ. 醫療契約의 本質

종래의 학설에 의하면 의료계약은 다른 사람의 육체적 내지 정신적 노동을 이용하는 것을 목적으로 하는 노무공급계약에 속한다.59) 민법이 전형계약으로 규정하고 있는 노무공급계약 중에 의료계약과 관련이 있는 것으로는 위임, 도급

---

57) 菅野耕毅, 医療契約法の理論, 93面.
58) 星野雅紀, 医師の説明義務と患者の承諾, 124面; 金天秀, 診療契約, 147쪽.
59) 郭潤直, 債權各論(第六版), 博英社, 2003, 234쪽.

및 고용계약을 들 수 있다. 그러나 의료계약을 위임, 도급 및 고용 중의 어느 하나로 본다고 하더라도 의료계약의 내용은 "현대의학의 지식과 기술을 구사하여 가급적 신속하게 환자의 질병의 원인 또는 병명을 的確하게 진단한 후 適宣의 치료행위를 하는 사무처리를 목적으로 하는" 것이고, 환자와 의사 사이에 진료 등의 의료행위를 목적으로 하고 있다는 점에 비추어 보면, 계약의 유형을 어떠한 것으로 보든 이로 말미암아 계약의 내용을 달리하지 않는다.60) 그럼에도 불구하고 의료행위 자체가 가지고 있는 특성을 고려한 의료계약이 민법에 전형계약으로 규정되어 있지 않기 때문에 그 법적 본질을 둘러싸고 많은 논의가 있다. 의료계약의 본질은 의사와 환자 사이에 특약이 없는 경우와 특약이 있는 경우를 나누어 규명하는 것이 타당하다.

1. 特約이 없는 경우의 醫療契約

의사와 환자 사이에 특약이 존재하지 않는 통상의 의료계약의 경우에는 전형계약과 관련하여 ① (준)위임계약설, ② 도급계약설, ③ 고용계약설, ④ 무명계약설(비전형계약설, 혼합계약설, 독립계약설 포함) 등 여러 견해가 대립하고 있다.

---

60) 星野雅紀, 医師の說明義務と患者の承諾, 124面; 旭川地判 昭和 45(1970). 12. 25, 判例時報 第623号, 52面.

(가) 委任契約說[61]

의료계약은 당사자의 일방이 사무를 위탁하고, 상대방이 이를 승낙하여 수임사무를 처리하는 위임계약관계(민법 제680조 내지 제692조)라고 하는 설이다. 위임계약설이 우리나라의 통설이며,[62] 판례[63]는 의료계약의 성립을 인정하면서도

---

61) 의료계약의 성질을 법률행위가 아닌 사무의 위탁이라는 점에서 준위임계약으로 보는 견해(金聖吉, 醫師의 醫療上 過誤에 대한 法的 責任, 司法論集 第3輯, 法院行政處, 1972, 631쪽; 李駿商, 醫療過失에 관한 研究, 檀國大學校 法學博士學位論文, 1983, 9쪽)는 현행법의 위임계약의 성질을 잘못 파악한 것으로 타당하지 않은 이론의 전개이다. 준위임계약이라는 견해는 일본의 학설·판례의 입장으로 일본 민법은 당사자의 일방이(위임자) 법률행위를 할 것을 위탁하고 상대방(수탁자)이 이를 승낙하는 것으로 성립하는 계약을 위임이라고 하고(일본민법 제643조), 법률행위 이외의 사무를 위탁하는 계약을 준위임이라고 하여(일본민법 제656조) 구분하고 있는 데에서 기인한다. 그러나 일본민법과 같은 구분이 없는 우리나라의 민법체계에서는 준위임이라는 용어는 의미가 없으며, 일본의 학설·판례가 말하고 있는 준위임계약을 우리나라에서는 위임계약으로 이해하더라도 별 다른 문제는 발생하지 않을 것이다(郭潤直, 債權各論(再全訂版), 1994, 博英社, 441~442쪽). 뿐만 아니라 일본에서도 의료계약에 있어서 위임과 준위임의 구별에 관해 실익이 없다고 하여 구별하지 않는 견해도 있다(菅野耕毅, 医療契約法の理論, 97~98面).

62) 郭潤直, 債權各論(2003), 239쪽; 金玟中, 醫療行爲에서의 法律問題와 醫師의 責任(上), 77쪽; 金容漢, 醫療行爲에 의한 責任, 法曹 第32卷 第6號(1983. 6.), 4쪽; 李輔煥, 醫療過誤로 因한 民事責任의 法律的 構成, 23쪽; 朴種斗, 醫療契約의 法的 構成, 法曹 通卷 第433號(1992. 10.), 50~51쪽; 황영선, 통계로 본 민사문제점의 분석, 대학출판사, 1995, 142쪽; 崔載千·朴永浩, 의료과실과 의료소송, 158쪽; 姜南鎭, 醫療契約當事者의 法律關係에 관한 研究, 全南大學校 法學博士學位論文, 1992. 2, 9쪽; 曺喜宗, 醫療過誤訴訟, 62쪽; 李銀榮, 債權各論, 936쪽; 사법연수원, 의료과오 손해배상, 26쪽 등.

63) 대판 2001. 11. 9. [2001다52568]; 대판 1993. 7. 27. [92다15031]; 대

58

그 계약의 성질에 관하여 명확한 입장을 밝히고 있지는 않으
나, 위임계약의 입장에서 판결이유를 설시하고 있다. 일본에
서는 준위임계약설이 통설과 판례의 입장이다.64)

그러나 위임계약설은 ① 살아 있는 인간에 대하여 행해지
는 특별한 행위를 목적으로 하는 것이기 때문에, 위임에서
말하는 "사무"의 개념에 꼭 맞는다고 할 수 없고,65) ② 위임
사무의 처리에 있어서 자신복무의 원칙과 관련하여, 마취과
의사 또는 외과전문의 등을 초빙하여 조력을 얻는 代診 등의
관행을 어떻게 설명할 것인지에 문제가 있고, ③ 수임인은
위임인의 청구가 있는 때에는 위임사무의 처리의 상황을 보
고하고, 위임이 종료한 때에 지체 없이 그 전말을 보고할 의

판 1988. 12. 13. [85다카1491] 등은 의사의 환자 또는 국가에 대한
진료비 등의 청구에 관한 판결이다. 위 판결에서 의료계약의 법적
성질을 명확하게 표현하고 있지는 않지만 위임의 규정을 적용하고
있는 듯 하다. 특히 대판 1994. 2. 22. [93다4472]에서는 "경찰관직
무집행법상 경찰관이 응급을 요하는 자를 의료기관에게 긴급구호
를 요청하는 것을 치료위임으로 볼 수 없다"고 하고 있다. 따라서
이 판결내용을 반대로 해석하여 본다면 판례가 의사와 환자의 법
률관계를 위임계약의 성질을 가진 것으로 보고 있음을 추단할 수
있다.

64) 手嶋 豊, 医師の責任, 317面; 加藤一郎, 注釋民法. 19: 債權(10), 有
斐閣, 1967, 148面; 大城 孟·福田 弘·高岡正辛, 医療紛爭－臨床医
の對應策と先例敎訓, 金芳堂, 1996, 86面; 植木 哲·齋藤ともよ·平
井 滿·東 幸生·平栗 勳, CASE 医療判例ガイド, 有斐閣, 1996, 36
面; 大谷 實, 医療行爲と法, 61面; 平林勝政, 医療過誤の契約的構成
と不法行爲的構成, 別冊ジュリスト(民法の爭點 Ⅱ), 1985, 228面 등.

65) 金顯泰, 不法行爲論, 一潮閣, 1979, 300쪽; 清水兼男, 診療過誤と医師
の民事責任, 民商法雜誌 第52卷 第6号, 7面. 또한 이와 같은 문제는
의료계약의 본질을 고용 또는 도급의 입장에서 보는 경우에도 동일
하게 나타난다(Deutsch/Geiger, Medizinischer Behandlungsvertrag,
S. 1095).

무가 있는데, 의사의 치료특권과 관련하여 이를 어떻게 설명할 것인지에 문제가 있으며, ④ 의료계약에 있어서 의사 측의 계약해지의 자유가 거의 불가능에 가깝다는 문제를 어떻게 해결할 것인지 등의 문제가 있기 때문에 타당하지 않다는 비판이 가해지고 있다.66)

(나) 都給契約說

도급은 수급인이 어떤 일을 완성할 것을 약정하고, 도급인이 그 일의 결과에 대하여 보수를 지급할 것을 약정함으로써 성립하는 계약이다(민법 제644조). 이러한 수급인과 도급인의 관계가 통상적인 의료행위가 아닌 치과보철, 성형수술 및 특정의 수술 등의 의료행위를 목적으로 하는 의료계약에 관해서는 적용될 수 있다는 견해 즉 도급계약으로 볼 수 있다는 견해이다.67)

---

66) 石熙泰, 醫療契約의 法的 性質과 內容, 16~17쪽; 金天秀, 診療契約, 167쪽.
67) 崔載千·朴永浩, 의료과실과 의료소송, 155쪽; 加藤一郎, 不法行爲の硏究, 有斐閣, 1961, 5面(사법연수원, 의료과오 손해배상, 24쪽에서 재인용); 高知地判 昭和 41(1966). 4. 21, 医民集, 2042面; 東京地判 昭和 51(1976). 10. 1, 判例時報 第848号, 93面(동 판례에서는 「수술에 대한 계약은 환자의 腫瘤摘出을 위한 진료계약으로 그 성질은 그 목적이 명확한 점으로 도급의 요소가 강한 준위임계약으로 보는 것이 상당하다」고 하고 있다); 東京地判 昭和 46(1971). 4. 14, 判例時報 第642号, 33面("치유"를 약속한 경우에는 "치유"라고 하는 일의 완성을 목적으로 하는 것으로 해석되지만, 의료의 성질에서 "치유"를 약속하는 것은 불가능하므로, 완성할 일의 내용을 "치유"가 아닌 "일정한 의료행위 자체의 완료(수술의 완료)"를 일의 완성으로 해석하는 견해) 등이 있다.

그러나 의료계약에 있어서 의사의 의무는 도급에 있어서와 같은 일의 완성(병의 완치)이 아니라 수술행위 등의 종료 그 자체로 본다고 하더라도 의료행위의 수단채무성을 간과하고 수술만을 따로 떼어서 고찰하는 것은 잘못된 것이기 때문에 타당하지 않다는 비판이 가해지고 있다.[68] 또한 도급계약설에서 말하고 있는 치과보철, 성형수술 및 특정의 수술의 경

---

68) 李輔煥, 醫療過誤로 因한 民事責任의 法律的 構成, 24쪽. 이 견해에 의하면 도급계약을 결과채무를 부담하는 계약으로 이해하고 있는 듯 하다. 그러나 우리 민법은 과실책임을 대원칙으로 하고 있으므로 도급＝결과채무라는 도식은 성립하지 않는다. 따라서 의료계약에 있어서 도급계약설을 취할 수 없는 이유는 의료계약에 의해 의사가 부담하는 채무가 "수단채무성"을 간과해서가 아니라 의료행위 또는 의료계약의 특성을 간과한 것이기 때문에 부당한 것이다. 즉, 우리 민법상 계약의 성질은 원칙적으로 "수단채무"라고 할 수 있으며, 예외적으로 담보책임 등이 부과되는 경우 그 효과로서 결과채무를 부담하게 된다.

행위채무(수단채무)와 결과채무의 구별은 프랑스에서 계약상 채무의 불이행책임에 관한 규정들 사이에 존재하는 모순, 즉 일반규정과 특별규정 사이에 존재하는 모순을 해결하기 위해 시도된 해석론 중의 하나로 1928년 프랑스의 R. Demogue 교수의 "채권법총론(Traité des obligations en général)"에서 처음 주장되었고, 그 후에 판례에 의해 수용된 이론이다. 프랑스에서 계약상의 채무를 행위채무와 결과채무로 구분하는 二分法이 확고부동한 이론으로 자리매김을 하고 있다. 그러나 학계에서는 그 구별기준에 대해 여전히 견해의 대립이 있으며, 판례에서는 그 명확한 구별을 제시하지 않은 채 이 이론을 수용하고 있다. 특히 결과채무의 불이행으로 인한 책임을 과실책임으로 구성할 것인지 아니면 무과실책임으로 구성할 것인지에 대하여 아직도 해결을 보지 못하고 있다. 다만, 그 법적 효과에 대해서 행위채무의 채무자는 과실에 의하여서만 책임을 지고 채권자가 입증책임을 부담하고, 결과채무의 채무자는 채무의 내용이 외적 원인에 의한 것임을 입증하지 않는 한, 자신에게 과실이 없음을 입증하더라도 결과가 발생하지 않았다는 사실만으로 책임을 지게 되는 것으로 보고 있다(자세한 것은 南孝淳, 프랑스民法에서의 行爲債務와 結果債務, 民事法學 第13・14號(1996), 135～164쪽 등 참조).

우는 의료계약의 당사자 사이에 그 계약내용과 그 목적이 보
통의 경우보다 좀 더 구체적이고 명확한 것은 사실이지만,
특정의 수술과 같은 의료행위의 이행도 보통의 의료행위와
마찬가지로 의학상의 전문적인 판단과 의료처치가 항상 수반
되어 이루어진다. 따라서 그러한 의료행위로 인해 병세가 더
악화되거나 실패하더라도 의사의 고의·과실이 없는 한 보수
청구권이 인정되므로 도급이라고 하기에는 곤란하다.[69] 뿐만
아니라 앞에서 살펴본 것과 같이 의료계약의 특성과 의료계
약의 내용을 이루는 의료행위 즉 의사의 진료채무의 특성으
로 인하여 도급계약이라고 하는 것은 타당하지 않다.

(다) 雇傭契約說

의료계약을 의사가 환자에 대하여 의료행위를 할 의무를
부담할 것을 약정하고, 환자는 의사에게 치료비 등을 지급할
것을 약정함으로써 성립하는 것이라고 보는 견해로 독일의
통설이다.[70] 이에 반하여 소수설은 명백히 고용계약 또는 도

---

69) 대판 1993. 7. 27. [92다15031].
70) A. Laufs, Arztrecht, 5. Aufl., C. H. Beck, 1993, S. 57;
   Laufs/Uhlrnbruck, Handbuch des Arztrechts, 2. Aufl. C. H. Beck,
   1999, S. 317~318; Geigel, Der Haftpflichtprozeß, 22. Aufl., 1997, C. H.
   Beck, S. 1113; D. Giesen, Arzthaftungsrecht, 4. Aufl., J. C. B.
   Mohr(Paul Siebeck), 1995, S. 7; Markus Philipp Förster, Arzthaftung-
   Haftungsfragen aus der juristischen Praxis für die Ärztliche Praxis-, S.
   5(이 발표문은 http://kanzlei-trier.de/frameset/download/Arzthaftung.doc
   를 인용함); 梁三承(譯), 醫師의 責任, 民事法學 第4·5號(1985), 431쪽
   (Erwin Deutsch 교수가 방한하여 1981. 10. 서울독일문화원에서 민사법
   학회 회원을 위하여 강연한 내용의 번역문임).

급계약으로 분류될 수 없는 독자적인 유형의 계약이라고 하고 있다.[71]

독일민법에서 위임계약은 우리 민법이나 일본민법과는 달리 무상계약에만 적용되기 때문에 의사의 환자에 대한 질병의 치료 등에서 보수의 약정을 하는 경우와 같이 노무제공자가 독립성을 가지는 유상계약을 모두 고용으로 보고 있다.[72] 즉, 독일민법은 입법과정에서 제1초안에서는 위임계약의 보수의 특약을 인정하였다가, 위임을 유상으로 하면 고용·도급·위임의 3자의 구별이 어렵게 된다는 것을 이유로 제2초안에서 로마법상의 무상의 원칙을 유지한 계약으로 입법하였다.[73] 따라서 독일민법에서는 유상인 의사의 환자에 대한 고급노무 제공의 경우에도 고용이나 도급의 하나로 볼 수밖에 없게 되었다. 그러나 현실적으로는 사무처리를 목적으로 하는 계약을 고용 또는 도급이라고 하면서도, 독일민법 제675조의 규정에 의해 위임의 규정을 준용하여 해결하고 있다.

따라서 독일민법과는 달리 우리 민법에서는 독립성을 잃지 않는 고용이라고 하는 것은 모두 (유상)위임이라고 할 수 있고,[74] 위임을 유상계약으로 법리구성을 하는 데 별 다른 문

---

71) Deutsch/Geiger, Medizinischer Behandlungsvertrag, S. 1095. 자세한 것은 후술하는 독립계약설 참조.
72) 郭潤直, 債權各論(1994), 377쪽; 菅野耕毅, 医療契約法の理論, 101面.
73) 郭潤直, 債權各論(1994), 377쪽. 독일민법이 위임계약에 대하여 무상을 원칙으로 하고 있는 것은 이례적인 입법례에 들어가고, 프랑스·일본·스위스·네덜란드 등 대부분의 대륙법 국가들에 있어서는 그 유상성이 인정되고 있으며, 특히 영미법에서는 유상이 원칙으로 되어있다(李在洪(編輯代表 郭潤直), 民法註解[ⅩⅥ]-債權(8), 博英社, 1997, 564쪽; 趙寬行(編輯代表 金曾漢), 註釋 債權各則(Ⅱ), 韓國司法行政學會, 1987, 480쪽).

제가 없는 우리나라와 일본에서는 고용계약설을 주장하는 견
해는 찾아볼 수 없다.

(라) 無名契約說(非典型契約說)75) 또는 混合契約說

무명계약설은 의료계약을 민법상의 위임, 도급 및 고용계
약의 어느 한 계약으로 보아 그 규정을 의료계약에 적용하기
가 곤란하다는 것을 근거로 민법상의 전형계약과는 그 성질
을 달리하는 특수한 계약으로 보는 견해이다.76)
우리나라에서는 그 세부적인 견해에 따라서「위임에 가깝
거나,77) 유사하거나,78) 특수한 무명계약79)」이라는 견해로 나

---

74) 郭潤直, 債權各論(1994), 377쪽.
75) 무명계약이라는 용어는 로마법상 소권이 없는 계약을 의미하므로
    비전형계약과 구분하여 사용하여야 한다(鄭震明, 混合契約의 解釋,
    民事法學 第16號(1998), 443쪽. 각주 10). 그러나 오늘날 대부분의
    학자들은 무명계약이라는 용어는 비전형계약과 같이 법률상 특별
    한 이름이 없는 계약을 일컫는 말로 사용하고 있다(郭潤直, 債權各
    論(2003), 26쪽; 金天秀, 診療契約, 152쪽 등).
76) 文國鎭, 醫療法學, 청림출판, 1989, 85쪽; 同, 醫療의 法理論, 高麗大
    學校 出版部, 1982, 51쪽.
77) 金天秀, 診療契約, 152~153쪽: 이 견해는 의료계약이 민법상 전형
    계약의 하나로 규정되어 있지 않으므로 진료계약은 무명계약이지
    만, 현재로서는 그 법적 성질이 가장 유사한 위임계약의 규정을 유
    추적용 하는 것이 불가피하며, 추후 입법을 통하여 해결하여야 한
    다고 하고 있다.
78) 姜南鎭, 醫療契約當事者의 法律關係에 관한 研究, 9쪽; 李德煥, 民
    法上 醫師의 說明義務法理에 관한 研究, 漢陽大學校 法學博士學位
    論文, 1991, 69쪽.
79) 石熙泰, 醫療契約의 法的 性質과 內容, 21쪽; 同, 醫療契約(上), 60
    쪽; 權龍雨, 醫療過誤의 責任, 法律研究 第3輯(1983), 延世大學校 法
    學研究所, 142쪽.

뉘어 있으며, 일본에서는 '특수한 무명계약의 하나', '하나의 특수(무명)계약', '진료계약이라고 하는 무명계약' 등으로 나누어지고 있다. 또한 민법상 위임계약에 관한 제 규정을 의료계약의 특수성 때문에 그대로 적용할 수 없다는 취지로 준위임계약이라는 용어를 사용하는 견해80)와 위임계약설에 동조하지만 의사의 진료가 단순한 사무처리에 속하는가에 대해서는 의문이 있고, 의료계약이 사람의 생명·건강에 관련되는 업무를 내용으로 하는 것이므로 통상의 위임과는 구별된다고 하는 견해81)도 있다. 그러나 이러한 견해들은 우리 민법이 전형계약으로 준위임계약을 인정하고 있지 않기 때문에 비전형계약 또는 무명계약의 일종으로 볼 수 있다.

환자가 병원에 입원하는 경우에 병원은 진료행위뿐만 아니라 입원실의 임대차, 간호·보호 및 의료용구 등의 매매계약이 포함된 두 개 이상의 전형계약이 포함된 혼합계약 또는 도급과 위임이 결합한 비전형계약이라는 견해도 있다.82) 이 견해는 일본의 大正時代의 준위임, 고용 또는 도급유사의 혼합계약이라는 설에서 시작된 이론이다.83)

무명계약설(비전형계약설) 또는 혼합계약설은 의료계약의 해석상 혼선을 초래하고 의사와 환자의 계약관계를 복잡하게 만들 소지가 많기 때문에 부적당하다는 비판이 제기되고 있으며,84) 결국은 어느 전형계약에 가까운가의 문제에 귀결된다.

---

80) 李輔煥, 醫療過誤로 因한 民事責任의 法律的 構成, 23쪽; 曺喜宗, 醫療過誤訴訟, 62쪽.
81) 李銀榮, 債權各論, 936쪽.
82) 筋 立明·中井美雄, 醫療過誤法入門, 靑林書院, 1986, 60面.
83) 菅野耕毅, 医療契約法の理論, 101面.

(마) 獨立契約說

의료계약은 의료계약이 가지는 다양성에서 성질상의 불분명성과 의료계약이 다루는 법익의 중요성에 의하여 특별한 신뢰관계가 존재하고,[85] 고용이나 도급계약과는 본질적으로 다른 계약으로 분류되어야 할 뿐만 아니라 의료행위는 인간을 위하여 의술을 실질적으로 응용하는 노무급부에 관한 것이기 때문에 고용이나 도급에 있어서의 노무급부와는 다른 독자적인 성질을 갖는 계약이라는 견해이다.[86]

이 견해는 의료계약이 극히 다양하고 현대적인 형태를 취하기 때문에 무리하게 하나의 전형계약으로 규율하려고 하기보다는 의료계약의 구체적 내용을 탐구하여 새로운 계약유형을 법제화하여야 하고, 각각의 계약에 존재하는 신뢰성의 요소는 다양한 특성을 가지고 있으며, 그러한 특성이 각각의 계약에 대한 구체적인 권리의무를 설정하는 것과 같이 의료계약도 독자적인 성질을 갖는 계약이라고 한다.[87] 또한 의료계약에서 그 내용 또는 목적으로 하는 의사의 환자에 대한 의료행위는 의사의 직무상의 행위이고, 인간에 대하여 행하여지는 것이며, 계약당사자 사이의 합의 또는 계약의 목적에 따라 다양한 형태의 계약이 체결될 수 있기 때문에 의료계약을 독자적인 유형의 계약으로 다루어야 한다.[88] 따라서 민법전에 독

---

84) 大谷 實, 医療行爲と法, 62面; 丁容鎭, 보건의료법・의료분쟁, 117~118쪽.
85) 趙炳元, 醫師와 患者의 法律關係, 522쪽.
86) Deutsch/Geiger, Medizinischer Behandlungsvertrag, S. 1095.
87) 趙炳元, 醫師와 患者의 法律關係, 523쪽.

립된 하나의 계약으로 규정할 필요가 있다고 하고 있다.

2. 特約이 있는 경우의 醫療契約

의사와 환자 사이에 "질병이 완치되거나", "일정한 의료행위의 완료"를 부담하기로 하는 특약을 한 경우의 의료계약은 그 성질을 어떻게 볼 것인가? 이에 대하여는 당사자 사이에 "질병의 완치" 또는 "일정한 의료행위의 완료"를 내용으로 하는 것이 실현 가능하고, 민법 제103조의 선량한 풍속 기타 사회질서에 반하지 않는 경우에는 도급계약이 체결된 것으로 보는 견해도 있다.[89] 물론 특약이 인정되는 의료계약을 모든 의료계약관계가 아니라 발치·보철·의치 등의 齒醫療行爲, 미용성형수술, 맹장제거수술, 불임수술 또는 임신중절수술 등의 경우에 한정해서 논하고 있다.

그러나 齒醫療行爲, 미용성형수술, 맹장제거수술, 불임수술 또는 임신중절수술 등에 대해서 인정될 수 있다고 하는 치유특약은 도급적 색채가 어느 경우보다 짙지만, 수술 전·수술 후의 적절한 관련행위와 단절시켜서 논의의 대상으로 하고 있기 때문에 타당하지 않다.[90] 또한 의료행위는 ① 물건의

---

88) Deutsch/Geiger, Medizinischer Behandlungsvertrag, S. 1095~1096.
89) 이덕환, 의료행위와 법, 22쪽; 金玟中, 醫療契約, 38~39쪽; 徐光民, 醫療過誤責任의 法的 構成, 330쪽; 崔載千·朴永浩, 의료과실과 의료소송, 160쪽; 菅野耕毅, 医療契約法の理論, 100面; 사법연수원, 의료과오 손해배상, 27쪽; Markus Philipp Förster, Arzthaftung, S. 5 등.
90) 石熙泰, 醫療契約(中), 司法行政, 通卷 第335號(1988. 11.), 60쪽; 同, 醫療契約의 法的 性質과 內容, 18쪽; 平林勝政, 医療過誤における契約的構成と不法行爲的構成, 228面.

제작 또는 수리 등과는 다른 것이고, ② 반드시 치유를 한다고 하는 계약은 불가능하며, ③ 사회통념상 또는 공서양속에 반하는 것이고, ④ 생체반응의 다양성과 현대의학의 수준 등에 의해서도 질병을 반드시 치유시킨다는 것은 불가능하다고 생각된다.[91] 다만, 성형수술, 맹장제거수술 및 불임수술과 같은 특수한 의료계약의 경우와 같이 의료행위를 동반하는 의료계약에는 도급계약으로 볼 수 없겠지만, 순수하게 의료용구의 제작 또는 수리를 위한 계약이거나 사회통념상 또는 공서양속에 반하지 않는 아주 제한적인 범위 내에서는 도급계약의 성질을 인정할 수도 있을 것이다.

3. 小　結

위에서 살펴본 것과 같이 의료계약은 환자가 의사에 대하여 자신의 신체에 대하여 행하여지는 특정한 행위, 즉 질병의 진단, 치료 및 수술 등과 그러한 행위를 위해 환자의 신체에 대한 침습을 행하는 경우도 있기 때문에 위임계약에서 말하는 사무의 개념에 포함될 수 있을 지에 대하여 의문이 있고, 그 밖에도 위임의 규정을 의료계약에 그대로 적용할 수 없기 때문에 위임계약이라고 하기에는 무리가 있다. 또한 의료행위로 인해 병세가 악화되거나 실패하더라도 의사는 선량한 관리자의 주의의무를 다하여 환자를 치료한 이상 그에 대한 보수를 청구할 수 있고, 물건의 제작이나 기계의 수리

---

91) 野田寬, 医師法(中), 靑林書院, 1995, 403面.

와 동일한 것으로 볼 수 없기 때문에 도급계약이라고 하기에도 무리가 따르고, 우리 민법에서의 고용계약은 근로계약을 그 중심내용으로 하여 입법을 하였을 뿐만 아니라 의사의 환자에 대한 의료행위의 제공과 같은 유상인 고급노무제공을 목적으로 하는 독립성을 잃지 않는 고용이라고 하는 것은 유상의 위임으로 해결할 수 있다. 뿐만 아니라 무명계약, 비전형계약 또는 혼합계약이라고 하는 견해는 내용 또는 유형적으로 다양한 의료계약이 체결될 수 있다는 점에서는 타당하지만, 해석상의 혼란을 초래하거나 의료계약관계를 복잡하게 만들 소지가 있고, 이들 견해는 결국에 어느 전형계약과 가까운 가가 문제가 되기 때문에 위임계약설, 도급계약설 및 고용계약설이 갖는 문제점이 그대로 나타나게 된다. 따라서 의료계약은 의료계약의 다양성에서 나타날 수 있는 성질상의 불분명성과 의료계약상 의사의 환자에 대한 급부가 인간에 대하여 행하여지는 의료행위이기 때문에 민법상의 다른 전형계약과는 명백히 다르게 분류하여야 한다는 측면에서 독립적인 성질을 갖는 계약이라고 하여야 할 것이다. 결국 의료계약의 본질은 입법적으로 해결할 필요가 있다.

그러나 현행 민법전 속에 의료계약이라는 독립의 계약유형이 존재하지 않을 뿐만 아니라 현재 진행되고 있는 개정작업에서 의료계약의 입법이 제외되어 있다. 그렇다고 하여 의료계약관계를 종전과 같이 불법행위로 해결하는 것이 바람직한 것은 더더욱 아니다. 따라서 현재로서는 ① 위임계약이 사무처리를 목적으로 하고 일의 완성을 목적으로 하지 않는다는 점, ② 수임인의 자유재량에 의한 사무처리를 인정한다는 점,

③ 수임인은 선량한 관리자의 주의의무로써 위임사무를 처리하여야 한다는 점, ④ 우리나라 민법상 위임계약에 의해서도 유상인 의료계약관계를 포섭할 수 있다는 점, ⑤ 다른 전형계약의 경우에도 채무불이행이 있는 경우 당해 계약의 규정 중에서 해당되는 규정만이 적용되므로, 의료계약에 관해서도 위임계약의 규정이 전부 적용되는 것은 아니라는 점, ⑥ 의료계약관계가 의사의 인격에 바탕을 둔 신뢰에 의존하는 관계이고, 위임계약이 의사와 같은 전문가를 일방당사자로 하는 노무제공형의 계약유형으로부터 발전하였다는 점[92] 등을 고려한다면, 위임계약과 가장 유사한 계약으로 이해하여 위임계약의 규정을 유추적용 하여야 할 것이다. 물론 위임계약의 규정을 유추하여 적용한다고 하더라도 위임계약에 관한 규정을 전부 다 적용할 수 있는 것은 아니고, 의료계약에 적용 가능한 위임계약의 규정과 보건의료기본법 또는 의료법 등의 규정을 상호 보완적으로 적용하여야 할 것이다.

Ⅲ. 醫療契約의 法的 性質

특약이 없는 한 의료계약은 유상·쌍무·낙성·불요식의 계속적 계약관계이다. 그러나 쌍무계약의 특성으로부터 도출되는 동시이행의 항변권과 위험부담의 문제에 대해서는 보통의 계약과 다른 특성을 가진 계약이다.

---

92) 筋 立明·中井美雄, 医療過誤法, 78面.

1. 有償性

의료계약을 위임계약으로 보는 경우에도, 의사와 환자 사이에 무상의 특약이 없는 한, 사회통념 또는 거래관행상 유상성이 인정된다.[93] 뿐만 아니라 의료계약의 본질이 어떠한 계약에 속하느냐에 관계없이 의료법 제37조의 규정에 의해서 유상성이 인정된다. 즉, 의료법 제37조의 규정을 의사 측에게 보수청구권을 인정해 주는 근거가 되는 특별법상의 규정이다.

2. 雙務契約

의료계약에 있어서 의사가 은혜적인 의료행위를 하거나 기타의 무상의 특약이 없는 한 의사와 환자 사이에는 의료급부의 제공과 보수지급의무가 대가적인 채무관계에 있는 쌍무계약이다. 그러나 의료계약의 쌍무계약적인 성질과 관련하여 일반적인 쌍무계약관계에서 그 특성으로서 인정되고 있는 동시이행의 항변권과 위험부담의 문제가 의료계약에서도 그대로 적용될 수 있는지는 의문이며, 경우를 나누어 살펴보아야 한다.

(가) 醫療契約과 同時履行의 抗辯權

---

93) 李在洪, 民法註解[ⅩⅥ]－債權(8), 522쪽; 金天秀, 診療契約, 149쪽; 石熙泰, 醫療契約(下), 67쪽; 同, 醫療契約의 法的 性質과 內容, 29쪽; 金玟中, 判例를 통한「醫師法」理論의 發展과 問題點, 法學硏究 第21輯(1999), 全北大學校 法學硏究所, 106쪽; 朴種斗, 醫療契約의 法的 構成, 51·64쪽; 趙炯元, 醫師와 患者의 法律關係, 542쪽; 李輔煥, 醫療過誤로 因한 民事責任의 法律的 構成, 21쪽; 菅野耕毅, 医療契約法の理論, 133面; 西井龍生, 医療契約と医療過誤訴訟, 156面.

(a) 診療報酬의 支給時期

진료에 대한 보수는 위임사무를 완료하였거나, 기간으로 보수를 정한 경우에 그 기간이 경과한 후에 이를 청구할 수 있다(민법 제686조 제2항). 따라서 환자의 의사에 대한 진료보수의 지급은 후급이 원칙이다. 그러나 계속적인 의료계약 관계에 있는 경우에는 특약이 없는 한 개개의 진료가 종료될 때마다 각각의 당해 진료에 필요한 비용의 이행기가 도래하게 되어 환자는 진료보수를 지급하여야 한하고, 장기간 입원 치료를 받는 경우라 하더라도 입원 치료 중에 환자에 대하여 치료비를 청구함에 아무런 장애가 없으므로 각각의 진료행위가 종료된 때부터 의사의 환자에 대한 진료비청구권의 소멸 시효가 진행된다.94)

(b) 同時履行의 抗辯

일반적인 쌍무계약의 경우에는 그 효력과 관련하여 채무자와 채권자가 동시이행의 관계에 있게 된다. 그러나 의료계약에 있어서는 보건의료기본법 제5조 제2항·의료법 제16조 제1항 등(진료거부금지의무)의 적용으로 말미암아 환자가 보수를 지급하지 않고 있는 동안에도 의사는 의료법의 규정에 의해 무조건 진료의무를 이행하여야 하고, 동시이행의 항변을 할 수 없는가에 대하여 살펴 볼 필요가 있다.

의사가 의료급부의 제공에 앞서 환자에게 일정한 비용의 선급을 요구(민법 제687조)하여 환자가 지급한 비용의 범위 내에서 의료행위를 행하고, 그 결과에 따라 환자에게 정밀검

---

94) 대판 1998. 2. 13. [97다47675]; 대판 2001. 11. 9. [2001다52568].

사 등의 의료행위가 추가로 필요한 경우에 그에 대한 비용을 선급하게 한 후 당해 정밀검사를 실시하는 단계를 거치면서 의료행위가 이루어지는 경우에는 동시이행의 문제가 발생할 여지는 없다.[95]

계속적인 의료급부가 행해지는 경우, 각각의 의료행위 종료 시 또는 일정기간의 의료급부를 일괄하여 후급하기로 합의하였다면, 당해 의료행위의 종료 또는 일정기간의 만료 전까지는 동시이행의 문제는 발생하지 않을 것이다. 그러나 합의한 의료행위의 종료 또는 기간의 도과 후에도 환자가 보수지급의무를 이행하지 않는 경우에 의사가 동시이행의 항변권을 이유로 추후의 의료행위를 제공하지 않는다면 어떻게 되는지 문제가 된다.

의료법 제16조 제1항의 진료거부금지규정은 공법상의 의무임과 동시에 민법의 특별법으로서 사법상의 의무도 발생하게

---

95) 이러한 위험을 피하기 위해 종합병원 이상의 의료기관에서는 환자에 대한 진료에 앞서 접수창구에서부터 진료비를 청구하고 있고, 각종의 검사 등을 하는 경우에도 검사에 앞서 각종의 검사료 등을 납부하고 검사를 실시하는 절차를 통해 의료비의 선급을 요구하는 것이 일반적이다. 또한 입원의 경우에도 지급보증 또는 연대보증인을 요구하는 것이 일반적이고, 일정기간이 경과한 후에는 이미 이행된 의료행위에 대한 보수의 청구와 함께 그 이행의 제공이 없는 경우에는 수술 등의 중대한 의료행위는 행하지 않으려고 하거나 소극적인 의료행위로 일관하는 경우도 허다하다. 이러한 것은 의료행위에 대한 진료급부의 확보 또는 의료행정의 편의성에 기인한 관행으로, 경제적으로 불충분한 환자의 진료회피의 수단으로 악용될 여지가 많다. 이러한 문제는 금전적인 문제를 이유로 진료에 임하지 않으려는 의사 또는 의료기관을 탓할 수도 있지만, 그에 앞서 국가의 사회복지 내지 의료체계의 정비를 통한 해결이 시급한 부분이다.

된다. 따라서 의사는 진료거부금지의무를 부과하고 있는 의료법 제16조 제1항 등의 규정에 의해 환자의 진료요구를 정당한 사유 없이 거부할 수 없으며,96) 또한 의료행위는 의사 등 의료인에 의해서만 제공되는 독점적인 것이다. 그러므로 의사는 정당한 사유가 없는 한 환자의 보수불지급을 이유로 동시이행의 항변권을 행사하여 진료의무 불이행의 위법성 조각을 주장할 수 없고, 환자에 대한 강제이행이나 손해배상의 방법으로 구제 받을 수밖에 없을 것이다.97)

(나) 危險負擔의 問題

의료계약을 쌍무계약으로 이해하는 한 그 효력에 있어서 위험부담의 법리도 적용되는지 문제된다. 예를 들면 왕진을 요청한 환자가 진료개시 전에 사망한 경우 의료계약관계는 종료하고, 그 비용에 관하여 당해 의료계약관계가 이행불능의 상태를 초래하게 된 것에 채무자인 의사의 귀책사유가 없으면 특별법규가 없는 한 위험부담의 문제로 돌아간다는 견해가 있다.98)

---

96) 의사가 환자의 진료를 거부할 수 있는 정당한 사유로는, ① 의사의 부재, ② 전문 외의 진료, ③ 진료 중(수술과 같은 장시간을 요하는 진료 시), ④ 진료시간 외, ⑤ 입원시설의 불비, ⑥ 病床의 滿床, ⑦ 환자의 病狀의 긴급성, ⑧ 이송의 난이성(菅野耕毅, 医療契約法の理論, 106面; 千葉地判, 昭和 61(1986). 7. 25, 判例時報 第1220号, 28面) 또는 ⑨ 의사가 너무 과중한 업무를 수행하고 있는 경우, ⑩ 불법을 요구하는 경우(Markus Philipp Förster, Arzthafung, S. 6) 등의 사정을 종합적으로 고려하여야 한다.

97) 金天秀, 診療契約, 149~150쪽.

98) 金天秀, 診療契約, 150쪽.

그러나 의료계약관계에 있어서 의사의 채무는 환자에 대한 진찰 등의 의료행위의 제공을 그 목적 또는 내용으로 하는 것이므로, 환자의 사망은 계약당사자의 사망과 환자의 사망으로 인한 의사의 채무이행의 불가능이라는 두 가지 사유에 계약관계가 종료되었다고 볼 수 있다. 또한 의료계약은 당사자 사이에 그 이행기를 정하지 않는 것이 일반적이고, 계약당사자 사이에 이행기를 정하지 않은 계약은 채권자가 채무자에게 이행을 청구한 때로부터 이행기에 있게 된다(민법 제387조 제3항). 따라서 환자가 의사에게 왕진을 요청하고 이에 대해 의사가 환자의 요청에 승낙한 경우에는 그 승낙의 시점부터 의사의 환자에 대한 채무는 이행기에 있게 되고, 의사는 다른 환자를 진료하고 있거나 왕진을 미룰만한 정당한 사유가 없는 한 즉시 왕진을 위해 출발하여야 할 것이다. 의사는 그때부터 환자의 왕진, 즉 의료계약상(정확하게는 왕진계약)의 채무의 이행에 착수한 것이고, 의사가 도착하기 전에 환자가 사망한 경우에는 의료계약이 유효하게 체결된 후 이행 중에 채무자인 의사의 책임 없는 사유로 당해 의료계약이 종료된 것이다. 물론 의사가 채무를 이행할 수 없게 된 데에 환자의 책임이 있는 것도 아니다.

또한 의료계약관계에 있어서 환자의 사망으로 말미암아 의사가 환자에 대한 채무를 이행할 수 없게 된 경우에는 의사의 환자에 대한 의료행위의 제공이라는 의사의 채무 그 자체가 아니라 그 대상인 환자의 사망으로 인해 의료계약 본지의 채무를 이행할 실익이 사라지게 되어 계약관계가 종료된 것이기 때문에 통상적인 계약관계에서 발생하는 위험부담의 문제는 발생하지 않는다. 오히려 이러한 경우에는 민법 제686조 제3항을 유추적용 하여 의사는 이미 이행한 채무의 비율에 따른 보수를 청구할 수 있다. 이 경우에 보수청구의 상대방은 이미 사망한 환자가 아니라 환자의 상속인에 대하여 청구하여야 할 것이고, 계약당사자가 환자가 아닌 법정대리인과 같은 제3자인 경우에는 제3자에게 청구하면 된다. 또한 오늘날 환자가 의사에게 왕진을 요청하는 경우가 거의 없을 뿐만 아니라 있다고 하여도 대부분이 응급의료에 해당하기 때문에 응급의료에관한법률의 적용을 받게 되므로 환자는 응급의료에관한법률99)의 규정에 따른 보수를 지급하여야 한다.

한편 환자의 동의와 더불어 수술과 같은 일정한 의료급부를 제공하기로 한 후, 의사가 환자의 급부를 제공하기 위해 시간과 비용을 들여서 수술준비를 마쳤으나, 환자가 갑자기 의료계약의 해지를 통보하고 퇴원하거나 해지의 통보도 없이 사라진 경우와 같은 경우도 생각해 볼 수 있다. 이러한 경우에 의사는 환자에 대하여 그 비용을 청구할 수 있는지 문제된다. 이러한 경우에도 수임인인 의사가 채무를 이행하는 중에 의사의 책임 없는 사유로 인하여 계약이 종료되었거나(민법 제686조 제3항), 당사자의 意思에 의해 당해 의료계약을 해지하였다고 볼 수 있기 때문에 이미 이행한 비율에 따른 보수 또는 손해배상을 청구할 수 있다(민법 제689조 제2항). 다만, 당해 환자만을 위하여 일반적인 진료보수에 포함되지

---

99) 응급의료에 있어서 의료기관(응급의료에관한법률 제44조 제2항의 이송업자포함)은 환자에 대하여 이송처치료(응급의료에관한법률 제24조, 동시행규칙 제11조, 동시행규칙 별표 3)와 醫급의료비용(동법 제23조, 동시행령 제15조 제1호·제2호, 복지부고시)을 청구할 수 있다.

않는 특별한 의료기구, 의료재료 또는 이식용 장기 등에 관해서는 문제가 있지만, 다른 환자에게도 사용이 가능한 의약품 또는 의료재료에 대한 비용을 보수에 포함시켜 청구할 수는 없다고 보아야 할 것이다.[100]

(다) 小 結

위에서 살펴본 것과 같이 의료계약이 의사와 환자 사이에 대가적 관계를 갖는 쌍무계약이라고는 하지만, 동시이행의 항변권의 행사와 위험부담의 문제는 발생할 여지가 없는 쌍무계약관계라고 생각된다. 즉, 의사의 환자에 대한 동시이행의 항변권의 행사는 사법상으로는 행사가 가능하지만 의료법 제16조 제1항 등의 진료거부금지규정에 의해 제한을 받게 된다. 그리고 위험부담의 문제는 의료계약의 특성으로 인하여 의료계약이 성립한 후에 의사가 환자에 대한 채무를 이행할 수 없는 경우에는 의료계약이 종료될 것이고, 의사가 채무를 이행할 수 없게 된 것이 일방당사자의 귀책사유에 의한 경우에는 채무불이행의 문제이고, 쌍방 모두에게 책임 없는 사유로 이행할 수 없게 된 경우에는 민법 제686조 제3항의 유추적용과 응급의료에관한법률, 동시행령 및 시행규칙 등 특별법규에 의해 위험부담의 문제가 발생하지 않는다고 보아야 할 것이다.

3. 諾成·不要式契約

---

100) 菅野耕毅, 医療契約法の理論, 145面.

　의료계약은 의료법 제16조 제1항의 규정에 의해 의사의 진료거부의 제한과 병·의원의 접수창구에서 보험카드의 제시 또는 구두에 의한 환자의 청약과 이에 대한 병·의원의 승낙도 일정한 형식이 없이 관행에 따라 이루어지는 것이 일반적이다.101) 의료관행상 작성하는 진료신청서 및 기타서류는 의료계약의 성립요건은 아니며,102) 의사의 진료기록부기재의 기초사항 또는 진료보수의 지급을 부담하는 자의 특정 등에 기여하는 것이다. 따라서 의료계약은 당사자의 명시적·묵시적 의사표시의 합치에 의해서 성립하고, 특별한 방식을 요하지 않는 낙성·불요식의 계약이다.

4. 繼續性

　대부분의 의료계약은 계속적 계약관계이고, 계약 당사자 사이의 신뢰관계가 더욱 중요하다. 또한 의료계약에서 말하는 계속적 채권관계는 계약의 목적이 되는 당사자의 급부의무가 의료행위의 실시에 따라 단계적으로 확정되고, 그 범위도 가변적이라는 점에서 일반적인 계속적 채권관계와는 구별된다. 물론 경우에 따라서 계약의 내용이 일회성인, 예를 들어 단 1회의 진찰이나 진단으로 그 계약이 종료되는 건강검진 또는 예방주사의 접종 등의 의료행위는 계속성이 없는 계약관계이다.

---

101) 丁容鎭, 보건의료법·의료분쟁, 120~121쪽; 筋　立明·中井美雄, 医療過誤法, 61面.
102) 金天秀, 診療契約, 150쪽.

Ⅳ. 醫療契約의 類型

의료계약은 환자가 의료행위를 받는 목적에 따라 아래와 같이 몇 가지 모습으로 나누어 볼 수 있다.

1. 診療契約 및 入院契約

의료계약 중에서 현재 상병이 있는 자 또는 질병의 의심이 가는 자의 진단과 치료라고 하는 의료행위를 목적으로 하는 계약이 진료계약이며,103) 환자의 病狀에 대응하는 치료행위를 함과 동시에 그 입원생활을 통하여 그 병상에 주의를 기울이고, 자살·자해 등 불의의 사고를 예방하기 위하여 최선의 간호행위를 목적으로 하는 계약이 입원계약이다.104)

입원계약은 병실의 임대차, 식사·약품 등의 공급 등 여러 가지 계약이 혼합되어 존속하게 된다. 그러나 입원계약에 여러 가지의 계약이 혼합되어 있다고 하더라도 이는 진료행위를 하기 위한 하나의 수단 또는 수행의 과정에 불과하고 진료행위의 필요성에 한정되는 것이기 때문에 독자적인 중요성을 갖는 것은 아니다.105) 따라서 임대차 또는 매매계약 등의 규정은 적용되지 않는다고 보아야 한다.106) 뿐만 아니라 입원계약을 체결했다고 하더라도 의사 측은 병실사용료, 제공

---

103) 金天秀, 診療契約, 149쪽; 菅野耕毅, 医療契約法の理論, 94面.
104) 福岡地判 昭和 51(1976). 11. 25, 判例時報 第859号, 84面.
105) Deutsch/Geiger, Medizinischer Behandlungsvertrag, S. 1061.
106) 鄭震明, 混合契約의 解釋, 444~446쪽; 清水兼男, 診療過誤と医師の民事責任, 7面; 野田寬, 医師法(中), 396面.

된 식사 및 약품 등의 대가를 진료보수에 포함시켜 청구하는 것이 보통이다. 또한 입원계약은 의학적 진단에 의해 病狀이 완치되거나 통원치료가 가능한 정도까지 회복하게 되면 목적 달성으로 인해 종료하게 된다.107)

2. 健康檢診契約

(가) 綜合健康檢診契約

종합건강검진계약은 평소 지병을 가진 환자나 지병이 없는 경우라 할지라도 암·당뇨 등 성인병의 조기발견을 목적으로 외래 또는 단기간의 입원을 통해 정밀검사를 받는 형태의 의료계약이다.108) 따라서 의사와 수진자 사이에 종합건강검진 계약이 체결된 경우에 의사의 채무는 수진자의 질병 등의 신체적 결함의 존재 여부를 명확하게 규명하여 그 결과를 환자에게 보고하고, 질병이 있거나 의심이 가는 경우에 그에 대한 적절한 일상생활상 또는 치료상의 지도 또는 권고를 하는 것에 한정된다.109) 그러므로 종합건강검진을 통하여 수진자에게 질병이 발견된 경우에 수진자가 당해 의사 또는 의료기관에 질병의 치료 등을 요청하는 경우에는 새로운 진료계약 또는 입원계약관계를 맺게 된다.

---

107) 東京地判, 昭和 44(1969). 2. 20, 判例時報 第556号, 74面.
108) 菅野耕毅, 医療契約法の理論, 95面.
109) 仙台地判 昭和 56(1981). 3. 18, 判例タイムズ 第443号, 124面; 野田寛, 医師法(中), 409面.

(나) 採用 또는 受驗目的의 健康診斷

학교에의 입학이나 회사에의 입사 등을 위해서 수험자가 받는 건강진단의 유형이다. 수험자나 입사자가 건강진단서를 제출하기 위해 스스로 의사에게 건강진단을 의뢰하고 의사가 이에 승낙하게 되면 의사와 환자 사이에는 의료계약관계가 발생한다. 이러한 건강검진의 경우 의사는 수진자의 질병과 신체적 결함의 존부를 분명히 하여야 하고, 이를 간과한 때에는 채무불이행책임을 부담하는 것은 종합건강검진과 동일하지만, 주의의무는 종합건강검진보다 가벼운 것으로 해석된다.110)

(다) 기타의 健康檢診契約

위의 두 가지 유형의 건강검진 외에도 생명보험 등 보험계약을 체결하기 위한 경우와 산업안전관리법 등에 의해 사업자와 의사 간의 위촉 또는 선임에 의한 경우에는 수진자와 의사 사이에는 특별한 법률관계, 즉 계약관계는 존재하지 않는다고 생각된다.111) 물론 보험계약의 체결을 위한 건강검진인 경우라 하더라도 보험자의 지정에 의한 병원 또는 보험가입자가 임의로 병원을 선택하여 건강검진을 받고, 그에 대한 보수를 의사 측에게 지급하는 경우에 있어서는 채용 또는 수험목적의 건강검진에 있어서와 같은 의료계약관계가 발생한다고 보아야 할 것이다.

---

110) 菅野耕毅, 医療契約法の理論, 96面.
111) 菅野耕毅, 医療契約法の理論, 95面.

3. 특수한 醫療契約

질병의 예방 또는 치료를 목적으로 하지 않는 의료행위의
경우가 이에 해당된다. 예를 들면 미용성형・성전환수술・임
신중절・불임수술・치과보철 등을 들 수 있다. 이러한 의료계
약은 의료의 본질인 질병의 예방 또는 치료를 목적으로 하는
계약관계가 아니라, 환자의 극히 개인적인 의사결정에 의해
질병의 예방이나 치료가 아닌 의료계약인 경우가 많다. 그러
나 특수한 의료계약도 의료행위를 목적으로 하는 의료계약임
은 분명하다. 물론 이러한 목적의 의료계약에 대하여 우리나
라[112]와 일본[113] 및 독일[114] 등 각국의 학설이 도급계약이라
고 하고 있지만, 위에서 살펴본 특약이 있는 의료계약에서와
마찬가지로 도급으로 보기에는 많은 문제점이 있다. 뿐만 아
니라 이러한 의료행위를 목적으로 하는 의료계약은 그 성질
의 유무를 떠나 치료목적과 긴급성 등의 주의의무의 경감요
인은 없으며,[115] 당해 의료행위로 인하여 환자에게 미치는 영
향이나 사용할 의료재료 및 사후관리 등에 대한 정보의 제공
뿐만 아니라 사소한 부작용이 있는 경우에도 이를 환자에게
상세하게 설명하고 동의를 구하여야 하기 때문에 의사에게

---

112) 金玟中, 醫療契約, 38～39쪽.
113) 手嶋 豊, 医師の責任, 新・現代損害賠償法講座 3(製造物責任・專門
　　家責任), 日本評論社, 1997, 317面; 西井龍生(遠藤 浩・林 良平・水
　　本 浩・江草忠敬 監修), 医療契約と医療過誤訴訟, 現代契約法大系
　　第7卷(サービス・勞務供給契約), 有斐閣, 1985, 156面.
114) A. Laufs, Arztrecht, Rdnr. 101; Markus Philipp Förster, Arzthaftung,
　　S. 5.
115) 菅野耕毅, 医療契約法の理論, 96面.

요구되는 주의의무의 정도는 훨씬 높아진다고 생각된다.

V. 醫療契約에 대한 委任契約規定의 類推適用

1. 槪 說

위에서 살펴본 것과 같이 우리나라에서는 의료계약의 법적
성질에 관하여, 학설과 판례는 위임계약설과 무명계약설(비전
형계약설, 혼합계약설, 독립계약설 포함)로 크게 나누어져 있
다. 특히 최근에 와서는 위임계약의 성질을 전부 부인하는
것은 아니지만, 무명계약설의 입장을 취하는 견해가 증가하
고 있다.116)

그러나 의료계약은 민법상의 전형계약과는 다른 독립적인
성질을 갖는 계약으로 보는 것이 타당하지만, 의료계약에 관
한 명문의 규정이 없는 현재로서는 위임계약과 가장 유사한
계약으로 이해하여 유추적용 하여야 할 필요성이 있다. 의료
계약에 대한 민법 제680조 내지 제692조의 위임계약규정의
적용 가능성을 가능한 한 조문의 순서에 따라 의료계약상의
의료행위와 민법 제680조의 사무의 개념과의 관계, 환자와
의사 측에 대하여 적용 가능한 규정, 의료계약의 상호 해지

---

116) 權龍雨, 藥禍事故의 責任, 法學論叢 第20輯(1994), 檀國大學校 法
　　學硏究所, 104~105쪽; 石熙泰, 醫療契約의 法的 性質과 內容, 21
　　쪽 등. 특히 민법 제681조의 규정밖에는 적용할 수 있는 규정이
　　없는 무명계약이라는 견해도 있다(金天秀, 診療契約, 167~169쪽).

의 자유 및 의료계약의 종료와 긴급사무처리의 순으로 나누
어 살펴보면 아래와 같다.

2. 民法 第680條의 事務의 槪念과 醫療行爲

진료계약이 살아 있는 인간에 대하여 행하여지는 특별한
행위(때로는 손상행위를 수반한다)를 목적으로 하는 것이기
때문에 위임에서 말하는 "사무"의 개념에 맞지 않는다는 견
해도 있지만,[117] 위임에서 말하는 "사무"의 개념은 거의 무제
한적이라 할 수 있다.[118] 그러므로 위임에서 말하는 "사무"의
개념은 법률상·사실상의 개념을 포괄하는 개념이며, 의사의
치료행위 등도 인간에 대하여 행해지는 것이기는 하지만, 위
임에서 말하는 "사무"의 개념에 포함된다. 특히 자신의 능력

---

117) 金顯泰, 不法行爲論, 300쪽; 石熙泰, 醫療契約의 法的 性質과 內容,
    20쪽; 金天秀, 診療契約, 167쪽.
118) 趙寬行, 註釋 債權各則(Ⅱ), 452~453쪽. 또한 일본의 판례를 보면,
    "병적증상의 의학적 해명과 이를 치료하는 사무처리를 목적으로
    한 준위임계약(神戶地龍野地判 昭和 42(1967). 1. 25, 下民集 第18
    卷 第1号, 58面)", "질병(심한 복통과 구토증세)의 원인 내지 병명
    을 정확하게 진단한 후 適宜의 치료행위라고 하는 사무처리를 목
    적으로 하는 준위임계약(旭川地判 昭和 45(1970). 11. 25, 下民集 第
    21卷 第11号, 1451面)", "흉부의 통증의 의학적 해명과 이를 치료하
    는 사무처리를 목적으로 하는 준위임계약(旭川地判 昭和 45(1970).
    11. 25, 下民集 第21卷 第11号, 1451面)", "흉부의 통증의 의학적
    해명과 이를 치료하는 사무처리를 목적으로 하는 준위임계약(大
    阪高判 昭和 47(1972). 11. 29, 判例時報 第697号, 55面)"이라고 하
    고 있다(菅野耕毅, 医療契約法の理論, 98~99面). 그러므로 위임에
    서 말하는 "사무"의 개념은 법률상·사실상의 개념을 포괄하는
    개념이며, 의사의 치료행위 등도 인간에 대하여 행해지는 것이기
    는 하지만, 위임에서 말하는 "사무"의 개념에 포함된다.

으로 처리할 수 없는 일인 경우 타인의 힘을 빌리는 것은 필연적인 것이므로, 자기 자신 또는 타인(특히 보호 또는 부양의무 있는 자)의 신체의 질병 등의 치료를 위해서는 의사 등 의료인의 특수한 지식·경험·재능을 목적으로 하는 지능적인 고급노무를 이용할 수밖에 없으며, 그러한 타인의 노무를 이용하는 계약이 위임계약이다.[119) 또한 의료계약에 관하여 민법 제680조의 규정을 적용한 판례가 드물기는 하지만,[120) 그 규정을 적용하지 못할 이유는 없을 것이다.

3. 患者측에의 適用

(가) 患者의 醫師 選擇權과 復任權의 制限

민법 제682조는 수임인의 위임사무처리에 있어서의 자신복무의 원칙을 규정하고 있다. 이러한 원칙은 의료계약의 당사자가 개인개업의인 경우에만 지켜질 수 있다고 하지만,[121) 수임인은 복위임권이 없는 경우에도 이행보조자를 사용할 수 있다.[122) 그러므로 의료기관개설자가 환자와 의료계약을 체결한 후 당해 의료기관에 고용된 의사로 하여금 환자를 진료케 하여도 자신복무의 원칙에 반하는 것이 아니다. 물론 환자의 치료를 위해 당해 의료기관에 고용되어 있지 않은 의사(마취의사 등) 등을 초빙하여 진료행위를 하는 경우에는 자

---

119) 李在洪, 民法註解[ⅩⅥ]－債權(8), 515쪽.
120) 대판 1988. 12. 13. [85다카1491].
121) 金天秀, 診療契約, 167쪽.
122) 李在洪, 民法註解[ⅩⅥ]－債權(8), 534쪽.

신복무원칙에 반하는 것으로 보인다.

그러나 오늘날의 의료는 분업화·전문화되어 있는 것이 일반적이며, 그러한 사실은 환자에게도 일반적으로 알려져 있다. 따라서 수술 등의 의료행위에 있어서 담당의사 외에도 마취의사나 다른 동료의사의 조력을 받는 팀의료의 경우와 같은 특별한 의료행위에 관해서는 부득이한 사유의 존재가 인정되며, 이러한 사실을 환자 본인이나 후견인 또는 법정대리인 등의 설명의 수령권자에게 설명한 후 담당의사 본인이 팀의료의 일원으로서 의료행위에 임하였다면 자신복무의 원칙을 준수한 것이라고 보아야 한다. 또한 환자가 특정한 의사를 정하지 않은 경우에는 의료기관 개설자가 아닌 다른 자(의사)가 진료를 하여도 상관없다는 묵시적 승낙의 의사를 표시한 것으로 해석되고, 위임의 경우 위임장을 교부하는 것을 생각할 수 있으나, 위임장은 단순한 증거방법에 지나지 않으며, 백지위임의 형식도 유효한 것으로 학설·판례가 인정하고 있다.123) 따라서 특정한 의사를 선택하지 않은 경우에는 병원개설자에게 백지위임을 한 것과 같은 맥락에서 해석할 수 있다고 생각된다. 또한 환자는 의료계약 체결 시에 의료기관에 고용된 의사 중에서 특정한 의사를 선택하여 의료계약을 체결할 수 있고, 이 경우에 의료기관의 장은 환자의 동의가 없는 한 진료과목 또는 의사를 임의로 변경할 수 없다(의료법 제37조의 2 제1항). 따라서 환자는 의료계약 체결 시 또는 계약의 이행 도중에 선택진료를 통해 복임권의 제한이 가능하기 때문에 위와 같이 이해하여도 환자에게 부

---

123) 郭潤直, 債權各論(1994), 448쪽.

당한 것은 아니다.

또한 의료기관개설자 또는 의료기관의 장은 환자가 특정한 의사를 선택하여 진료를 요청한 선택진료의 경우에 있어서는 진료 중 진료과목의 변경, 부득이한 사유에 의한 담당의사의 변경 및 선택진료를 중단하고자 할 경우에는 그 사유를 환자 측에게 통지하고 동의를 얻어 선택진료를 변경하거나 해지하여야 한다(선택진료에관한규칙 제3조). 그러므로 환자 측의 동의를 구하지 않거나 부득이한 사유 없이 임의로 담당의사를 변경한 경우에는 특단의 사정이 없는 한 의료계약상의 채무불이행이 된다고 해석된다. 따라서 복임권의 인정 여부의 문제는 환자가 특정의 의사를 선택하여 계약을 체결한 선택진료이었는가 또는 환자가 계약체결 당시 의사의 교체에 대한 제한의 의사표시를 하였는가와 같이 구체적인 경우에 따라서 달라질 수 있다.

(나) 剩餘·超過費用의 償還請求權

환자가 의사와의 약정에 의해 진료보수와 위임사무처리에 필요한 비용을 분리하여 그 비용의 선급을 받기로 하였다면, 민법 제687조의 규정에 의해 환자는 의사에 대하여 그 비용을 선급하여야 할 것이다. 그 경우에 환자는 계약상의 사무처리의 종료 후 남은 비용이 있으면 민법 제686조 제1항의 규정에 의해 그 반환을 청구할 수 있을 것이다. 그러나 의료계약에 있어서는 위임사무처리에 필요한 비용의 선급을 청구하는 경우는 거의 없고, 대부분 그 비용이 진료보수에 포함되어 있으며, 진료보수의 지급은 후급이 원칙이다(민법 제686조 제2항). 또한 의사가 환자에 대하여 진료보수를 청구하는 과정에서 초과하여 지급받거나 허위·부당청구하는 경우가 발생한다면,[124] 환자는 민법 제685조의 규정과 제741조의 규정(부당이득)을 선택하여 그 반환을 청구하면 된다.

4. 醫師 측에의 適用

(가) 醫師의 善管注意義務

민법 제681조의 선관주의의무의 규정을 의료계약에 적용할 수 있다는 데에 관하여는 이설이 없다. 다만, 민법 제681조 이외에도 민법 제2조의 신의성실의 원칙에 의해서도 의사의 선관주의의무가 인정될 수 있기 때문에 굳이 위임의 규정을 의료계약에 적용할 것은 아니라고 하는 견해도 있다.[125]

그러나 위임계약관계에서는 위임인과 수임인의 신뢰관계가 특히 중요한 부분을 차지하고 있고, 사용대차에서의 사용대

---

124) 2003년 한 해 동안 병·의원 등의 의료기관과 약국 등 요양기관이 건강보험공단에 청구한 진료비에 대하여 건강보험심사평가원이 심사한 보험의료 진료비 중 약 3582억 원이 허위 또는 부당청구된 것이라고 한다(의사협회에서는 전산입력상의 실수 또는 착오에 의한 것이라고 주장한다). 또한 이러한 수치는 전체진료비 청구건수 중 3분의 1만을 심사한 것이어서 실제적으로는 더욱 많을 것이다(동아일보 2004. 2. 26). 또한 의료기관의 허위·부당청구가 있는 경우 보험의료의 경우에는 건강보험관리공단에 의해 환수조치가 이루어지지만, 일반의료의 경우에는 환자들이 직접 살펴서 반환을 청구하는 수밖에 없을 것이다.

125) 金天秀, 診療契約, 169쪽.

88

주의 "담보책임의 경감"과 무상임치에 있어서 임치인의 "자기재산과 동일한 주의"를 규정하여 무상계약인 경우 일반적으로 책임이 경감되는 것과 같이 위임계약을 제외한 다른 무상계약에서는 주의의무가 경감되지만, 위임계약에 있어서는 유상의 경우뿐만 아니라 무상인 경우에도 언제나 선관주의의무가 요구되고 있다.126) 이렇듯 위임계약에 있어서 유·무상에 상관없이 선관주의의무를 규정하고 있는 것은 위임계약이 특수한 신뢰관계에서 유래하는 것이고, 그로부터 선관주의의무가 요구된다는 당연한 원리를 주의적으로 규정해 둔 것이라고 할 수 있다. 또한 선관주의의무는 특약이 없는 한 주의의무에 관한 하나의 기준에 불과한 것이지만, 민법 제681조가 특히 주의의무에 관하여 명확히 규정함으로로써, 무상위임의 경우에도 주의의무가 경감되지 않음으로 인해 선관주의의무에 일종의 채무성이 부여되었다고 해석되고 있다.127)

또한 의사와 환자 사이에 맺어지는 의료계약도 상대방에 대한 개인적 신뢰를 바탕으로 하는 계약이고, 그로부터 수임인인 의사에게 자유재량을 용인하는 점에서128) 위임계약과 마찬가지로 신뢰관계를 기초로 하는 계약이다. 그러므로 의료계약에 대하여 민법 제681조의 규정의 유추적용은 수임인인 의사에게 선관주의의무의 적용이 있다는 것을 다시 한번 상기시켜줄 뿐만 아니라 무상인 의료계약관계에 대해서도 일종의 채무성을 부여하는 기능을 하게 된다.

---

126) 李在洪, 民法註解[ⅩⅥ]－債權(8), 516·523쪽.
127) 李在洪, 民法註解[ⅩⅥ]－債權(8), 535~536쪽.
128) 朴一煥(編輯代表 郭潤直), 民法註解[ⅩⅥ]－債權(9), 博英社, 1997, 258쪽.

(나) 醫師의 說明義務와 治療特權

　민법 제683조는 수임인이 위임인의 청구가 있는 경우에는 위임사무의 처리상황을 보고하여야 하며, 위임 종료 시에는 그 전말을 보고하도록 규정하고 있다. 그러나 의료계약에 있어서는 설명의 역기능이 발생하는 경우에 의사는 환자에 대한 치료특권[129]을 가짐과 동시에 불설명의무도 부담하기 때문에 이 규정은 의료계약에 적합한 규정이 아니며,[130] 의사의 설명의무가 강조되어야 하는데 이를 충분히 담고 있는 것도 아니라고 지적되고 있다.[131]

　그러나 의사의 치료특권은 환자의 보호자 또는 법정대리인에 대하여서까지 적용되는 것은 아니고, 설명의 역기능이 있다고 하더라도 이는 의사의 재량권의 범위에 속하는 문제이기 때문에 환자에 대하여 불설명의무를 부담하지도 않는다. 즉, 불설명의무를 부담한다면 설명의무를 이행한 경우에도 설명의무위반이 된다는 결론에 이르기 때문이다. 또한 판례[132]는 "의사는 환자가 요청하거나 또는 환자에 대한 중요

---

129) 의사는 환자에게 치료행위 등을 하기 전에 그 방법·효과·예후 등에 대하여 원칙적으로 설명하고 동의를 얻어야 하지만, 예외적인 경우 설명의무를 면제받아 임의로 치료행위 등을 할 수 있는 의사의 지위를 「치료특권」이라고 하고, 치료특권을 설명동의원칙의 예외로 파악할 때 그 근거를 잘 나타내주는 표현이 「설명의 역기능」이다(金天秀, 診療에 대한 說明과 同意의 法理, 大邱大學校 出版部, 1999, 223쪽 주21).

130) 金天秀, 診療契約, 168쪽; 金天秀, 診療에 대한 說明과 同意의 法理, 223∼225쪽.

131) 石熙泰, 醫療契約의 法的 性質과 內容, 20쪽.

132) 대판 2002. 10. 25. [2002다48443]; 대판 1999. 9. 3. [99다10479]; 대판 1995. 1. 20. [94다3421]; 대판 1994. 11. 25. [94다35671] 등.

한 의료행위를 실시할 때에는 설명의무를 이행하여야 한다"고 하여, 의사의 환자에 대한 치료특권을 이유로 설명의무를 이행하지 않은 것에 대하여 매우 제한적 또는 엄격한 해석을 하고 있다.

또한 민법 제683조의 규정과 관련하여 보건의료기본법[133]과 의료법[134]의 규정들은 의료행위 중 또는 그 종료 후 환자가 진료 등의 과정 또는 결과에 대한 설명을 요구하거나 기록의 열람청구 등을 청구할 수 있는 특별법상의 규정이다. 따라서 민법 제683조의 규정은 의료법 등의 특별법규의 적용이 없는 경우에 보충적인 기능을 가지는 데에 불과하기 때문에 의료계약에 적용될 가능성이 희박하다.[135]

특히 설명의무는 ① 환자의 자기결정권의 보장을 위한 설명의무, ② 진료결과보고의무로서의 설명의무, ③ 진료과정 및 진료종료 후에 진료목적의 최대실현을 위해 환자에게 적절한 영양섭취·약 복용·과로금지 등 요양지도의무 또는 진료지도의무로서의 설명의무, ④ 전원권고의무로서의 설명의무로 나누어 볼 수 있는데, 그중에서 진료결과보고의무로서의 설명의무, 요양지도의무 및 긴급을 요하는 전의조치의 설명의무는 그 자체를 진료행위로 볼 수 있다. 즉, 전의조치의무는 환자에게 좋은 의료서비스를 받게 해줄 의무인 진료행

---

133) 동법 제11조 [보건의료에 관한 알 권리]
134) 동법 제18조 [진단서 등의 작성의무 및 교부의무]·제18조의 2 [처방전의 작성 및 교부와 보존의무]·제20조 [기록 열람 등]·제21조 [진료기록부 등의 작성과 보존]의 규정이 있다.
135) 민법상 위임의 규정은 위임계약관계의 통칙적인 규정이고, 그로부터 분화된 계약유형에는 그와 관련된 특별법 등의 규정이 적용될 수 있기 때문이다(李在洪, 民法註解[XVI]－債權(8), 517~519쪽.

위의 일부이고, 전의에 부수하여 의사는 환자의 진료에 있어서 취득한 정보 중 이후의 진료에 필요한 것을 전의 하는 의료기관에 대하여 직접 또는 환자를 통하여 보고할 의무가 있고, 전의 하는 의료기관으로부터의 조회에 대하여 답할 의무를 부담한다. 이러한 의무는 의료계약의 수임자에 대하여 계약종료 후 위임자에 대하여 부담하는 보고의무인 동시에 의료법상의 요양지도의무의 하나라고 하고 있다.136) 따라서 일정한 경우에 의사는 환자의 요청에 의해 또는 자발적으로 당해 의료행위의 전말을 보고하여야 한다.137)

(다) 醫師의 取得物 등의 引導, 移轉義務

의사가 환자에 대한 의료행위를 하는 과정에서 환자의 신체에서 분리한 신체의 일부분은 법률규정138)이나 환자와 의

---

136) 石熙泰, 醫療契約(下), 66쪽; 菅野耕毅, 医療契約法の理論, 124·126面. 또한 의료법 제22조에서는 의료인에게 요양방법의 지도설명의무를 규정하고 있고, 2000년 1월 12일에 법률 제6150호로 제정된 보건의료기본법 12조에서는 의사의 설명의무와 환자의 자기결정권을 명시적으로 규정하고 있다.

137) 여기서의 보고는 통지의 의미가 강하지만, 그 통지를 게을리 한 경우 의사에게는 설명의무위반으로서의 책임을 부담하기 때문에 그 성질은 보고에 가까운 것으로 생각된다. 따라서 "보고"라는 용어의 사용도 가능하다고 생각된다.

138) 의료법 제17조에서는 적출물 등의 처리는 의료인·의료기관 또는 시·도·지사에게 신고한 자가 아니면 처리할 수 없도록 하고 있다. 이 규정은 적출물의 위생적인 처리와 장기이식 등을 위한 불법적인 장기매매 등을 막기 위해 규정된 것이라고 생각된다. 따라서 그러한 경우를 제외하고는 환자가 명백히 반환을 요구하는 경우에는 반환하여야 한다. 또한 일정한 경우(최근에 과학기술의 발달로 가능하게 된 인공수정을 위한 정자와 난자의 보관, 난치병의 치료

사 사이의 합의가 없는 한 환자에게 인도하여야 한다. 물론 수임인인 의사가 의료계약의 이행과정에서 환자의 신체로부터 분리한 것[139]이 민법 제684조에서 말하는 물건의 범위에 포함될 수 있을 지에 대해서 의문이 전혀 없는 것은 아니지만 유추적용은 가능하다.

(라) 醫師의 診療報酬請求權

민법 제686조의 규정은 무상이 원칙이고 예외적으로 당사자의 특약이 있는 경우에 한하여 유상성이 인정됨을 규정하고 있기 때문에 유상이 원칙인 의료계약에는 적용된다고 할 수도 있을 것이다.[140] 그러나 위임계약이 무상을 원칙으로 한다고 하지만, 오늘날 타인의 일을 해 주면서 무상으로 한다는 것은 오히려 예외적인 현상에 속하게 되고 실제에 있어서는 유상인 위임계약이 압도적이고 또한 보통인 것이 현실이다.[141] 마찬가지로 의사와 환자 사이의 의료계약도 일정한 보

를 위한 제 대혈 등의 보관 등)에는 환자가 자신 또는 자녀와 배우자 등의 가족을 위해 신체에서 분리하는 경우도 생각할 수 있다.

139) 예컨대 악성종양(암)의 적출수술의 경우에 있어서는 그 종양, 출산 등의 과정에 있어서 태반 또는 사산의 경우 사산한 태아, 치과·정형외과·성형외과 등의 수술 시 신체의 일부 또는 기존에 신체에 삽입됐던 인공삽입물(금 등으로 만든 치아, 교정 또는 고정을 위한 인공삽입물 등을 생각할 수 있다) 등은 신체에서 분리되면 물건의 개념에 포함되게 되고, 경제적인 가치의 유·무 또는 거래의 대상이 되는지의 여부에 관계없이 분리하기 前의 환자의 소유의 것이기 때문에 원칙적으로는 환자에게 인도하여야 한다.

140) 金天秀, 診療契約, 168쪽.

141) 郭潤直, 債權各論(2003), 274쪽; 李在洪, 民法註解[ⅩⅥ]－債權(8), 522쪽; 菅野耕毅, 医療契約法の理論, 98面; 野田寬, 医師法(中), 412面 등.

수의 지급관계가 아니라 사례의 지급관계에서 현대사회의 발
전과 더불어 보수의 지급관계로 변화해 왔고, 오늘날에 있어
서도 무상인 의료계약이 체결되는 경우도 있을 수 있기 때문
에 민법 제686조의 규정은 유·무상의 의료계약관계 모두에
적용될 수 있다. 판례에서도 의사의 환자에 대한 의료비 청구
에 있어서 민법 제686조 제2항의 규정이 적용되고 있다.[142]

(마) 醫師의 費用先給請求權

환자가 병원 등에 입원을 하거나 수술 등을 하는 경우, 의
사 측에서는 환자의 진료보수 이행의 수단을 확보하기 위하
여, 의료행위의 실시에 앞서 선급을 요구하거나 지급보증인
을 요구하고 있는 것이 현실이다.[143] 특히 보험의료가 아닌
일반의료의 경우에는 이러한 경향이 매우 강하다. 뿐만 아니
라 의료계약이라 하더라도 당사자 사이에 특약으로 진료보수
와 진료행위를 행하는 데 필요한 비용을 분리하여, 그 비용
을 선급하기로 하는 계약을 체결할 수도 있다. 이러한 경우
에 수임인인 의사는 진료보수와 진료행위를 행하는 데 필요
한 비용을 분리하여, 필요비용의 선급을 청구할 수 있을 것
이다.[144] 따라서 민법 제687조의 규정은 당사자의 특약이 있

---

142) 대판 2001. 11. 9. [2001다52568].
143) 특별히 당해 환자만을 위해 중대하고 비용이 많이 소요되는 수술
    을 실시하거나 高價의 기구의 제작·삽입 또는 약품 등을 제공하
    는 경우를 생각해 볼 수 있다.
144) 일본에서는 치과의료에 있어서 의치제작의 재료비에 대해서는 그
    비용의 선급이 행하여지고 있다. 다만, 위임계약상의 비용선급의
    무 규정이 의료계약에 적용된다고 하여도, 의료법상의 진료거부금

94

거나 무상인 의료계약인 경우에 적용이 가능하다.

(바) 醫師의 費用償還請求權 등

민법 제688조에서는 수임인에게 ① 필요비를 지출한 경우에는 상환청구권을(동조 제1항), ② 사무처리에 필요한 채무를 부담한 경우에는 대변제청구권 또는 담보제공청구권을(동조 제2항), 그리고 ③ 사무처리를 위해 과실 없이 손해를 입은 경우에는 배상청구권(동조 제3항)을 인정하고 있다. 동 조항은 무상위임을 전제로 규정된 조항이므로, 원칙적으로 유상인 의료계약에는 적용될 수 없을 것이다.145) 그러나 드물기는 하지만 의사가 동료의사로부터 치료를 받는 경우와 같이 무상인 의료계약인 경우에는 동 규정이 적용될 수 있다.146)

5. 醫療契約의 相好解止의 自由147)

민법 제689조 제1항은 상호 해지의 자유를 인정하고 있고, 동조 제2항에서는 "당사자 일방이 부득이한 사유 없이 상대방의 불리한 시기에 계약을 해지한 때에는 그 손해를 배상하여야 한다"고 규정하고 있다. 의사가 환자의 진료 등의 요구

지의무와 관련하여 원칙적으로는 비용선급이 없다고 하여 진료를 거부할 수는 없으며, 그 비용선급과 진료행위가 동시이행의 관계에 있는 것은 아니라고 해석하고 있다(野田寬, 医師法(中), 415面).
145) 金天秀, 診療契約, 168쪽.
146) 金玟中, 醫療行爲에서의 法律問題와 醫師의 責任(上), 76쪽.
147) 자세한 것은 「제5절 의료계약의 종료, Ⅱ. 당사자의 의료계약의 해지」 부분을 참조.

에 응하여야 하고, 중도에 의료계약을 임의로 해지할 수 없
는 의무가 부과되는 것은 사법상의 의무는 아니었다.[148] 그
러나 오늘날 의사 등에 의해 실시되는 의료행위는 국민의 생
명과 신체를 보호하는 공공의 이익을 위한 행위이고, 의료인
만이 독점적으로 제공할 수 있는 행위이다(보건의료기본법
제1조, 의료법 제1조·제2조 및 제25조 등). 그로 인하여 보
건의료기본법 제5조 제2항과 의료법 제16조 제1항 등의 공법
상의 행정적 규제에 의해 환자의 진료요구를 정당한 사유 없
이 거부할 수 없도록 하고 있고, 이러한 제한은 환자의 의사
에 대한 손해배상책임의 청구에 있어서 그 원인을 이루는 주
의의무위반의 사실로서 고려될 것이고, 그렇기 때문에 의사
의 임의해지는 정당한 사유가 없는 한 의료계약상의 채무를
불이행한 것으로 될 것이다. 따라서 의사는 이미 체결된 의
료계약을 임의로 해지할 수 없고, 그러한 제한에도 불구하고
의사가 환자의 진료요구를 거부하는 경우에는 행정법 또는

---

148) Common law에 있어서는 진료의무가 없었고, 독일에서도 1868년 영
　　업법(Gewerbeordnung)의 개정으로 의사의 진료의무를 폐지하였었다.
　　다만, 오늘날에 와서 의사에게 인정되던 진료의 자유가 대륙법국가들
　　과 사회주의 국가들에서 공공의 이익을 위해 행정당국에 의해 부과되
　　었을 뿐이다. 그리고 미국에서는 미국의사협회의 의료윤리의 원칙에
　　서 "의사는 의료행위를 제공할 사람을 선택하는 것은 자유이다"라고
　　하고 있었으며, 판례법은 개인개업의의 환자에 대한 진료의무가 없다
　　는 것이 명백히 확립되어 있었다. 그러나 malpractice에 대한 고도의
　　책임(the high standards of liability for malpractce)과 1959년 이후 미
　　국의 각 주에서 의사들이 부상당한 사람들을 치료하도록 유도하기 위
　　해 "선한 사마리아인(Good Samaritan)" 규정을 채택하면서 의사에게
　　진료의무가 실질적으로 부과되었다(Panayotis J. Zepos(Chief Editor
　　André Tunic), International Encyclopedia of Comparative Law(Trots
　　XI), Chapter 6(Professional Liability; Physicians), 1983, p.20~21).

96

형법상의 제재도 받게 된다.149)

　반대로 환자의 임의해지로 인한 민법 제689조 제2항의 손해배상책임을 인정함도 타당하지 않다고 하고 있으나,150) 경우에 따라서는 환자가 임의로 의료계약을 해지한다면 "상대방이 불리한 시기에 해지한 때"에 해당되고,151) 그 해지가 부득이한 사유에 의한 것이 아닌 한 그로 인한 손해를 배상하여야 하는 경우도 있을 수 있다. 물론 그 배상의 범위는 의료계약이 해지되었다는 사실로부터 생기는 손해가 아니라 적당한 시기에 해지되었더라면 입지 아니하였을 손해에 한정된다.152) 따라서 의사는 의료계약의 해지에 정당한 사유가 필요하지만, 환자는 보다 자유롭게 의료계약을 해지할 수 있다.

---

149) 의료법 제68조, 형법 제20조·제250조 등.
150) 金天秀, 診療契約, 169쪽.
151) 예를 들면, 암 등의 치료를 받기로 한 환자를 위하여, 의사가 설명의무 등의 모든 절차를 이행한 후, 그 환자의 수술을 위해 필요한 인력이나 장비를 준비하여 대기하고 있었으나, 환자가 수술의 시행시기(수술실에 들어가기 직전 또는 마취를 실시하려는 시점)에 갑자기 수술의 실시를 거부하고 집으로 돌아가기를 원하는 경우 등을 생각할 수 있다. 이러한 경우 의사의 입장에서는 수술준비에 들어간 비용 또는 당해 환자의 수술을 준비하고 기다리고 있는 동안 다른 환자를 진료할 수 있었던 등의 기회비용을 청구할 것이고, 그 비용은 특별한 사정이 없는 한 환자가 부담하여야 할 것이다. 또한 의료계약에 있어서 사무처리의 완료의 시기는 전과정의 완료가 아닌 개개의 진료가 종료됨으로서 하나의 사무가 완결됐다고 보는 것이 타당하다(대판 1998. 2. 13. [97다47675], 판시사항 3)고 본다면 의료계약을 상대방에게 불리하지 않게 해지할 수 있는 적당한 시기는 상대방인 의사가 수술준비 등의 실질적인 절차에 들어가기 전까지이다.
152) 대판 2000. 6. 9. [98다64202].

6. 醫療契約의 終了와 緊急事務處理

(가) 死亡에 의한 終了

의료계약은 환자 또는 개인개업의의 사망에 의해 종료된다는 점에는 의문의 여지가 없다. 다만, 개인개업의의 사망으로 인해 의료계약이 종료되는 경우에 사망한 의사의 상속인이라 할지라도 의료인이 아닌 경우에는 긴급사무처리를 할 수 없다. 그리고 개인개업의라도 다른 의사를 고용하여 의료행위를 실시하고 있거나 여러 의사가 동업관계를 가지고 의료기관을 개설한 경우에는 여러 의사 중 1인의 사망에도 불구하고 의료계약이 종료되지 않는다. 이러한 경우에 고용된 의사는 의료기관개설자의 이행보조자이고, 동업관계에 있는 의사는 환자가 의료계약의 체결 시에 사망한 의사를 특정하여 선택하지 않은 한 계약당사자로서의 지위가 인정된다고 생각된다. 따라서 환자 측에서 사망한 의사를 선택하여 진료를 요청했었던 경우에는 계약을 해지하고 다른 의료기관으로 전원을 하거나 계속해서 동일한 의료기관에서 진료를 받을 것인 지의 선택을 할 수 있을 것이다. 또한 법인인 의료기관인 경우에는 의료기관개설자의 사망이라는 일은 발생할 여지가 없지만, 의료법 제51조 각호의 규정에 의해 개설허가가 취소되거나 동법 제45조 각호의 규정에 의해 설립허가가 취소된 경우 및 자진 폐업을 하는 경우에는 당해 의료계약이 종료된다.153)

---

153) 이 경우에는 의료법 제44조의 규정에 의해 민법의 규정 중 재단법인에 관한 규정이 준용되므로, 민법상 재단법인의 해산과 같이

(나) 破産에 의한 終了

환자 측 당사자가 파산한 경우에는 위임사무가 "재산"과 전혀 관계가 없는 위임인의 신체 그 자체에 대한 위임사무이기 때문에 의료계약은 종료되지 않는다.154) 그러나 개인개업의가 파산선고를 받고 그 면허가 취소되는 경우에는 당해 의료계약은 종료되지만, 면허가 취소되지 않는 한 의료계약은 종료되지 않는다(의료법 제8조 제1항 제4호, 제52조 제1항). 법인인 의료기관인 경우에는 파산하게 되면 의료법 제44조의 규정에 의해 민법 중 재단법인의 규정이 준용되므로, 민법 제77조 제1항의 규정에 의해 청산절차를 거쳐 해산하게 된다. 그러므로 법인인 의료기관이 파산한 경우에는 청산의 범위 내에서 긴급사무처리 등은 할 수 있지만, 의료기관이 최종적으로 해산하는 경우에 당해 의료계약은 종료된다.

(다) 受任人의 禁治産

환자의 금치산 선고는 의료계약의 종료에 그 영향을 미치지 않음은 분명하다. 그러나 의사가 금치산 선고를 받은 경우에는 진료의무의 이행이 가능한 한 의료계약의 종료사유가 될 수 없다고 하는 견해가 있다.155) 그러나 수임인인 단독개업의가 금치산선고를 받은 경우에는 면허취소사유에 해당되

청산절차에 들어가게 된다.
154) 郭潤直, 債權各論(2003), 281쪽; 金天秀, 診療契約, 169쪽.
155) 金天秀, 診療契約, 169쪽.

고, 따라서 당해 의사의 당해 의료계약은 종료한다(의료법 제8조 제1항 제4호). 즉, 의사가 금치산선고를 받은 심신상실의 상태에 있게 된다면, ① 의사와 환자와의 신뢰관계에 영향을 미치게 되고, ② 심신상실의 상태에 있는 의사가 환자에 대한 의료행위를 하는 경우에 적절한 의료를 환자에게 제공할 수 있을지 의문이다. 또한 ③ 금치산자인 의사가 의사면허의 유지의 여부는 제외하더라도 민법상의 유효한 계약을 체결할 수 없고, ④ 공익적인 측면에서도 의료계약은 종료된다고 하여야 할 것이다. 물론 의료기관개설자가 자연인이 아니라 법인인 경우에는 금치산의 문제가 발생할 여지도 없다.

　(라) 委任終了時의 緊急處理

　위임계약의 종료사유 중 긴급사무처리의 필요성이 있는 경우는 단독개업의인 의사가 사망, 파산 또는 금치산선고를 받은 경우와 법인인 의료기관이 파산한 경우이다. 그러나 단독개업의가 사망, 파산 또는 금치산선고를 받은 경우에는, 의료행위는 의료인만이 할 수 있으므로, 당해 의사의 상속인 또는 법정대리인에게 급박한 사정이 있다고 하더라도 긴급처리의무가 없다. 그러나 법인인 의료기관이 파산한 경우에는 당해 의료기관에 고용된 의사가 민법 제691조의 긴급사무처리를 할 수 있고, 단독개업의가 사망, 파산 또는 금치산선고를 받은 경우에는 의사의 상속인이 아닌 간호사 또는 간호조무사 등의 이행보조자에게 긴급사무처리의무를 인정할 필요성이 있다.

7. 委任契約規定의 適用 可能性에 대한 整理

　의료계약관계에 있어서 의사의 채무는 다른 계약의 경우와
는 달리 현저히 추상적이고 개괄적이어서 계약당사자 사이의
법률관계를 정확히 파악하는 것이 곤란한 면이 있다. 그러나
위에서는 의료계약관계에 대하여 우선적으로는 보건의료기본
법과 의료법 등의 법률규정이 우선적으로 적용되지만, 민법
의 위임계약규정을 가능한 한 보충적으로 적용할 수 있다는
생각을 가지고 검토해 보았다.

　위에서 검토한 것을 종합하면 민법 제680조 내지 제685조,
동법 제686조 내지 688조의 규정은 의료계약에 대하여 적용
하는 데에 별 다른 문제가 없다고 보이고, 동법 제689조, 제
690조의 규정은 부분적으로 또는 제한적으로만 적용될 수 있
다고 보인다. 따라서 민법 제689조와 제690조가 의료계약에
적용된다면 동법 제692조도 적용될 수 있을 것이다. 다만, 동
법 제690조와 제691조의 위임의 종료사유 중 파산에 의한 종
료는 의료계약에 그대로 적용하기 어려운 규정이다.

Ⅵ. 醫療契約의 典型契約化

　의사와 환자 사이의 의료관계는 고도의 신뢰관계를 바탕으
로 유지되어 왔으며, 로마법상에 있어서도 의사의 환자에 대
한 의료행위와 같은 고급노무는 보수의 지급대상이 아닌 것
으로 파악하고 있었다. 또한 의료계약이 그 내용 또는 목적

으로 하는 의사의 환자에 대한 의료행위는 환자 자신의 직무를 의사에게 맡기는 것이 아니라 의사 고유의 직무를 행하는 과정에서 환자와 맺게 되는 계약이라는 점에서 변호사, 건축가 및 공인회계사 등이 자신의 고객과 체결하는 노무급부계약인 고용 또는 도급과는 다르고, 의사가 개인으로서 행하거나 의료기관과의 계약에 의하여 다수의 의사가 행하는가에 따라 전혀 다른 모습의 계약이 체결될 수 있다. 그리고 의사는 일단 진단을 한 후에 그에 따라 치료를 하거나, 조언과 같은 것을 행할 수도 있고, 환자와 연구를 수행하기 위하여 통상적인 진료행위가 아닌 행위를 계획할 수도 있다. 뿐만 아니라 제2의 전문가의 의견(Second opinion)을 위해 순수한 의미의 "진단계약(Diagnosvertrag)"을 체결할 수도 있기 때문에 의료계약을 독자적인 유형으로 다루어야 한다.156) 따라서 의료계약은 의사와 환자의 계약관계에서 나타나는 여러 가지 특성을 고려하여야 하기 때문에 민법상 전형계약의 하나로 규율할 필요성이 있다.

그러나 채권총칙의 규정이 인도채무를 중심으로 규정되어 있고, 행위채무에 대해서는 아무런 규정을 두고 있지 않기 때문에 의료계약과 같은 새로운 노무제공형 신종계약에 대해서 탄력적으로 적용되고 방향제시의 역할을 할 수 있는 총칙적 규정이 필요하다. 그러한 총칙적 규정에는 다양한 노무공급계약의 특성인 계속적 관계성, 인적 신뢰관계성, 급부의 이행 여부의 확정의 애매함, 원상회복의 어려움 등이 고려되어야 하

---

156) Deutsch/Geiger, Medizinischer Behandlungsvertrag, S. 1094~1095.

고, Horn의 견해를 인용하여 계속적 채권관계에 있어서는 당사자의 이익이나 제3자의 보호를 위해 무효 또는 취소 시 소급효의 제한, 사정변경의 원칙의 도입 및 부득이한 사유로 인한 해지권의 보완을 제시하는 견해는 타당하다.157) 즉, 민법전에 전형계약으로의 편입이 모든 것을 해결하는 것이 아니기 때문에 계약법의 총칙규정을 보완하여 체계의 산만화를 막고, 새롭게 출현하는 계약유형을 전형계약으로 규정함으로 인한 민법전의 지나친 부담을 막는 선에서 경제적인 입법을 하여야 한다는 견해가 설득력이 있다고 보여진다.158)

또한 민법개정안(법무부 공고 제25호)의 채권총칙부분에 계속적 계약관계에서 장래의 계약이행이 의심스러운 경우의 계약해지에 대한 일반규정(안 544조의 3)과 사정변경의 원칙을 명문으로 규정하였다(안 제544조의 4). 따라서 의료계약의 문제에 대해서도 계속성과 신뢰성 및 계약내용의 불명확성과 관련하여 좀 더 신축적인 해석을 할 수 있으리라고 생각된다.

Ⅶ. 小 結

의료계약은 여러 가지 원인으로 인해 그 내용의 특정에 곤

---

157) Horn, Vertragsdaur, Gutachten und Vorschläge zur Überarbeitung des Schuldrechts BD. Ⅰ (1981), Bundesanzeiger Verlagsges. mbH., Köln, S. 635.
158) Emmerich, Energielieferungsvertrag, Gutachten und Vorschläge Zur Überarbeitung des Schuldrechts BD. Ⅲ(1983), S. 128(金東勳, 新種契約의 立法方向, 民事法學 第18號(2000), 225쪽에서 재인용).

란한 면이 존재하고, 계약의 성립 이후에 의사와 환자의 상호 교섭에 의해 구체화된다. 따라서 의료계약은 "의사는 환자와의 합의에 의해 정해진 사무에 대하여 선량한 관리자의 주의의무를 가지고 의료행위를 할 의무를 부담하고, 환자는 의사의 의료행위에 대한 협력과 진료보수지급의무를 부담하는 유상·쌍무·낙성·불요식의 계속적 계약관계"라고 할 수 있다.

특히 의료계약은 다른 유형의 계약과는 달리 계약당사자인 환자, 즉 인간을 위하여 의학상의 기술을 적용 내지 응용하는 것이기 때문에 위임, 고용 및 도급 등에서 그 내용으로 하는 노무급무와는 본질적으로 다르다. 따라서 의료계약은 다른 전형계약과는 본질적으로 다른 인간을 대상으로 하는 계약이기 때문에 독자적인 성질을 갖는 계약으로 파악하는 것이 타당하다.

그러나 의료계약을 독립적인 계약유형으로 구분하여 규정하고 있지 않기 때문에 환자와 의사 사이의 계약관계를 규율하기 위해서는 민법상 가장 유사한 전형계약의 규정을 유추하여 적용할 수밖에 없게 되고, 우리 민법상 의료계약과 가장 유사한 계약으로는 위임계약을 들 수 있다. 오늘날 민법상 위임계약은 타인의 사무처리에 관한 일반적인 規準으로 그 기능을 함과 아울러, 위임의 유형으로부터 분화된 특수한 위임관계에 보충적인 규정이라는 데에 그 존재의의가 있다. 뿐만 아니라 위임사무내용은 거의 무제한이어서 모든 법률관계에 미치는 포괄적인 성질을 가지고 있고, 타인의 사무를 처리하는 것을 목적으로 하는 법률관계에는 다소라도 위임관계가 포함되어 있다고 할 수 있다. 다만, 계약관계의 다양성이나 반복계속성 및 계약자유의 원칙과 채권계약의 비강행성에 의하여 각종의 무명계약으로 분화하여 각각 고유의 계약유형을 형성하고 있어서, 개개의 계약에 따라 달라질 수밖에 없다.159) 따라서 위임계약규정을 일반적인 규정으로 이해하고, 보건의료기본법과 의료법 등 보건의료에 관한 제 법률을 참고하여 상호 보충적으로 해결하여야 할 것이다. 특히 보건의료기본법, 의료법 또는 응급의료에관한법률 등과 함께 적용된다면, 의료계약이 쌍무계약이라고는 하지만, 동시이행의 항변권의 행사와 위험부담의 문제는 발생할 여지가 거의 없게 될 것이다.

현재 진행되고 있는 민법개정안에서 의료계약이 제외되었기 때문에 의료분쟁의 해결에 불법행위법의 적용이 지속될 것으로 생각되지만, 무조건 불법행위법으로 해결할 것이 아니라 계약법 이론으로 처리가 가능한 분쟁은 계약법으로 해결을 하고, 응급환자와 같은 의사와 환자 사이에 특별한 신뢰관계가 전혀 발생할 여지가 없는 경우에 한하여 불법행위법을 적용하는 것이 타당하다. 특히 민법전의 개정작업에 있어서 여행계약이 도급계약과 유사한 성질을 가지고 있는 계약이기는 하지만 완전히 일치하지 않는 면이 있었고, 민법개정안에서 전형계약의 하나로 편입된 점은 앞으로 의료계약이 하나의 전형계약으로 발전하는 데에 모범이 될 수 있는 입법이라고 생각된다.

---

159) 李在洪, 民法註解[ⅩⅥ]－債權(8), 519~520쪽.

第 4 節　醫療契約의 成立

Ⅰ. 槪　說

　의료계약도 다른 계약과 마찬가지로 일반적 성립요건으로 ① 계약의 당사자가 존재하여야 하고, ② 당사자 사이에 의사표시의 합치가 있어야 한다. 즉, 의료급부를 제공받기를 원하는 환자의 청약과 의료급부를 제공한다는 의사의 승낙의 意思의 합치가 있어야 한다. 그러나 미용성형수술·채혈행위·건강검진 등 의료의 범위가 처음부터 명확한 경우 외에는 개괄적 또는 추상적인 성질을 가지고 있기 때문에 청약의 대상인 의료의 범위가 불분명한 경우가 많다.[160] 뿐만 아니라 의료계약의 성립에 있어서는 의사실현에 의한 계약의 성립이 인정되는 경우도 있을 수 있다. 다만, 의료계약의 성립에 있어서는 의사가 의료광고 등을 통하여 불특정 다수인에 대한 청약의 유인도 제한적으로밖에 할 수 없으며,[161] 그에 따라 의사가 환자에게 청약의 의사표시를 하는 일은 발생할 여지가 없기 때문에 교차청약에 의한 의료계약이 성립하는 경우는 없을 것이다.

---

160) 菅野耕毅, 医療契約法の理論, 104面.

161) 의료법인·의료기관 또는 의료인은 의료법 제46조, 제47조 및 동법 시행규칙 제33조의 규정에 의해 일반적인 기업 내지 개인영업을 영위하는 자와는 달리 제한된 범위 내에서만 광고를 할 수 있도록 하고 있다.

또한 의료계약의 당사자와 관련하여 행위능력자인 환자와 의사 사이의 의료계약은 의료기관개설자와 환자인 것이 보통이고, 이 경우에는 계약당사자가 누구인지는 분명하다. 그러나 환자가 미성년자, 정신장애자 내지는 의식불명자인 경우, 의사 측 당사자가 개인개업의가 아닌 법인인 경우 및 당해 의료행위가 보험의료로서 행해지는 경우 등에는 의료계약의 권리·의무자가 누구인지가 반드시 분명한 것은 아니다. 그러므로 아래에서는 의료계약의 청약과 승낙의 시기·방법·내용과 의사능력자와 의사무능력자의 계약체결능력을 중심으로 살펴본다.

Ⅱ. 醫療契約의 成立

1. 請約과 承諾

(가) 請 約

(a) 一般的인 경우

의료계약도 통상의 계약과 마찬가지로 환자의 청약과 의사의 승낙의 의사표시의 합치가 필요하다. 의료계약의 방식은 자유로운 것이 원칙이고, 청약과 승낙의 의사표시가 명시적·묵시적인지는 문제가 되지 않는다.[162] 일반적인 경우 진

---

162) 筋 立明·中井美雄, 医療過誤法, 60面; 野田寬, 医師法(中), 376面; 金玟中, 醫療契約, 37쪽.

료신청서의 제출163) 또는 구두에 의한 진료의 신청뿐만 아니라, 예컨대 환자의 진료요청으로 보여지는 거동에 대해 의사가 진료를 개시하는 경우와 같이, 환자의 거동도 묵시적인 청약의 의사표시로 볼 수 있다(민법 제532조). 또한 보험의료에 있어서는 원칙적으로 청약 시에 건강보험증의 제출이 필요하지만, 부득이한 사유가 있는 경우에는 건강보험증을 제출하지 않아도 된다(국민건강보험법 제11조).

계속적 계약관계에 있는 의료계약의 경우에는 개개의 의료행위시에 청약과 승낙의 반복이 이루어진다고 생각된다. 또한 의사가 환자에게 진료시간·진료방법·수술시간 등의 의사표시를 하는 것은 환자에 대한 청약이 아니라 청약의 유인에 불과하다.164) 왜냐하면 단순히 의사가 환자에게 수술 등의 의료행위가 필요하다고 한 것에 대하여 환자가 당해 수술의 필요성, 비용부담 및 위험성 등의 설명을 받은 후에 의사에게 수술의 청약을 하고 그 청약에 대하여 의사가 승낙을 하여 당해 의료행위를 실시하게 된다고 해석되기 때문이다.

(b) 選擇診療의 請約

환자 또는 그 보호자는 특정한 의사를 선택하여 서면 또는 전화 등의 통신매체를 통하여 진료를 요청할 수 있으며(의료법 제37조의 2 제1항, 선택진료에관한규칙 제2조), 환자 또는 그 보호자는 언제든지 선택진료의 변경 또는 해지를 요청할 수 있다(의료법 제37조의 2 제2항). 환자 또는 그 보호자가

---

163) 金天秀, 診療契約, 152쪽.
164) 野田寬, 医師法(中), 376面.

108

의료기관의 특정한 의사를 선택하여 청약을 하는 경우에 당
해 의료기관의 장은 특별한 사정이 없는 한 이를 거부할 수
없으며, 추가비용도 청구할 수 없는 것이 원칙이다(의료법 제
37조의 2 제1항·제3항). 다만, 일정한 요건을 갖춘 의료기관
에 한하여 추가비용 전액을 환자 또는 그 보호자에게 청구할
수 있다(동법 제37조의 2 제4항·제5항).165)

(나) 承　諾

환자의 청약에 대응하여 의사의 승낙도 명시적·묵시적인
승낙이 가능하다. 따라서 환자의 진료신청서를 접수한 시
점166) 또는 진찰권 등의 교부167)와 진찰의 개시168)가 있으면
승낙의 의사표시가 있는 것으로 해석된다. 물론 진료신청서
의 접수 또는 진찰권 등의 교부를 의사의 승낙의 의사표시로
해석하여 의료계약의 성립을 인정할 것인지에 대해서 논쟁이
없는 것은 아니지만, 의사의 진료거부금지의무를 고려한다면
진료신청서의 접수 또는 진찰권의 교부를 승낙의 의사표시로
인정하여야 할 것이다.169)
　의사의 승낙은 보험진료·일반진료·선택진료 모두에 동일

---

165) 또한 선택진료에관한규칙 제4조에서 추가비용징수의사 등의 자격
　　 및 범위를, 동 규칙 제5조에서는 추가비용징수의 산정기준 등을
　　 규정하고 있다. 동 규칙 제5조 제2항에 의하면 추가비용은 환자와
　　 그 보호자가 전액 부담하는 것으로 하고 있다.
166) 金天秀, 診療契約, 152쪽; 丁容鎭, 보건의료법·의료분쟁, 120쪽.
167) 文國鎭, 醫療의 法理論, 51쪽; 菅野耕毅, 医療契約法の理論, 11面.
168) 筋 立明·中井美雄, 医療過誤法, 61面.
169) 筋 立明·中井美雄, 医療過誤法, 61面.

하게 적용된다. 또한 승낙의 방식도 청약의 경우와 마찬가지로 자유로운 것이므로 의사가 진료를 시작했다고 보여지는 거동을 한 경우에는 승낙의 의사표시가 있는 것으로 간주된다.[170]

특히 의료기관은 환자에 대한 승낙을 하는 경우에 환자가 제출한 피보험자증, 보험의료·일반의료 및 선택진료의 여부 등을 확인하고 이를 고지하여야 한다. 왜냐하면 보험의료에 있어서의 보수는 법률(국민건강보험법시행령 제22조 등)에 의해 보험자와 피보험자가 부담해야 하는 진료보수의 가액이 정해지고, 보험의료에서 제공될 수 있는 약품이나 처치 등이 정해져 있으나, 일반진료와 선택진료에 있어서는 의사 측이 행정관청에 신고한 금액(의료법 제37조, 선택진료에관한규칙 제5조 제3항의 별표)에 의해 환자에게 진료보수를 청구하므로, 의료기관마다 진료보수의 금액에 차이가 있을 수 있기 때문이다.

(다) 請約과 承諾의 內容

대부분의 의료계약은 그 채무의 내용이 病狀의 진행성과 변화성에 대응하는 가변적인 의료의 성질[171]로 인하여 처음에는 개괄적 내지는 추상적이다.[172] 따라서 의료계약은 의료의 성질상 청약과 승낙의 내용 및 범위가 유동적이기 때문에

---

170) 金玟中, 醫療契約, 37쪽; 筋 立明·中井美雄, 医療過誤法, 61面; 菅野耕毅, 医療契約法の理論, 105面; Markus Philipp Förster, Arzthafung, S. 4~5.
171) 文國鎭, 醫療의 法理論, 53쪽.
172) 筋 立明·中井美雄, 医療過誤法入門, 61面.

청약과 승낙 시에 이를 확정하기가 어렵고,173) 건강진단·통상분만·임신중절·미용성형수술·인공수정·장기이식 및 이식용 장기의 적출 등 적절한 의료를 필요로 하는 각종의 목적에 따라 청약과 승낙의 내용이 정해진다.174)

2. 醫療契約의 特性과 契約自由의 原則

오늘날 계약은 근대법의 계약자유의 원칙에 근거하면서도 여러 가지 제한을 받고 있다. 이러한 제한은 의료계약에 있어서도 의사에게 진료거부금지의 규정(보건의료기본법 제5조 제2항, 의료법 제16조 제1항 등)에 의해 "정당한 사유"175)가 없는 한 진료를 거부할 수 없도록 하고 있다. 특히 의료계약에 있어서 환자와 의사의 관계에서 의사에 의해 제공되는 의료는 전문적 성격을 가지고 있으며, 의료급부를 이행하는 데 있어서의 인적·물적 수단이 의사 측에 의해 독점적으로 통제된다는 특성을 가지고 있기 때문이다.176)

또한 의료법 등의 진료거부금지규정에 의한 의사의 계약체결의 자유의 제한은 의사에 의한 醫師業 독점의 효과 혹은 의사의 직업윤리 등을 그 근거로 들 수 있고, 더 나아가 국민의 생명과 건강이라고 하는 관련 법익의 중요성에 비추어 의료행위가 구명적 성격을 띠고 있기 때문에 정책상 인정된 의무

---

173) 野田寬, 医師法(中), 375面.
174) 岩垂正起, 診療契約(裁判實務大系 17, 医療過誤訴訟), 靑林書院, 1992, 28~29面.
175) 앞의 각주 97참조.
176) 平林勝政, 医療過誤の契約的構成と不法行爲的構成, 228面.

라고 생각된다. 이러한 관점에서 의사의 진료거부금지의무가 공법상 의무라고 하더라도 구명의 필요성이 급박한 환자에 대한 계약체결은 단지 반사적 이익이 아니며, 불법행위법상으로도 보호받는 것이다. 따라서 정당한 사유가 없는 한 의사의 진료거부는 부작위에 의한 불법행위도 구성하게 된다.177)

반면에 환자는 의사의 선택뿐만 아니라 계약방식 또는 계약내용 등을 자신이 자유로운 意思에 의해 결정할 수 있기 때문에 청약의 자유는 상당히 넓다.178)

Ⅲ. 醫療契約의 當事者

의료계약의 당사자는 의사 측과 환자 측의 둘이다. 이 중 의사 측 당사자는 의료기관개설자라고 하는 것이 오늘날 일반적인 견해이다. 그러나 의료기관에 고용된 의사라 할지라도 의사 개인의 전문성과 재량성 등이 완전히 배제되는 것이 아니기 때문에 고용된 의사의 경우에 대해서는 따로 살펴볼 필요가 있다.

환자 측 당사자로는 행위능력을 가진 환자인 경우에는 환자 본인이 의료계약의 당사자라는 데에는 의심의 여지가 없

---

177) 筋 立明·中井美雄, 医療過誤法, 68面. 물론 의료계약이 체결된 이후의 진료거부는 불법행위책임과 채무불이행책임 모두가 발생한다.
178) 金玟中, 醫療契約, 37쪽. 그러나 환자의 자유로운 의사에 의하지 않은 경우, 예를 들어 법적으로 진료의무가 강제되는 진료 또는 강제수용의 경우에는 의료계약의 성립이 인정되지 않는다(岩垂正起, 診療契約, 29面).

다. 그러나 행위무능력자이지만 의사능력은 있는 경우, 의사
무능력자인 경우, 교통사고 등에 의해 일시적으로 의식불명
인 경우, 행위능력자이었지만 후에 의식불명이 된 자의 경우
등에 대하여 구체적으로 살펴볼 필요가 있다.

1. 醫師側 當事者

(가) 單獨開業醫 또는 法人인 醫療機關

의료계약에 있어서 의사 측 당사자는 모든 경우에 "의료기
관개설자"라는 말로 표현할 수 있다.[179] 그러나 구체적으로
의사 측의 당사자는 의사가 개인개업의이거나 조산사가 개인
적으로 조산원을 개업한 경우에는 당해 의사 또는 조산사이
다. 그리고 법인이 개설한 의료기관 또는 공적 의료기관[180]
의 경우에는 ① 의료기관의 "개설자"라고 하는 설, ② 병원
등의 "경영자"라고 하는 설, ③ 병원 등의 "관리자"라는 견해
가 있었지만, 최근에는 의료기관개설자라고 보는 견해가 통
설 내지는 절대다수설이다.[181]

특히 ① 환자 측이 부담하는 진료보수가 의료기관개설자에
귀속된다는 점, ② 담당의사의 교체가능성이 있는 점, ③ 고

---

179) 金天秀, 診療契約, 153쪽.
180) 의료법 제30조와 제31조의 규정에 의한 의료기관.
181) 金天秀, 診療契約, 153쪽; 文國鎭, 醫療의 法理論, 52쪽; 同., 醫療
    法學, 87쪽; 李輔煥, 醫療過誤로 因한 民事責任의 法律的 構成, 25
    쪽; 加藤一郎, 注釋民法. 19: 債權(10), 156面; 大谷 實, 医療行爲と
    法, 66~67面; 菅野耕毅, 医療契約法の理論, 111面; 岩垂正起, 診療
    契約, 28面; 筋 立明·中井美雄, 医療過誤法, 61~62面 등.

도의 조직화·복잡화한 현대의료에 있어서는 의사 개인에 대해서가 아니라 의료기관 자체의 인적·물적 하자에 근거한 책임을 직접적으로 물을 필요가 있다는 점 등을 고려하여 본다면 의료기관개설자라고 하는 것이 가장 타당하다.182)

우리나라의 판례는 법인인 의료기관의 경우에 당해 의료기관에 고용된 의사의 의료과오에 대하여 의료기관의 개설자를 의료계약의 당사자 또는 의료과오책임을 부담하는 자로 보고 있다.183) 일본의 판례도 우리나라의 판례와 같은 견해를 취하고 있다.184)

(나) 醫療機關에 雇傭된 醫師의 地位

(a) 通常의 雇傭醫인 경우

의료계약에 있어서 의료기관에 고용된 의사는 의료기관 개설자의 이행보조자에 불과하므로 의료기관개설자가 계약의 당사자이다. 따라서 의료기관에 고용된 의사의 의료과오에 대해서 불법행위법상의 책임만을 물을 수 있다.185)

그러나 의료계약의 당사자가 의료기관개설자라고 하더라도 의료기관에 고용된 의사에게도 진료내용의 결정에 있어서 의

---

182) 筋 立明·中井美雄, 医療過誤法, 61～62面.
183) 대판 2001. 11. 9. [2001다52568]; 대판 1999. 3. 26. [98다45379]; 대판 1995. 12. 8. [95다3282] 등.
184) 大阪地判 昭和 46(1971). 4. 19., 判例時報 第646号, 72面; 福島地會律若松地判 昭和 46(1971). 7. 7, 判例時報 第636号 34面; 甲府地判 昭和 46(1971). 10. 18, 判例時報 第655号, 72面 등.
185) 大城 孟·福田 弘·高岡正辛, 医療紛爭－臨床医の對應策と先例教訓, 87面.

114

료기관의 개설자나 관리자로부터 간섭을 받지 않는 진료독립
성의 원칙이 지켜져야 함은 당연하다. 이러한 진료독립성의
원칙의 인정과 관련하여 의료기관에 고용된 근무의는 병원관
리자와 병원개설자의 지휘감독에 복종하여야 하지만, 진료내
용의 구체적 특정에 관한 권한이 병원개설자로부터 의사에게
부여되었다고 해석할 수 있다.186) 따라서 의사는 의료기관개
설자의 이행보조자이지만 스스로 독립하여 타인의 업무의 전
부 또는 일부를 이행하는 이행대행자이다.187)

(b) 非專屬 專門醫와 다른 醫療機關의 施設 등의 利用
종합병원 등이 비전속 전문의를 두고 의료업을 행하는 경
우(의료법 제36조의 2)에 있어서는 당해 의사는 병원개설자
의 보조자가 아닌 계약당사자로서의 지위를 갖는다.188) 또한
의사가 다른 의료기관의 시설, 장비 및 인력 등을 이용하여
진료하는 경우에 발생한 의료사고에 대해서는 진료과정에서
발생한 의료사고는 의사가 책임을 부담하고, 의료기관의 시
설, 장비 및 인력 등의 흠으로 인한 경우에는 당해 의료기관
의 개설자에게 책임이 있다(의료법 제32조의 3).189)

---

186) 新美育文, 診療契約論でば−どのような点が未解決か−, 現代契約
と現代債權の展望(新種および特殊の契約 6), 日本評論社, 1991,
251面.
187) 李輔煥, 醫療過誤로 因한 民事責任의 法律的 構成, 25쪽; 崔載千・
朴永浩, 의료과실과 의료소송, 173쪽; 菅野耕毅, 医療契約法の理論,
112面; 新美育文, 診療契約論でば−どのような点が未解決か−, 252面.
188) Steffen/Dressler, Arzthaftungsrecht, 7. Aufl., RWS Verlag Kom-
munikationsforum・Köln, 1997, Rdnr. 37.
189) 최근 국내에서도 삼성서울병원 심장혈관센터에서 개인병원 의사
가 대학병원에서 진료 하는 개원의 초빙 진료(Attending Doctor

　그러나 환자 측의 입장에서는 비전속 전문의와 비전속 전문의를 둔 의료기관 또는 의료계약을 체결한 의료기관과 시설·장비 및 인력을 이용케 한 의료기관 중 일방 당사자 또는 양 당사자 각자에게 진료보수의 총액을 지급하면 되고, 의료과오가 발생한 경우에도 일방 또는 쌍방 모두에게 손해배상을 청구할 수 있다고 보아야 할 것이다. 따라서 각 당사자들은 연대하여 환자에 대하여 권리를 행사하고, 의무를 부담하는 공동의 당사자라고 하여야 할 것이다. 따라서 비전속 전문의와 의료기관 또는 두 의료기관 사이의 내부관계는 진료보수에 대한 정산권이 있고, 어느 일방 당사자가 환자에게 손해배상을 한 경우에는 과실의 비율에 따른 구상권이 발생한다고 보는 것이 타당할 것이다.190) 즉, 이 경우에 있어서는 비전속 전문의와 의료기관 또는 의료기관 상호간에는 동등한 지위에 있다고 보아야 할 것이다.

　(다) 小　結

　결국 의사 측 당사자는 개인개업의인 경우에는 당해 의사가, 조산사 개인이 조산원을 개업한 경우에는 조산사가 의료계약의 당사자이다. 그러나 의료법인의 경우에 당해 의료기관이 독립된 지위를 갖는 비전속 전문의에게 진료행위를 실시케 하거나, 당해 의료기관에 속하지 않은 다른 의사에게

　　제도) 시스템을 도입했다.
　　(http://news.media.daum.net/society/medical/200403/04/yonhap/v6
　　249649.html에서 인용)
190) Deutsch/Geiger, Medizinischer Behandlungsvertrag, S. 1099~1110.

시설·장비 및 인력을 이용하게 한 경우에는 각 당사자가 환자 측에 대하여 모든 진료보수를 수령할 수 있고, 의료과오에 대한 손해배상책임에 대해서도 연대하여 책임을 부담하는 동등한 지위를 갖는 계약당사자이다.

2. 患者側 當事者

환자가 행위능력자이면서 의식불명 등의 사유가 없는 경우에는 본인 자신이 의료계약의 당사자로 된다는 것은 의심의 여지가 없다. 미성년자이더라도 혼인에 의해 성년으로 간주되는 자(민법 제826조의 2)인 경우에는 사법상의 계약관계인 의료계약의 당사자가 될 수 있다. 따라서 환자 본인에 의한 의료계약의 청약과 의사 측의 승낙이 있으면 유효한 의료계약이 체결되고, 이를 취소할 수 없다. 뿐만 아니라 진료의 개시에 의한 승낙의 의사표시로 인정할 만한 사실이 있는 경우에는 意思實現에 의한 계약의 성립(민법 제532조)도 인정할 수 있을 것이다. 그러나 의료계약에 있어서 환자 측 당사자가 행위능력은 없으나 의사능력은 있는 자, 의사무능력 또는 의식불명인 경우 등에 대해서는 견해의 대립이 있다.

(가) 行爲無能力者이면서 意思能力이 있는 경우

(a) 意思能力者가 直接 醫療契約을 締結하는 경우
의사능력이 있는 미성년자라도 단독으로 완전·유효한 계약을 체결할 수 없다(민법 제5조 제1항 전단). 다만, 의사능력이 있는 미성년자가 민법 제5조 제1항의 규정을 위반하여 법정대리인의 동의 없이 계약을 체결한 경우에는 무효가 아닌 취소할 수 있는 법률행위에 해당되고(동법 동조 제2항), 미성년자가 언제부터 의사능력을 갖는가에 대해서는 구체적인 법률행위와 관련하여 개별적으로 판단된다.[191] 의사능력이 있는 미성년자가 단독으로 의료계약을 체결한 경우, 민법 제5조 제2항에 따라서 이를 취소할 수 있는지에 대하여 이를 취소할 수 있다는 행위능력설과 취소할 수 없다는 의사능력설의 대립이 있다.

(ⅰ) 行爲能力說

행위무능력자이지만 의사능력을 가진 환자가 체결한 의료계약의 취소를 인정하는 것이 바람직한 것은 아니지만 원칙적으로 취소할 수 있다고 보는 견해이다.[192] 이 견해는 환자의 생명·건강유지에 필요한 진료계약을 취소하는 법정대리인에 대하여서는 민법 제924조 또는 제940조를 적용하여 법정대리인으로서의 지위를 박탈하거나, 환자 본인에 의하여 취소되는 경우에는 기존 진료에 대한 보수를 부당이득의 법리에 따라 또는 사무관리가 되는 경우에는 비용상환청구권을 보수에 준하여 처리함으로써 해결될 수 있으며, 대부분의 경우 민법 제145조의 법정추인이 성립하기 때문에 특별히 예외를 인정할 필요가 없다고 하여 행위능력설을 취하고 있다.

---

191) 대판 2002. 10. 11. [2001다10113].
192) 金天秀, 診療契約, 154~155쪽.

118

（ⅱ）意思能力說

의사능력이 있는 미성년자가 단독으로 의료계약을 체결할 수 있고, 체결된 의료계약을 행위무능력을 이유로 취소할 수 없다는 견해이다. 대부분의 학설에서도 의사능력이 있는 미성년자의 취소권을 부정하고 있다.193) 이 견해에 의하면 의료계약은 ① 환자의 신체와 생명 및 건강에 대한 중요법익에 관련된 극히 개인적인 사정을 다루는 것이고, ② 법익보호와 아울러 위험을 수반하므로 통상의 재산거래행위와 다르고,194) ③ 본인의 의사를 존중해야 하기 때문에 취소할 수 없다고 하고 있다.195)

다만, 의사능력설을 취하는 견해도 미용성형·임신중절·인공수정·불임수술 등과 같은 특수한 의료계약에 있어서는 의료의 구체적인 경우에 따른 특성을 고려하여 취소권을 인정하여야 한다고 하고 있다.196) 그러나 이 경우에도 친권자 또는 후견인으로부터 진료의 지시를 받은 때에는 동의가 있는 법률행위에 해당되고, 친권자와 별거하고 있는 미성년자 등에 대해서는 처분이 허락된 재산의 처분에 해당한다고 해석하여 그 취소를 제한할 수 있다고 하여 모든 의료계약에

---

193) 崔載千·朴永浩, 의료과실과 의료소송, 174쪽; 이덕환, 의료행위와 법, 25~26쪽; 李輔煥, 醫療過誤로 因한 民事責任의 法律的 構成, 25쪽; 菅野耕毅, 医療契約法の理論, 108面; 筋 立明·中井美雄, 医療過誤法, 62面 등 대부분의 학설이 의사능력설을 취하고 있다.
194) 菅野耕毅, 医療契約法の理論, 108面; 石熙泰, 醫療契約(上), 36쪽.
195) 筋 立明·中井美雄, 医療過誤法, 62面.
196) 崔載千·朴永浩, 의료과실과 의료소송, 174쪽; 李輔煥, 醫療過誤로 因한 民事責任의 法律的 構成, 25쪽; 筋 立明·中井美雄, 医療過誤法, 62面.

　대하여 취소할 수 없다는 견해도 있다.[197]

　외국의 예를 보면 영국[198]은 16세 이상의 미성년자에게도 모든 의료행위에 있어서 의사의 설명에 대한 동의권을 인정하고 있으며, 네덜란드[199]에서는 16세 이상의 미성년자라 하더라도 단독으로 행위능력자와 동일한 효력을 갖는 의료계약의 체결능력을 인정하고 있다.[200]

　(b) 法定代理人을 同伴한 경우

　의사능력이 있는 행위무능력자가 법정대리인을 동반하여 의료계약의 청약을 하는 경우에는 행위능력설 또는 의사능력설 중 어느 견해를 취하더라도 취소할 수 없는 계약이 체결되게 된다. 그러나 의료기관의 진료보수청구권의 확보와 환자의 진료청구권 및 채무불이행으로 인한 손해배상청구권과 관련하여, 계약당사자를 누구로 할 것인가에 대해 견해가 대립하고 있다.

　(i) 直接契約關係說

　이 견해는 의료기관개설자와 환자 간의 직접적인 계약관계

---

197) 定塚孝司, 医師と患者の法律關係, 實務法律大系(5) 『医療過誤・國家賠償』, 靑林書院, 1973, 13面(菅野耕毅, 医療契約法の理論, 108面에서 재인용).
198) 영국의 Family Law Reform Act, 1969, C. 46의 제8조.
199) 네덜란드 민법 Book 7, Title 7, Subchapter 5, Article 7:447 §1.
200) 우리나라의 일부 견해도 16세 이상의 의사능력이 있는 자는 구체적인 의료행위의 내용에 따라 단독으로 유효한 의료계약의 체결이 가능하고, 이를 취소할 수 없다고 하고 있다(이덕환, 의료행위와 법, 25쪽).

로 보는 견해이다.201) 환자가 의사능력만 갖추고 있으면 법정대리인을 동반하였다고 하더라도 환자 본인의 계약체결능력을 인정하는 것이 타당하고, 제3자의 개입을 허용시킬 필요가 없다는 것을 그 근거로 하고 있는 견해이다. 따라서 이 견해에 의하면 행위능력은 없지만 의사능력을 가지고 있는 미성년자인 환자가 계약의 당사자가 된다. 이 경우에는 미성년인 환자가 의사 측에 대한 보수지급채무를 부담하는 자이기 때문에 무자력인 경우에는 동반한 법정대리인이 환자와 연대하여 보수지급채무를 부담하거나 법정대리인이 보수지급채무에 대하여 연대보증을 하는 것으로 구성함으로써 해결될 수 있다고 하고 있다.202) 그러므로 의사능력이 있는 미성년인 경우에는 법정대리인을 동반하였는가의 여부에 관계없이 환자 본인을 계약당사자로 해석하여야 한다고 하고 있다.203)

(ii) 法定代理說

---

201) 筋 立明·中井美雄, 医療過誤法入門, 52面; 同, 医療過誤法, 62面; 石熙泰, 醫師와 患者의 基礎的 法律關係, 175쪽; 同, 醫療契約(上), 37쪽; 姜南鎭, 醫療契約當事者의 法律關係에 관한 硏究, 12쪽.
202) 金天秀, 診療契約, 155쪽에서는 환자 본인과 타인이 진료신청 시에 동반한 경우 계약당사자에 관한 논의는 결국 계약의 해석의 문제이므로 무자력인 환자의 경우에는 자력이 있는 자가 계약당사자가 되거나 양 당사자가 연대하여 보수채무를 부담하는 것으로 해석할 수도 있다고 하고 있다. 이 견해는 행위능력설을 취하는 결과 의사능력이 있는 환자와 그렇지 않은 환자를 구분하지 않고 있다. 따라서 의사무능력자인 경우에 환자 본인이 계약당사자가 되는 경우, 법정대리인·배우자·후견인이 계약당사자가 되고 환자는 수익자가 되는 제3자를 위한 계약관계, 사무관리관계 등의 여러 가지 계약이 체결될 가능성이 있다고 하고 있다.
203) 筋 立明·中井美雄, 医療過誤法, 62面.

  미성년자가 친권자 등 법정대리인과 동행한 경우에는 친권
자 등의 법정대리인의 대리에 의해 계약이 체결된다는 견해
이다.204) 이 경우에는 미성년자인 환자 본인이 계약당사자가
되고, 친권자 등 법정대리인은 계약당사자가 아니다.205) 따라
서 이 견해도 직접계약관계설과 마찬가지로 미성년자인 환자
본인이 채무자가 되고, 미성년인 환자가 무자력인 경우에는
의사의 진료보수청구권의 확보에 문제가 발생한다.

(iii) 第3者를 위한 契約說

  법정대리인은 요약자가 되고, 의사는 낙약자가 되며, 환자
는 제3자가 되는 제3자를 위한 계약관계로 보는 견해이다.206)
이 견해는 직접계약관계설과 법정대리설은 미성년자인 환자
본인이 주채무자가 된다는 점에서 사회통념에 맞지 않을 뿐
만 아니라, 보수청구권확보를 위하여 법정대리인이 연대채무
또는 연대보증채무를 부담하는 것으로 의제하여야 한다는 데
난점이 있다고 비판하고 있다.207)

  제3자를 위한 계약설은 직접계약관계설과 법정대리설이 가
지는 난점을 모두 만족시킬 수 있지만, 제3자인 환자가 진료
거부의 의사를 표시한 때에도 환자에게 진료채무불이행으로

---

204) 菅野耕毅, 医療契約法の理論, 107~108面; 大俗 實, 前揭書, 67面.
205) 菅野耕毅, 医療契約法の理論, 107~108面.
206) 李輔煥, 醫療過誤로 因한 民事責任의 法律的 構成, 26~27쪽; 崔載千·
    朴永浩, 의료과실과 의료소송, 123쪽; Deutsch/Geiger, Medizinischer
    Behandlungsvertrag, S. 1064; 旭川地判 昭和 45(1970). 11. 25, 下
    民集 第21卷 第11号, 1451面; 福岡地小倉地判 昭和 49(1974). 10.
    22., 判例時報 第780号, 90面.
207) 崔載千·朴永浩, 의료과실과 의료소송, 175쪽.

인한 손해배상청구권을 인정할 수 있느냐의 문제가 발생한다. 이에 대하여 제3자를 위한 계약설을 취하는 견해에서는 수익의 의사표시의 법적 성질을 수익의 의사표시마저도 요약자와 낙약자 간의 특약으로 이를 배제시킬 수 있다는 상대적 요건설(임의법규설)이 다수설이므로, 요약자와 낙약자 사이의 묵시적 특약으로 수익의 의사표시를 배제시켰다고 이해하는 한, 환자의 진료거부는 무시될 수 있다고 하고 있다. 따라서 친권에 복종할 의무가 있는 미성년자의 진료거부는 반사회적인 것으로 무효라고 해석할 수 있기 때문에 제3자를 위한 계약설이 타당하다고 하고 있다.[208]

그러나 미성년자인 환자가 주채무자가 되는 것이 사회통념에 반하는 것은 아니고, 미성년자가 진료거부를 한다고 하여 모두 반사회적인 것으로 보는 것은 타당하지 않다고 생각된다. 또한 오늘날 미성년인 환자라 할지라도 자기 자신의 신체에 대하여 행하여지는 의료행위에 의한 침습에 대한 본인의 의사와 판단을 존중하여야 하고,[209] 환자의 자기결정권을 무시할 수 없다는 비판이 가해질 수 있다.

(ⅳ) 共同契約關係說

의료계약은 자신의 건강과 신체에 대한 자기결정권의 존중 차원에서 가능한 한 치료에 관하여 환자 본인의 의사를 존중하는 것이 필요하다. 의사능력이 부족한 정신질환자나 미성년

---

208) 李輔煥, 醫療過誤로 因한 民事責任의 法律的 構成, 27쪽; 崔載千·朴永浩, 의료과실과 의료소송, 175쪽.
209) 丁容鎭, 보건의료법·의료분쟁, 122쪽.

자의 경우에도 의료행위는 신체의 침습을 수반한다는 점에서 대리계약에 적합하지 않고, 정신질환의 경우 강제입원이라는 신체적 자유의 구속이 수반되기 때문에 친권자나 배우자라 할지라도 독단적·일방적으로 의료계약을 체결할 수 없다. 따라서 가능한 한 환자 본인이나 보호자가 공동의 당사자로서 의료계약을 체결하는 것이 타당하다고 하는 견해이다.210)

(c) 小 結

의사능력 있는 행위무능력자가 체결한 계약은 행위능력설 또는 의사능력설의 어느 견해를 취하더라도 일단 유효한 계약이 체결된 것임에는 변함이 없다. 또한 의사능력자가 체결한 의료계약은 ① 환자의 신체와 생명 및 건강에 대한 중요 법익에 관련된 극히 개인적인 사정을 다루는 것이고, ② 법익보호와 아울러 위험을 수반하므로 통상의 재산거래행위와 다르며, ③ 본인의 자유의사를 존중해야 할 필요성이 크고, ④ 환자 측이 취소권을 행사하여 이미 체결되고 이행된 의료계약을 소급적으로 소멸시키게 된다면 의사 측의 보수청구권도 사라지게 되고, 미성년자 등과 같은 행위무능력자가 진료 등을 요청하여도 의사 측은 이를 거부할 수 없기 때문에 매우 불공평한 경우가 발생할 수 있는 것은 사실이다.

그러나 현행 민법의 법률규정에 의해서는 따르기 어려운 해석론이다. 즉, 민법 제5조 이하의 무능력자에 관한 규정은 강행규정이기 때문에 해석에 의해서 그 예외를 인정할 수 있

---

210) 丁容鎭, 보건의료법·의료분쟁, 122쪽.

는 성질의 것이 아니라 입법에 의해 해결하여야 할 문제이다. 따라서 행위능력은 없지만 의사능력이 있는 자가 체결한 의료계약은 원칙적으로 취소할 수 있다고 보는 것이 옳다. 물론 의사능력자가 체결한 의료계약을 환자 본인 또는 법정대리인이 취소하는 것도 결코 바람직하다고는 할 수 없다. 따라서 행위능력설의 입장을 취하는 경우에는 위의 행위능력설에서 취하고 있는 방법 외에도, 행위무능력자가 진찰 또는 치료 등의 의료행위를 요청하는 경우에 의사 측은 긴급한 경우가 아닌 한 법정대리인의 동의 여부가 확인될 때까지 의료계약의 체결을 유보할 수 있고, 그러한 경우에는 진료거부에 해당하지 않는다고 함으로써 해결할 수도 있을 것이기 때문에 의사능력설과 비교하여 의사 측에게 불리한 점이 나타나지 않게 된다.

또한 법정대리인을 동반하여 의료계약을 체결한 경우에는 환자와 의사 사이의 의료계약의 체결에 법정대리인이 동의의 의사표시를 하지 않은 경우라 할지라도 묵시적 동의를 한 것으로 보아서 취소할 수 없는 계약이 체결되었다고 보거나, 경우에 따라서는 법정대리인이 의사와 환자를 위해 계약당사자가 되고 보수지급의무를 부담한다는 제3자인 환자를 위해 의사 측과 의료계약을 체결했다고 할 수 있을 것이다. 따라서 법정대리인을 동반하였는가의 여부와 관계없이 행위능력설을 취하더라도 의사 측의 진료보수의 확보에는 별 다른 문제가 없다고 생각된다. 물론 예외적인 경우에 있어서는 이를 해결할 수 없는 경우도 발생할 수 있으므로 의료계약을 체결할 수 있는 당사자의 능력을 네덜란드나 영국과 같이 16세 이상의 미성년자에게도 인정하거나, 취소할 수 없고 해지만이 가능한 것으로 하는 등 입법을 통해 해결해야 할 것이다.

또한 일반적인 의료계약에 있어서는 의사능력만이 있는 환자의 취소권을 부정하면서도 일부 특수한 의료계약의 경우에는 취소권을 인정하여야 한다는 것도 타당하지 않다고 생각된다. 왜냐하면 특수한 의료계약의 경우에 있어서도 의료행위가 일단 실시된 후에는 원상회복이 불가능할 뿐만 아니라 긴급을 요하는 의료행위가 아닌 경우가 대부분이므로 법정대리인의 동의를 얻은 경우에 한해서만 의료계약을 체결할 수 있게 하고, 법정대리인의 동의가 없는 의료계약의 청약에 대하여 의사 측이 진료를 거부할 수 있는 정당한 사유로 인정하는 것이 오히려 타당하다고 생각된다. 다만, 아직까지 이러한 경우에 대한 입법이 이루어지지 않은 상황에서는 민법의 일반이론에 따라 해결하여야 할 것이지만, 진료거부를 할 수 없는 의사 측의 보수청구권과의 형평성을 고려하여 유효한 계약이 체결된 이후에는 그 계약을 취소할 수 없고 해지만이 가능하다고 하여야 할 것이다.

(나) 意思無能力者인 경우

(a) 未成年인 意思無能力者

의사능력이 없는 미성년자의 경우에는 유효한 의료계약을 체결할 수 없음은 당연하다. 따라서 환자의 법정대리인·후견인·배우자·부양의무 있는 친족이 진료를 요청하여 의료계약을 체결하게 된다. 이러한 법정대리인·후견인·배우

126

자·부양의무 있는 친족이 진료를 요청한 경우에도 법정대리
설, 제3자를 위한 계약설, 부진정한 제3자를 위한 계약설 등
의 견해가 대립하고 있다.

(ⅰ) 法定代理說

의사능력이 없는 환자의 법정대리인 등이 진료를 요청한
경우에는 법정대리인 또는 후견인을 통하여 환자 본인이 당
사자가 되고,211) 정신병자인 경우에는 정신보건법상212)의 보
호자가 계약당사자가 된다는 견해이다.213) 일본의 판례 대부
분이 취하는 견해이다.214) 우리나라 판례도 대리설을 취한
사례가 있다.215)

법정대리설에 있어서는 환자의 신체에 침해를 가하는 진료
는 극히 개인적인 일이기 때문에 대리에 친한 것이라고 하기
에는 곤란한 면이 있으며,216) 의사무능력자인 환자가 계약당
사자가 되기 때문에 보수청구권확보의 문제가 발생한다.217)

(ⅱ) 第3者를 위한 契約說

친권자와 후견인 등의 법정대리인이 의사와 제3자인 환자

---

211) 大谷 實, 医療行爲と法, 67面; 菅野耕毅, 医療契約法の理論, 108面.
212) 정신보건법 제21조(보호의무자)에서 보호자와 보호의무자의 의무를
    정하고 있다. 그러나 동법 제23조에 의해 자의입원을 하는 경우에
    는 환자 본인이 계약당사자가 됨은 물론이다.
213) 菅野耕毅, 医療契約法の理論, 108面.
214) 筋 立明·中井美雄, 医療過誤法, 63面.
215) 서울지판 1996. 6. 5. [94가합95135].
216) 筋 立明·中井美雄, 医療過誤法入門, 56面; 同, 医療過誤法, 63面.
217) 李輔煥, 醫療過誤로 因한 民事責任의 法律的 構成, 28쪽.

를 위하여 의료계약을 체결한 것으로 보는 견해이다.[218] 제3자를 위한 계약설에 의하면 환자는 진료청구권과 손해배상청구권을 갖게 되고, 법정대리인에게도 독립한 손해배상청구권이 용이하게 인정될 수 있다. 다만, 진료보수의 지급은 원칙적으로 요약자인 법정대리인이 부담하게 된다.

그러나 이 견해에 대해서는 대체로 두 가지 점에 대해 비판이 가해진다. 첫째, 환자의 권리취득요건으로 환자가 수익의 의사표시를 하여야 한다는 데에 문제가 있다.[219] 이에 대해서는 의료계약을 체결하는 통상의 사정에 비추어 의사와 법정대리인 사이에 수익의 의사표시를 배제하는 묵시의 특약이 있었다고 해석하거나,[220] 법정대리인 등과 의사 사이에 환자가 당연히 계약상의 권리를 취득한다는 특약이 있는 의사표시가 있었다고 해석함으로써 해결하고 있다.[221] 둘째, 환자가 의사능력을 갖게 되거나 회복한 후에 과거의 진료행위를 시인하고 계속 진료를 받는 경우에 환자가 자력이 있음에도 불구하고 보수지급의무를 부담하지 않을 수 있다는 비판이 있다.[222] 이에 대해서는 요약자의 채무와 환자의 채무의 관계를 연대채무관계로 보거나,[223] 의사와 환자 사이에 소급

---

218) 岩垂正起, 診療契約, 29面; 李輔煥, 醫療過誤로 因한 民事責任의 法律的 構成, 26~27쪽; 崔載千・朴永浩, 의료과실과 의료소송, 178쪽; 石熙泰, 醫師와 患者의 基礎的 法律關係, 177쪽; Deutsch/Geiger, Medizinischer Behandlungsvertrag, S. 1064.
219) 筋 立明・中井美雄, 医療過誤法入門, 54面.
220) 石熙泰, 醫師와 患者의 基礎的 法律關係, 177쪽.
221) 岩垂正起, 診療契約, 29面.
222) 崔載千・朴永浩, 의료과실과 의료소송, 177쪽.
223) 李輔煥, 醫療過誤로 因한 民事責任의 法律的 構成, 30쪽.

적으로 의료계약이 성립되고 의식을 회복하지 못한 경우에는 제3자를 위한 계약과 의사와 환자 사이의 의료계약 또는 사무관리관계가 병존하는 것으로 보면 된다고 하고 있다.[224]

우리나라와는 달리 의료과오책임을 계약책임으로 구성하는 경향이 폭넓게 수용되어 있는 일본에서는 환자가 의사에 대하여 계약책임을 물을 가능성이 부정된다는 점과 친권자가 의료를 행할 의무까지 부담하고 있지는 않다고 하는 점에 의문이 있으므로, 친권자 등의 법정대리인이 진료보수채무를 부담한다는 意思가 인정되는가에 따라 제3자를 위한 계약 또는 법정대리에 의한 계약의 적용을 인정하는 것이 적절하다는 견해도 있다.[225]

(iii) 不眞正한 第3者를 위한 契約說

친권자 등의 법정대리인이 미성년자에 대한 감호의무를 이행하기 위해 의사와 의료계약을 체결하고, 의사는 법정대리인의 이행대행자로서 미성년자에 대한 진료를 실시한다는 견해이다. 따라서 미성년자인 환자는 부진정한 제3자를 위한 계약의 이행수령자에 불과하다. 또한 친권자인 법정대리인의 경우에는 子에 대한 감호권을 행사하기 위하여 의사와 진료계약을 체결하고 의사는 친권의 일부의 이행대행자로서 친권에 복종하는 子에게 진료를 실시하는 관계이므로 친권을 남용하지 않는 한 그 내용을 정할 수 있지만, 후견인인 경우에는 사회일반의 합리적인 범위 내에서 진료계약의 내용을 정

---

224) 崔載千·朴永浩, 의료과실과 의료소송, 178쪽.
225) 筋 立明·中井美雄, 医療過誤法, 63面.

하여야 한다고 하고 있다.226)

　부진정한 제3자를 위한 계약설은 의사무능력자인 환자는 수익의 의사표시를 할 수 없다는 점에 착안하여, 그 수익의 의사표시를 필요로 하지 않는 법률구성을 꾀하고자 한 데에서 연유한 견해이다.227) 그러나 이 견해는 제3자인 환자가 의사에 대하여 진료청구권 내지 채무불이행으로 인한 손해배상청구권을 취득하지 못한다는 데에 난점이 있다.228)

　(b) 成年인 意思無能力者 또는 意識不明者

　성년의 의사무능력자에 대해서도 미성년의 의사무능력자에 대한 것과 같은 맥락에서 학설이 대립하고 있다. 이 경우에는 배우자, 배우자 이외의 친족 등 부양의무 있는 자가 진료를 요청한 경우와 부양의무 없는 타인이 진료를 요청한 경우로 나누어서 고찰한다.

　（ⅰ）配偶者가 診療를 要請한 경우

　성년의 환자가 의사무능력자이어서 타방 배우자가 진료를 요청한 경우, ① 배우자가 일상가사대리권에 기해 환자인 타방 배우자의 대리인으로서 진료계약을 체결하는 것으로 해석하는 견해(일상가사대리설 또는 대리설),229) ② 진료요청자가

---

226) 筋 立明·中井美雄, 医療過誤法入門, 54~57面.
227) 石熙泰, 醫師와 患者의 基礎的 法律關係, 176쪽.
228) 筋 立明·中井美雄, 医療過誤法入門, 54~57面; 李輔煥, 醫療過誤로 因한 民事責任의 法律的 構成, 26·28쪽; 石熙泰, 醫師와 患者의 基礎的 法律關係, 176~177쪽.
229) Deutsch/Geiger, Medizinischer Behandlungsvertrag, S. 1064; Steffen/Dressler, Arzthaftungsrecht, Rdnr. 12; Geigel, Der

배우자인 경우에는 부양의무를 이행하기 위하여 의사와 진료계약을 체결하고 의사는 이행대행자로서 타방 배우자에게 진료를 실시하는 것이므로 일방 배우자와 의사와의 진료계약은 부진정한 제3자를 위한 계약이라는 견해,230) ③ 제3자를 위한 계약이라는 견해231) 등이 있다.

부진정한 제3자를 위한 계약설에 대해서는 환자에게 손해배상청구권이 인정되지 않는다는 것과 제3자를 위한 계약설에 대해서는 진료를 요청한 배우자만이 진료채무를 부담한다는 것에 문제가 있다.

또한 제3자를 위한 계약설은 의사무능력 또는 의식불명인 환자를 위해 타방배우자가 계약당사자로서 계약을 체결하게 되고 의사 측에 대한 진료보수의 지급의무를 부담하기 때문에 별 다른 문제가 없어 보이지만, 환자가 의사능력을 회복한 후 계속해서 의료행위를 받는 경우에 자력이 있음에도 불구하고 진료보수지급의무를 부담하지 않는 다는 점은 타당하지 않다고 생각된다.

그러나 일상가사대리설에 의하면 쌍방배우자가 의사의 진료보수지급의무에 대하여 연대책임을 부담하게 되고, 환자가 의사능력을 회복한 뒤에 자력이 있는 한 의사 측에 대한 진료보수지급의무의 부담을 부정할 수 없으며, 경우에 따라서

Haftpflichtprozeß, S. 1115; KG NJW 85, 682; 定塚孝司, 医師と患者の法律關係, 14面(菅野耕毅, 医療契約法の理論, 109面에서 재인용).
230) 筋 立明・中井美雄, 医療過誤法入門, 56~57面.
231) 石熙泰, 醫師와 患者의 基礎的 法律關係, 177쪽; 李輔煥, 醫療過誤로 因한 民事責任의 法律的 構成, 28쪽; 崔載千・朴永浩, 의료과실과 의료소송, 178쪽.

는 타방배우자가 의사 측에게 이미 지급한 진료보수에 대하여 구상권을 행사할 수도 있다. 또한 진료보수의 가액이 상상을 초월할 정도로 고액인 경우에 타방배우자는 일상가사대리권의 범위를 벗어나는 부분에 대해서는 진료보수지급의무의 부담으로부터 면하게 할 필요성도 있다. 물론 환자의 신체에 침해를 가하는 의료행위는 극히 개인적인 일이기 때문에 대리에 친한 것이라고 하기에는 곤란하다는 문제점이 있지만, 의사능력이 없는 환자로서는 의료행위에 대하여 유효한 의사표시를 할 수 없으며, 의료행위에 있어서 인정되는 의사의 설명의무의 수령과 동의의 의사표시도 원칙적으로 타방배우자가 의사무능력자인 환자를 대신하여 행할 수 있다고 보는 것이 사회통념에 적합할 것이다. 따라서 배우자 있는 의사무능력자의 경우에는 타방 배우자가 의사무능력인 상태에 있는 일방배우자를 대신하여 의료계약을 체결하고, 배우자 쌍방이 의사 측에 대한 진료보수에 대하여 연대채무를 부담한다고 하는 일상가사대리설이 타당하다고 생각된다.

다만, 타방배우자가 의학상의 준칙 또는 사회통념에 반하여 의사의 설명을 수령하고 이에 대한 동의를 하지 않아 환자에게 불리하게 되거나, 환자에게 불리한 진료방법 등을 선택하는 경우도 있을 수 있다. 그러한 경우에 의사는 타방배우자의 意思에 따르지 않고 환자에게 가장 이익이 되는 방법 또는 내용의 의료를 제공할 재량권이 있다고 하여야 할 것이다. 그러므로 원칙적으로는 배우자 있는 의사무능력자의 경우에는 의료계약의 체결과 설명의 수령 및 동의는 타방배우자가 일상가사대리권에 의하여 일방배우자를 대리하고, 진료

132

보수지급의무에 대해서도 쌍방배우자 모두가 연대책임을 부담한다고 보는 일상가사대리설이 타당하지만, 예외적으로 타방배우자가 비상식적이거나 의학상의 준칙에 명백히 어긋나는 행위로 환자에게 불리한 결정 등을 하는 경우에는 의사의 재량권이 인정되고, 그 경우에 진료보수지급의무에 대해서는 쌍방배우자가 연대하여 책임을 부담하지만, 의사의 환자에 대한 진료행위 등에 대해서는 환자와 의사 사이에 사무관리가 병존한다고 보는 것이 가장 타당하다고 생각된다.

(ii) 近親者가 診療를 要請한 경우

배우자 이외의 親子, 형제자매 등 민법 제974조의 부양의무 있는 친족이 진료를 요청한 경우에도 ① 무권대리설,[232] ② 부진정한 제3자를 위한 계약설,[233] ③ 제3자를 위한 계약설,[234] ④ 사무관리설,[235] ⑤ 환자가 의식을 회복하여 그때까지의 진료행위를 추인한 때에는 소급적으로 진료계약이 성립되는 것으로 보고, 환자가 의식을 회복하지 못한 경우에는 사무관리 또는 제3자를 위한 계약이 성립할 수 있다는 병존설,[236] ⑥ 환자가 의식을 회복하여 그때까지의 진료행위를 추인한 때에는 무권대리행위의 추인 또는 사무관리의 추인으로 하고, 그렇지 않은 때에는 부진정한 제3자를 위한 계약으

---

232) 定塚孝司, 医師と患者の法律關係, 15面(大谷 實, 医療行爲と法, 67面에서 재인용).
233) 筋 立明·中井美雄, 医療過誤法入門, 57面.
234) 石熙泰, 醫師와 患者의 基礎的 法律關係, 178쪽.
235) 淸水兼男, 診療過誤と医師の民事責任, 5面.
236) 李輔煥, 醫療過誤로 因한 民事責任의 法律的 構成, 30쪽.

로 해석하는 설237) 등이 있다.

무권대리설에 대해서는 의식을 회복한 환자의 추인이 있더라도 그가 무자력인 경우에 진료요청자인 친족에게 보수를 청구할 수 없고, 무의식상태가 계속되거나 사망한 경우에는 추인을 할 수가 없기 때문에 그 상속인에 대한 청구가 불가능하게 되는 데에 문제가 있다.238) 부진정한 제3자를 위한 계약설은 의료과오가 발생한 경우 환자가 의사에 대한 손해배상청구권을 갖지 못한다는 문제점이 있다. 제3자를 위한 계약설은 무권대리설과 부진정한 제3자를 위한 계약설이 가지고 있는 문제점을 극복할 수는 있지만, 의식을 회복한 환자가 자력을 가지고 있음에도 불구하고 보수지급의무를 부담하지 않는다는 문제가 발생한다.239) 사무관리설은 진료요청자가 있었음에도 불구하고 부양의무 있는 진료요청자를 계약당사자로 볼 수 없거나,240) 계약관계가 성립되지 않는다는 데 문제점이 있다. 또한 환자가 의식을 회복하여 그때까지의 진료행위를 추인한 때에는 무권대리행위의 추인, 사무관리의 추인 또는 부진정한 제3자를 위한 계약으로 해석하는 견해도 각 견해가 가지고 있는 문제점이 그대로 나타날 수밖에 없을 것이다.

따라서 환자가 의식을 회복하여 그때까지의 진료를 추인한

---

237) 我妻榮, 債權各論(下一), 岩波書店, 昭和 29(1954), 121面(菅野耕毅, 医療契約法の理論, 110面에서 재인용).

238) 菅野耕毅, 医療契約法の理論, 110面; 李輔煥, 醫療過誤로 因한 民事責任의 法律的 構成, 29쪽.

239) 李輔煥, 醫療過誤로 因한 民事責任의 法律的 構成, 30쪽; 崔載千·朴永浩, 의료과실과 의료소송, 177쪽.

240) 李輔煥, 醫療過誤로 因한 民事責任의 法律的 構成, 29쪽.

134

때에는 의료계약이 소급적으로 성립되는 것으로 하는 것보다
는 이미 이루어진 의사의 진료행위에 대한 보수지급채무의
부담과 그 후의 진료 및 그 보수에 대한 채권관계의 발생을
목적으로 하는 의료계약이 체결된 것으로 보는 것이 타당하
고,241) 환자가 의식을 회복하지 못한 경우에는 환자 자신을
위한 사무관리가 행하여지는 것으로 보거나 근친자가 의사
측과의 계약에 의해 환자에게 진료행위 등을 실시케 하는 제
3자를 위한 계약이 체결된 것으로 보아서, 사무관리관계와
제3자를 위한 계약관계가 병존한다는 견해242)가 가장 타당하
다고 생각된다.

（ⅲ） 扶養義務 없는 第3者가 意識不明者의 診療를 要請한
　　　경우

　환자의 친구, 지인 또는 행인 등이 진료를 요청한 경우에
대해서도, ① 진료요청자가 환자의 의사에 대한 비용과 보수
를 부담한다는 意思가 인정되는 경우 진료요청자와 의사 사
이에 제3자를 위한 계약이 성립하고, 환자가 의식을 회복하
거나 환자의 보호자(부양의무자 또는 배우자)가 나타나서 계
속해서 진료를 받기로 결정한 경우에는 진료를 요청한 자와
환자와의 관계를 사무관리로 보아야 한다는 견해,243) ② 진
료요청자와 의사 모두 환자에 대한 사무관리자의 지위에 선
다는 견해(사무관리설),244) ③ 환자와 의사 사이의 사무관리

---

241) 金天秀, 診療契約, 156쪽.
242) 李輔煥, 醫療過誤로 因한 民事責任의 法律的 構成, 30쪽.
243) 岩垂正起, 診療契約, 31面.
244) 筋 立明・中井美雄, 医療過誤法, 58面.

만이 성립한다는 견해,245) ④ 의사와 환자의 대리의제에 의한 직접계계약관계라는 견해,246) ⑤ 사실적계약관계가 성립한다는 견해247) 등이 대립하고 있다.

진료요청자와 의사 사이에 부진정한 제3자를 위한 계약의 성립을 인정하거나 진료요청자와 환자 사이에 사무관리를 인정하는 경우에는 의사의 보수청구권 확보에는 유리하지만 부양의무 없는 자에게 진료보수지급의무를 지우는 것은 구조자의 의사에 반하고, 선량한 시민들의 구조의욕을 감퇴시킬 우려가 있다.248) 따라서 이 견해에 있어서는 진료요청자가 명시적으로 진료비의 부담을 약속하여 법적 의무의 인수를 자원하는 경우가 아닌 한 타당하지 않다고 생각된다.249)

진료요청자와 의사 모두에게 사무관리가 성립한다고 보는 경우에는 부양의무 없는 타인이 사무관리자로서 환자에 대한 진료행위의 내용을 결정해야 한다면 사회통념상 합리적인 범위 내에서 결정하여야 한다.250) 그러나 진료요청자는 부양의무 없는 자이고 호의로 부상당한 환자를 의사에게 데리고 온 경우이므로 후송 중의 주의의무와 진료행위에 따르는 비용을

---

245) 李輔煥, 醫療過誤로 因한 民事責任의 法律的 構成, 32쪽.
246) 大谷 實, 医療行爲と法, 67面.
247) 石熙泰, 醫師와 患者의 基礎的 法律關係, 180쪽.
248) 李輔煥, 醫療過誤로 因한 民事責任의 法律的 構成, 31쪽.
249) 石熙泰, 醫師와 患者의 基礎的 法律關係, 179쪽. 또한 의무부담자의 자원을 이유로 구조자와 의사 사이에 제3자를 위한 계약의 성립을 인정하는 경우에는 계약체결 후 진료요청자가 소재불명으로 되게 되면 더욱 복잡한 문제가 발생하고, 법적으로 아무런 관계가 없는 타인이 진료내용의 결정에 부당하게 개입함으로써 환자의 이익을 해칠 가능성이 많다.
250) 筋 立明・中井美雄, 医療過誤法, 58面.

부담시키는 것은 타당하지 않다.[251]

대리의제에 의한 직접의 계약관계에 선다는 견해는 구조자를 환자의 대리인으로 간주하는 점이 사실관계에 맞지 않으며, 환자가 의식을 회복하지 못하고 사망한 경우에 상속인이 없거나 있더라도 무자력인 경우에는 진료보수청구권의 확보가 불가능하다는 데에 문제가 있다.[252]

사실적계약관계설[253]은 공법상의 의무와 사법상의 의무를 혼동하고 있으며, 생존배려적 법률관계인 의료행위에 대해서 사실적계약관계가 적용될 여지는 없다고 생각된다. 따라서 부양의무 없는 제3자가 호의로 의사능력이 없거나 의식불명인 환자를 위해 진료를 요청한 경우 선량한 시민의 구조활동이라는 선의적 행위를 위축시키지 않고, 환자의 손해배상청구권의 확보와 의사의 진료보수청구권의 확보를 고려한다면, 환자에 대한 비용 또는 보수를 지급하겠다는 명시적인 의사

---

251) 菅野耕毅, 医療契約法の理論, 110面.

252) 李輔煥, 醫療過誤로 因한 民事責任의 法律的 構成, 31쪽.

253) 사실적계약관계론은 생존배려의 급부계약은 "의사표시"의 합치에 의해 성립하는 것이 아니라 급부의 수취나 급부의 실현이라고 하는 사실에 의해 성립한다고 하는 이론으로, 독일에서 1943년에 Günter Haupt에 의해 처음 주창되어 Siebert를 거쳐 Larenz(후에 이 이론을 포기하였다)에 의해 계승되었던 이론이다. 사실적 계약관계이론은 생존배려의 급부관계를 신속·원활하게 규율하기 위해서 "종래의 법률행위이론이 제한을 받아 마땅하고", 때문에 "의사표시에 관한 민법의 규정은 그 적용이 배제되어야 한다"고 주장한다. 그러나 생존배려에 관한 법률관계는 행정행위나 공법상의 법리에 따라 규율되고, 그것이 사법관계로 인정되면 전통적인 법률행위이론에 따라서 규율하여야 할 것이므로 사실적 계약이론이 개재할 자리가 없다는 비판이 가해진다(자세한 것은 李英俊, 事實契約理論의 批判, 韓獨法學 第6號(1986) 참조).

를 표시하지 않는 한 제3자와 환자 사이에는 아무런 법적인 관계가 없고, 의사와 환자 사이에 사무관리관계만이 발생한다고 보아야 할 것이다. 따라서 의사와 환자 사이의 사무관리만이 인정된 경우 환자가 무자력이고 보험 등에 가입하지 않아서 의사의 진료보수청구권의 확보가 불가능한 경우에는 사회복지제도의 지원에 만족하는 수밖에 없을 것이다.

（ⅳ）交通事故 등의 加害者가 診療를 要請한 경우

피해자인 환자가 의식불명이든 의식불명이 아니든 사고의 가해자가 의사에 대하여 환자의 의료비에 대한 책임을 부담하지 않겠다는 의사표시를 적극적으로 표시하지 않는 한 치료비채무에 대한 책임을 부담하여야 하고,254) 이 경우 환자와 가해자는 연대하여 의사에 대한 치료비를 지급하여야 한다.255)

가해자가 환자의 치료비채무에 대한 연대보증인으로 인정된다고 할지라도 그 계약은 치료비채무에 대해서만 효력을 갖는 것이고, 가해자가 의료계약의 당사자가 되는 것은 아니다.256) 따라서 환자가 의식불명이거나 의사무능력자인 경우에는 의사와 환자의 관계는 사무관리관계이고, 의사는 환자의 사무관리자로서 선량한 관리자의 주의의무를 기울여서 환자를 치료하여야 한다. 물론 환자가 의사능력을 가지고 있는 경우에는 환자와 의사 사이에 통상의 의료계약이 체결되었다고 보아야 할 것이다.

---

254) 대판 1980. 10. 14. [80다1779].
255) 菅野耕毅, 医療契約法の理論, 111面.
256) 대판 1980. 10. 14. [80다1779].

（ⅴ）警察官 또는 消防官 등의 救助活動에 의한 경우

경찰관은 경찰관직무집행법(제4조 제1항, 제2항)에 의해 병자, 부상자 등이 적당한 보호자가 없으며 응급의 구호를 요한다고 인정되는 자를 발견한 때에는 보건의료기관 또는 공공구호기관에 긴급구호를 요청할 수 있고, 이러한 긴급구호요청을 받은 보건의료기관이나 공공구호기관은 정당한 사유가 없는 한 긴급구호를 거절할 수 없다. 따라서 응급을 요하는 자의 치료가 국가의 사무라거나 국가가 응급의 구호를 요하는 자에 대하여 응급의 구호에 필요한 치료의 의무를 부담한다는 규정을 두고 있지 않으므로 경찰관이 응급의 구호를 요하는 자를 의료기관에게 긴급구호요청을 하고, 의료기관이 이에 따라 치료행위를 하였다고 하더라도 국가와 의료기관 사이에 국가가 그 치료행위를 의료기관에 위탁하고 의료기관이 이를 승낙하는 내용의 치료위임계약이 체결된 것으로는 볼 수 없다.[257]

결국 경찰관 또는 소방관 등 법적으로 타인을 구조해야 할 의무가 있는 자가 환자를 후송하여 의사에게 응급의 치료를 받게 한 경우에는 환자와는 사법상 아무런 법적 관계가 없고 의사와 환자 사이의 계약 또는 사무관리만이 발생하여 의사가 환자의 사무관리자가 된다.[258]

---

257) 대판 1994. 2. 22. [93다4472].
258) 筋 立明·中井美雄, 医療過誤法, 65面.

3. 保險醫療契約의 當事者

우리나라는 국민의 질병·부상에 대한 예방·진단·치료·
재활과 출산·사망 및 건강증진을 위해 보험급여를 실시함으
로써 국민보건의 향상과 사회보장의 증진을 꾀하고 있다(국
민건강보험법 제1조). 국민건강보험법은 국내에 거주하는 국
민에 대하여 의료보호법 등에 의해 의료보호를 받는 자를 제
외하고는 보험가입자 또는 피부양자의 지위를 부여하고 있다
(국민건강보험법 제5조). 따라서 보험의료가 전 국민을 대상
으로 시행됨으로 인해서 대부분의 의료행위는 보험의료와 일
반의료가 중첩되어 시행되고 있다.

보험의료에 있어서는 국민건강보험조합 등의 보험자가 피
보험자로부터 보험료를 징수하고, 피보험자 또는 피부양자가
요양기관[259]으로부터 직접 요양급부를 받는 3자관계로 되어
있다. 이러한 보험의료에 있어서 의료사고가 발생하여 환자
가 채무불이행책임을 묻는 경우 의사, 보험자 및 환자의 3면
관계에서 누가 계약의 당사자로 되는가에 대하여 견해가 대
립하고 있다.

---

[259] 국민건강보험법 제40조에 의하면 ① 의료법에 의해 개설된 의료기
관, ② 약사법에 의해 등록된 약국, ③ 지역보건법에 의한 보건소·
보건의원 및 보건지소, ④ 농어촌등보건의료를위한특별조치법에 의
하여 설치된 보건진료소, ⑤ 요양급여를 효율적으로 하기 위해 보
건복지부령이 정하는 기준에 해당하는 요양기관인 종합전문요양기
관 또는 전문요양기관이 의료보험에 있어서의 요양기관이다.

140

(가) 醫療機關開設者와 保險者의 連帶責任說

연대책임설은 보험자와 지정의료기관과의 관계는 사용자와
피용자의 관계이고, 지정의료기관과 피보험자인 환자와의 의
료계약은 이미 체결된 보험자와 지정의료기관과의 협정의 범
위 내에서 행해진 2차적 의료계약이라고 해석해야 하기 때문
에 채무불이행책임은 1차적으로 보험자이지만, 적어도 보험
자와 지정의료기관이 연대하여 책임을 부담해야 한다고 하는
견해이다.[260]

(나) 保險者說(履行補助者와 受領者의 關係說)

보험의료에 있어서 채무불이행책임은 항상 보험자만이 부
담하고, 의료기관개설자는 보험자의 보험급부의 이행보조자에
불과하기 때문에 채무불이행책임을 부담하지 않는다는 견해
이다.[261] 이 견해는 환자의 의사에 대한 자유선택권 및 진료
보수의 일부부담이라는 사실로부터 의사와 환자 간에 직접의
의료계약을 추단하는 것은 건강보험의 본질에 반하므로 보험
자는 피보험자의 일부부담을 조건으로 환자에게 의료급부를
받게 할 의무가 있다는 것으로 이해해야 한다고 한다.[262]

---

260) 松倉豊治, 医師からみた法律, 大阪府医師會(医療と法律), 法律文化
　　社, 1971, 9面 이하(菅野耕毅, 医療契約法の理論, 113面에서 재인용).
261) 石橋信, 医療過誤の裁判, 新日本法規出版, 1977, 207面(崔載千・朴
　　永浩, 의료과실과 의료소송, 179쪽에서 재인용).
262) 崔載千・朴永浩, 의료과실과 의료소송, 180쪽.

(다) 直接的 契約關係說

직접적 계약관계설은 ① 진료행위가 환자의 생명·신체·건강에 중대한 영향을 미치는 극히 개인적인 것이고, 보험자와 지정의료기관과의 협정에 의한 진료내용의 한정은 의료의 본질에 적합하지 않으며, ② 피보험자는 보험료뿐만 아니라 진료비의 일부를 부담하여야 하고, ③ 환자는 지정의료기관을 자유로이 선택할 수 있고, 지정의료기관도 모든 피보험자에 대한 보험의료급부를 제공할 수 있으며, ④ 보험진료의 개시 후 보험 외의 약제 또는 치료가 필요한 경우 자유진료와의 병행이 행해질 수 있으며, ⑤ 환자의 일방적인 전원이나 진료중지의 요구가 가능하기 때문에 보험의료의 경우에도 지정의료기관과 환자와의 직접적인 계약관계로 보아야 한다는 견해이다.263) 또한 환자와 지정의료기관 사이에 의료가 인수된 이상 보험의료의 제도를 넘어 의료계약이 기본적으로 성립되었다고 하여야 하며,264) 사회보험인 의료보험은 단지 의료비의 지

---

263) 徐光民, 診療契約의 法律關係, 考試界, 第427號(1992. 9.), 55쪽; 筋立明·中井美雄, 医療過誤法, 65面. 일본에서는 東京地判 昭和 47(1972). 1. 25. 판결에서 「보험진료에서 보험자와 요양취급기관과의 사이에 어떠한 공법상의 권리의무관계가 발생하는지에 관계없이 보험진료의 피보험자인 환자와 요양취급기관과의 사이에는 진료에 관한 합의로 직접적인 진료계약이 체결되었다고 볼 수 있고, 이는 피보험자가 別除보험자에 대해서도 어떠한 공법상의 법률관계에 서는 것과 相容되지 않는 것은 아니다」라고 판결한 후에 동일한 취지의 판결이 속출하였다(東京地判 昭和 47(1972). 1. 25, 判例タイムズ 第277号, 185面). 이에 따라서 보험의료에 있어서도 환자가 직접 의사에 대해 권리·의무를 갖는다고 하는 견해가 많다고 한다(菅野耕毅, 医療契約法の理論, 114面).

264) 野田寬(呪 孝一·有泉 亨 編), 保險医療と損害賠償訴訟, 現代損害

142

급방법에 관한 문제로 보아 환자와 지정의료기관과의 사이에 직접의 의료계약이 체결되었다고 보는 견해이다.[265]

(라) 第3者를 위한 契約說

보험자와 의사 사이에 제3자인 환자를 위한 의료계약이 체결되어 의사와 환자와의 관계를 낙약자와 수익자로 보는 견해이다.[266] 이 견해는 환자를 이행수령자로 보는 견해보다는 환자의 권리보장 면에서 유리하지만 지정의료기관의 계약상의 의무가 보험자와의 계약내용에 따라 한정될 수밖에 없다는 문제점이 남는다.[267]

(마) 竝存說(折衷說)

보험자와 요양취급기관과의 사이에 피보험자를 위한 제3자를 위한 계약관계와 요양취급기관과 피보험자 간의 직접적인 계약관계가 병존한다는 견해이다.[268]

이 견해는 보험자와 지정의료기관 사이에는 제3자인 환자를 위한 계약이 체결되고, 환자가 지정의료기관에 대해 현실로 진료를 요청할 때에 지정의료기관과 환자 사이에 자유진

賠償法講座 4, 日本評論社, 1982, 149面.
265) 李輔煥, 醫療過誤로 因한 民事責任의 法律的 構成, 34쪽; 김성천, 의료서비스와 소비자피해구제, 한국소비자보호원, 1999. 6, 12쪽.
266) 大阪地判 昭和 60(1985). 6. 28, 判例タイムズ 第565号, 170面.
267) 崔載千・朴永浩, 의료과실과 의료소송, 180쪽.
268) 崔載千・朴永浩, 의료과실과 의료소송, 181쪽; 石熙泰, 醫療契約 (上), 35쪽.

료로서의 직접적인 의료계약이 성립된다고 한다. 그러나 보험자와 지정의료기관 사이에 환자를 위한 계약이 체결되었다고 보는 경우에는 환자가 부담하는 진료보수에 대해서는 이를 어떻게 해결해야 할 것인지에 문제가 있다.

(바) 小　結

위에서 살펴본 것과 같이 보험의료관계에 대해서 여러 견해가 있지만, 보험자와 지정의료기관과의 협정과 보험자와 환자와의 관계는 공법상의 법률관계로서 환자에게는 보험가입의 강제를, 의료기관에게는 국민건강보험법상의 요양기관으로의 강제지정이 이루어지고 있다(국민건강보험법 제40조). 뿐만 아니라 보험자는 공법상의 사회보장의 일환으로 국민의 의료보장을 증진시키기 위해 환자의 의료보수지급을 담보하는 수단에 불과한 것이다. 또한 보험의료의 경우라 할지라도 환자는 스스로 의료기관의 의사를 선택할 수 있지만, 국민건강보험법에서 정하고 있는 본인부담금을 진료보수로 지급하여야 한다. 그리고 의사와 환자 사이의 의료관계에는 일반의료와 보험의료관계가 병존하는 경우가 많고, 환자의 일방적인 전원이나 진료중지의 요구가 가능하다. 따라서 환자와 의사 사이의 사법상의 관계는 일반의료의 경우와 동일한 것으로 보는 것이 가장 타당하다고 생각된다.

第5節 醫療契約의 終了

Ⅰ. 概　說

　의료계약이 위임과 비슷한 성질을 가지고 있다고 본다면 일
반적인 종료원인으로 의료행위의 완료, 의료행위의 이행불능,
기간의 만료 및 조건의 성취 등으로 종료한다. 의료계약은 기
간의 정함이 없는 것이 일반적이지만,[269] 일정한 기간 동안의
요양을 하기로 하는 계약을 체결할 수도 있다.[270] 그러나 의료
계약은 의사 측의 진료거부금지의무와 관련하여 의사 측에게
는 해지의 자유가 제한되는 반면, 환자 측에게는 거의 무제한
의 해지의 자유가 인정된다. 또한 당사자의 사망, 당사자의 파
산 또는 법인인 의료기관의 해산, 수임인의 후견개시, 자격정
지 및 면허취소 등의 경우를 구체적으로 살펴볼 필요가 있다.

Ⅱ. 當事者의 醫療契約의 解止

1. 委任契約의 解止의 自由

　민법 제689조 제1항은 각 당사자의 위임계약 해지의 자유

---

269) 金天秀, 診療契約, 166쪽.
270) 金玟中, 醫療契約, 46쪽.

를, 동조 제2항은 당사자 일방이 부득이한 사유 없이 상대방
의 불리한 시기에 해지한 때에는 그 손해를 배상하여야 한다
고 규정하고 있다. 따라서 당사자는 언제든지 위임계약을 해
지할 수 있고, 이로 말미암아 당사자 일방이 손해를 입는 경
우에도 그 손해를 배상할 책임이 없는 것이 원칙이다. 다만,
상대방이 불리한 시기에 해지한 때에는 그 해지가 부득이한
사유에 의한 것이 아닌 한 적당한 시기에 해지하였다면 입지
않았을 손해를 배상하여야 한다.271) 또한 수임인이 위임계약
상의 채무를 불이행하고 있는 경우에도 수임인이 채무의 이
행이 가능한 경우에는 상당한 기간을 정하여 최고를 하고,
수임인이 그 기간 내에 이를 이행하지 않을 때에 한하여 해
지할 수 있다.272) 그러나 의료계약의 경우에 있어서는 법적
성질이 위임계약과 유사하다고 보더라도 보통의 위임계약과
같은 해지의 자유를 인정할 수 없는 경우가 발생한다.

2. 醫療契約의 解止와 當事者에 대한 解止의 制限

(가) 醫師側의 契約解止

(a) 契約解止 制限의 根據

의료계약을 위임계약으로 본다면 의사는 언제든지 의료계
약을 해지할 수 있지만, 의사 측의 일방적인 해지는 정당한
사유가 없는 한 진료거부에 해당된다(보건의료기본법 제5조

---

271) 대판 2000. 6. 9. [98다64202].
272) 대판 1996. 11. 26. [96다27148].

제2항, 의료법 제16조 제1항). 의사 측의 의료계약 해지에 대한 제한은 헌법 제10조, 제36조 제3항 및 제37조 제1항에서 국민에게 건강권이라고 하는 기본권을 인정하고 있고, 보건의료기본법 제5조 제2항 및 의료법 제16조 제1항은 이러한 건강권을 구체적으로 보장하기 위한 규정이다. 뿐만 아니라 의사의 진료의무는 일종의 직업상의 의무로써 의료업의 독점을 대가로 하는 국가에 대한 의무로 이해할 수도 있다.273) 그러나 의사의 진료거부금지를 규정하고 있는 보건의료기본법 제5조 제2항과 의료법 제16조 등의 규정은 공법상의 규제이지만, 의료계약에 대한 특별법규로 해석하는 한 이로 말미암아 사법상의 계약에 효력을 미치게 되어 계약체결의 자유뿐만 아니라 계약의 해지에 영향을 미치는 것임은 분명하다.274) 따라서 의사가 환자의 진료요구를 거부하는 경우에 의료계약상의 채무의 불이행으로 볼 수 있고, 그로 인하여 공법상의 규제를 받음과 동시에 민사책임도 부담하게 된다.275)

---

273) 植木 哲·齋藤ともよ·平井 滿·東 幸生·平栗 勳, CASE 医療判例ガイド, 23面.

274) 또한 보건의료기본법 제1조에서는 보건의료에 관한 국민의 권리·의무와 이에 대한 국가와 지방자치단체에 대한 책임을 정하고 있으며, 동법 제2조는 헌법 제10조와 제36조 제3항의 기본권 실현을 위한 법률규정임을 밝히고 있다.

275) 일본에서도 이와 유사한 논리구성을 하고 있다(菅野耕毅, 医療契約法の理論, 104~105面). 특히 일본 판례에서는 진료의무가 공법상의 의무이기는 하지만 의사가 진료를 거부하여 환자에게 손해를 준 경우에는 당해 의사에게 과실이 있다고 일응 추정되고, 동 의사에게 진료거부를 정당하게 하는 사유를 주장·입증하지 않는 한 환자가 입은 손해를 배상할 책임을 진다고 하여 민사상 효과를 발생시킨다는 것을 분명히 하고 있다(千葉地判 昭和 61(1986). 7. 26, 判例時報 第1220号, 118面; 神戸地判 平成 4(1992). 6. 30,

(b) 私法上의 效果

의사가 이미 체결된 의료계약을 임의로 해지하는 경우 진료
거부금지의무(보건의료기본법 제5조 제2항, 의료법 제16조)의
규정에 반하는 것이고, 환자는 의사가 임의로 의료계약을 해
지하는 경우 진료의 이행을 청구하고, 그 청구에도 불응하는
경우 채무불이행으로 인한 손해배상책임을 물을 수 있다.276)
그리고 의사가 의료계약을 해지하는 경우 당해 의료계약이 유
상의 의료계약이라면 특약이 없는 한 사무처리가 완료되어야
그 보수를 청구할 수 있으므로 의사는 환자에 대한 보수청구
권을 상실하게 된다(민법 제686조 제2항 제1문).277) 다만, 의사
가 의료계약을 해지할 수 있는 정당한 사유, 즉 환자 측이 의
사와의 신뢰관계를 파괴하는 행위(난동을 부리거나 의사의 명
예를 훼손하는 등의 행위) 등을 하거나 당해 의사의 자격정
지·자격상실 또는 의료기관의 업무정지 등의 행정처분으로
말미암아 의료계약을 해지한 경우에는 이미 행해진 의료행위
에 대한 보수를 청구할 수 있다(민법 제686조 제3항 단서).

그러나 의료계약을 해지하여도 당사자 사이에 불공평한 결
과를 초래하지 않는 특별한 사정이 있는 경우에는 이를 해지
할 수 있다. 예를 들어 일반의료계약과 보험의료계약이 동시
에 병존하는 경우 위임자와 수임자 쌍방에게 의학적·경제
적·사회적으로 보아 어느 한 의료계약을 해지하더라도 합리
성의 범위 내에서 신뢰관계의 변화를 초래하는 데 그치고 기

判例時報 第1458号, 127面).
276) 대판 1996. 11. 26. [96다27148].
277) 대판 2000. 6. 9. [98다64202].

본적인 관계에서는 당사자 쌍방에 신뢰관계의 계속이 인정되는 경우에는 이를 해지할 수 있다.[278]

(나) 患者側의 契約解止

의사의 경우와는 달리 환자는 환자의 자기결정권 또는 신뢰관계를 기초로 하는 의료계약의 본질상 무제한의 해지권을 갖는다.[279] 그러나 환자가 의료계약을 해지함으로서 의사에게 불이익을 초래하게 하는 경우, 예컨대 의사가 수술의 준비를 완료한 시기에 다른 의사에게 진료를 의뢰하는 경우에는 당해 의사에게 불리한 시기에 의료계약을 해지한 것이 되어 그 손해를 배상하여야 한다(민법 제689조 제2항).[280] 또한 진료보수에 포함되지 않는 당해 환자만을 위해 특별히 의료용구를 주문 제작하게 한 경우, 장기이식을 위해 환자에 맞는 장기를 준비한 경우 등과 같이 환자가 갑작스럽게 의료계약을 해지하면 의사에게는 예상치 못한 손해가 발생하게 되고, 그 손해는 환자가 부담해야 하는 것이 옳다. 따라서 환자도 언제나 자유롭게 계약을 해지할 수는 없다고 보아야 한다.

또한 일본에서도 "통상의 의료계약을 환자와 의사 사이의 쌍무·유상의 준위임계약으로 이해하여 당사자 쌍방의 이익을 위해 이루어진 위임계약은 일본민법 제651조(우리 민법

---

278) 大阪地判 昭和 60(1985). 6. 28, 判例タイムズ 第565号, 179面; 菅
　　野耕毅, 医療契約法の理論, 149面.
279) 金天秀, 診療契約, 167쪽.
280) 野田寬, 医師法(中), 421面.

제689조에 해당)의 규정으로는 환자가 임의로 해제[281]할 수
없다"[282]고 하여 환자의 계약해지도 일정한 제한을 받는 것
으로 해석하고 있다.

(다) 解止의 方法

의료계약은 일반적으로 계속적 채권관계이고, 당사자 사이
의 신뢰관계를 특히 중요시하는 계약이다. 또한 의료계약의
체결에 일정한 방식을 요하지 않는 것처럼 해지의 경우에도
명시적·묵시적 의사표시에 의한 해지가 가능하다. 그러나
계속적이고 집중적인 진료를 요하는 환자가 무단전원을 한
경우에는 묵시의 의사표시에 의해서 의료계약이 종료된 것으
로 보아야 하지만,[283] 환자의 병상이 상당한 기간을 두고 관
찰을 계속하여 치료를 가하게 되는 경우에는 환자의 수진중

---

281) 일반적으로 계약해지의 개념을 사용하지 않는 일본 민법은 계약
해제의 소급효가 없는 경우에 우리나라의 해지와 동일한 의미를
갖는 것으로 해석하고 있다.
282) 菅野耕毅, 医療契約法の理論, 148面에서 日大判 大正 9(1920). 4.
24., 民錄 第26卷, 562面을 인용하여 주장하고 있다.
283) 管野耕毅, 前揭書, 150面; 野田寬, 医師法(中), 420~421面; 名古屋
地判 昭和 58(1983). 8. 19., 判例時報 第1104号, 107面(동 판례는
병원에서 진료를 받았던 심장질환환자가 그 당시 상세하고 계속
적인 진료를 요하는 상태에 있었음에도 불구하고, 1개월간 진료를
받지 않고 그사이 6회 정도 다른 의사에게 진료를 받고 있다가
사망한 사건에 대하여 "환자는 위험한 상태로 된 날 이전에 스스
로 前의 진료계약을 해약할 뜻의 묵시의 의사표시를 한 것으로
해석하는 것이 상당하다"고 판결하여, 前의 진료계약의 존속을 전
제로 하여 환자의 子가 제기한 채무불이행책임의 추급을 기각한
사례이다).

150

지와 전원이 곧바로 의료계약을 해지한다는 묵시의 의사표시
라고 단정 지을 수 없는 경우도 있다.284)

Ⅲ. 當事者의 死亡・破産・後見開始 등

1. 當事者의 死亡

(가) 患者側

의료계약에 있어서 환자 본인이 사망한 경우에는 의료계약
이 종료함은 명백하다. 환자 측 당사자가 환자가 아닌 경우
에는 의료계약이 종료하지 않으므로, 민법 제690조의 규정을
적용할 수 없다는 견해가 있다.285) 그러나 의료계약에 있어
서 환자 본인이 계약당사자인 것이 원칙이고, 의사무능력자
인 경우에 한해서 법정대리인 또는 후견인이 환자를 위해 제
3자를 위한 계약을 체결한 경우에도, 의료계약의 목적이 환
자에 대한 의료행위에 있는 것이므로 환자가 사망하면 계약
의 목적이 사라지게 되므로 환자의 사망은 언제나 의료계약

---

284) 예컨대 장기간의 치료 내지 관찰을 요하는 질병을 가지고 있는
환자가 기존의 의사와의 의료계약을 해지할 意思가 아니라 다른
의사의 진단을 통해 자신의 상태를 비교・확인할 목적 등으로 다
른 의사에게 진료를 요청한 경우에는 두 명의 의사 모두와 의료
계약을 체결하고 있다고 해석할 수 있고, 그 후 환자의 선택에 의
해 나머지 한 명의 의사와의 의료계약이 종료된다고 할 수 있을
것이다.
285) 金天秀, 診療契約, 169쪽.

의 종료사유가 된다고 보아야 한다. 환자가 뇌사상태인 경우
에는 뇌사를 사망으로 인정하는 견해에 의하게 되면 의료계
약은 종료하게 되고, 사망으로 인정하지 않는 경우에는 종료
하지 않을 것이다.286)

(나) 醫師側

의사가 사망한 경우에는 단독 개업의인 경우와 복수의 의
사가 있는 의료기관으로 나누어 살펴볼 필요가 있다.

(a) 單獨開業醫의 경우

단독개업의인 의사가 사망한 경우에는 의료계약의 일방당
사자(수임인)가 사망한 경우이기 때문에 당해 의료계약은 종
료한다(민법 제690조). 그리고 단독개업의가 사망한 경우에는
민법 제691조의 규정에 의한 상속인 또는 법정대리인에게 위
임사무의 긴급사무처리의무도 없다. 의료행위는 의료인만이
할 수 있기 때문이다. 오히려 이러한 경우에는 의사의 이행
보조자인 간호사 등에 의해서 환자가 적절한 의료기관에서
의료행위를 제공받을 수 있도록 하는 범위 내에서 긴급사무
처리를 할 권한을 부여하는 것이 필요하다.287)

---

286) 金玟中, 醫療契約, 46쪽.
287) 의료계약상의 의사의 환자에 대한 채무는 의료행위와 관련된 권
리·의무관계에 대해서만 나타나게 되고, 의료행위급부에 관해서
는 의료인이 아니면 이를 이행할 수 없다. 그러나 의료보조인인
간호사 또는 간호조무사 등도 넓은 의미에서의 의료인이라 할 수
있고, 이들이 할 수 있는 범위 내에서의 긴급의료행위(예컨대 응
급처치, 전원 등)를 할 수 있는 자라고 볼 수 있다(의료법 제25

단독개업의인 경우에는 의료법 제52조 또는 동법 제53조에 규정된 사유에 해당되어 그 자격이 취소 또는 정지되는 경우에도 의료계약은 종료하게 된다. 그러나 의사의 의사면허가 취소되거나 그 자격이 정지되는 경우에는 환자를 적절한 의사 또는 의료기관 등에 소개하는 등 긴급사무처리의 범위 내에서 의료행위를 할 수 있을 것이다.288)

(b) 法人 또는 複數의 醫師가 있는 醫療機關의 경우

법인인 의료기관의 경우에는 의료법 제45조 각호의 규정에 의해 설립허가가 취소되거나 동법 제51조 각호의 규정에 의해 개설허가가 취소되면 의료계약이 종료되지만, 담당의사의 교체가 가능한 한, 담당의사 개인의 사망에 의해서 의료계약은 종료되지 않는다. 그러나 의료기관개설자가 자연인인 경우에는 복수의 의사가 있는 경우라 하더라도 의료기관개설자의 사망은 계약당사자의 사망이 되므로 의료계약은 종료한다. 따라서 다른 의사들은 긴급사무처리의 범위 내에서의 의료행위를 할 수 있다고 하여야 할 것이다.

2. 當事者의 破産 또는 法人인 醫療機關의 解散

의료계약의 경우 환자 또는 의료기관개설자의 파산만으로

조). 또한 단독개업의인 경우에는 입원환자보다는 단순 외래환자만을 진료하는 의료기관인 경우가 대부분일 것이기 때문에 의료보조인에 의한 긴급사무처리도 충분히 가능하다고 여겨진다.

288) 野田寬, 医師法(中), 422面.

는 종료하지 않는다.[289] 환자 측과 의사 측의 경우를 나누어
살펴보면 다음과 같다.

(가) 患者側

의료계약의 당사자인 환자의 파산 또는 환자의 지급보증인
의 파산은 의료계약의 종료사유가 아니다.[290] 다만, 의사의
의료급부에 대하여 환자 측이 진료보수를 지급할 수 없는 경
우에는 그에 대한 진료보수채무의 불이행을 이유로 손해배상
청구권이 발생하게 될 것이다.

물론 환자의 병상이 응급을 요하는 경우에 있어서는 앞에
서 살펴본 바와 같이 응급의료에관한법률의 규정에 의한 응
급의료기금에서 대불을 받음으로써 어느 정도 해소될 수 있
을 것이다. 그러나 응급을 요하지 않는 통상의 경우, 환자 측
이 파산을 하게 되면 의사 측은 현실적으로 진료보수를 지급
받을 방법이 없게 되는 문제가 발생한다. 따라서 의사의 입
장에서는 환자가 진료보수를 지급할 수 없음이 명백한 경우
에는 진료거부금지의무의 위반으로 인한 행정상·형사상의
처벌을 감수하고 진료거부를 행하게 될 것이고, 보험의료가
전 국민을 대상으로 실시되고 있기는 하지만, 비보험의료가
차지하는 비중이 2003년 12월 현재 48%에 이르고 있는 현재
로서는[291] 보험의료의 확충 또는 사회보장의 확충이 없는 한

---

289) 金天秀, 診療契約, 169쪽; 管野耕毅, 前揭書, 151面; 野田寬, 医師法
     (中), 422面.
290) 金天秀, 診療契約, 169쪽.
291) 2004. 1. 14. 연합뉴스.

진료비의 지급능력이 없는 환자에 대한 소극적 치료 또는 진료거부가 계속될 것이다.

(나) 醫師側

의사 측 계약당사자가 개인개업의가 파산한 경우에는 당해 의료계약은 종료된다(의료법 제8조 제1항 제4호). 그러나 법인인 의료기관은 파산으로 인해 의료계약이 종료되지는 않고, 청산의 절차에서 환자의 진료가 완료될 수 있는 경우에는 계속해서 진료를 실시하거나 적절한 진료를 받을 수 있도록 다른 의료기관에 전원시키는 범위 내에서 진료를 계속할 수 있다고 보아야 할 것이다. 따라서 파산의 경우 당해 의료기관이 해산하게 되면 최종적으로 의료계약이 종료하게 된다. 또한 의료법 제45조 각호의 사유에 의해 개설허가의 취소가 있는 경우에도 마찬가지이다.

3. 當事者의 禁治産 등

(가) 患者側

환자 측 계약당사자가 환자 본인이든 법정대리인 또는 후견인이든 후견개시의 사정이 있어도 언제나 의료계약은 종료되지 않는다.

(나) 醫師側

수임인인 의사가 단독개업의인 경우에는 금치산선고를 받게 되거나(민법 제690조 제2문, 의료법 제8조 제1항 제4호), 의료법 제52조 제1항 각호의 사유에 해당되어 면허가 취소되거나 또는 의료법 제53조 제1항 각호의 사유에 해당되어 자격이 정지되는 경우 의료계약은 종료된다. 법인인 의료기관의 경우에는 담당의사가 금치산·면허취소·자격정지에 해당하더라도 담당의사의 교체가 가능한 한 당해 의료계약은 종료되지 않지만, 의료법 제51조 제1항 각호의 사유에 의해 의료업의 정지를 당한 경우 당해 의료계약은 종료된다. 다만, 법인인 의료기관이 의료업의 정지를 당한 경우 또는 단독개업의가 금치산·면허취소·자격정지의 사유에 해당하는 경우에는 의사가 의료행위를 할 수 있는 경우에 한해서 다른 의료기관에의 전원 또는 전의 등의 긴급사무처리를 할 수 있는 범위에서 의료계약이 존속한다고 하여야 할 것이다.292)

IV. 醫療行爲의 完了 또는 目的達成 등

의료계약은 의료행위의 완료, 계약에서 정한 목적의 달성 또는 일정한 기간을 정한 경우 기간의 만료로 종료한다. 반대로 더 이상의 의료행위가 불가능함이 확정된 경우에도 의

---

292) 野田寬, 医師法(中), 421~422面.

료계약은 종료한다고 해석된다.293) 따라서 의료행위의 완료 또는 목적달성의 의미는 환자의 완전한 치료를 의미하는 것은 아니다.294)

第 6 節 小　結

의료계약의 당사자를 논하는 궁극적인 목적은 각 당사자에게 인정되는 권리와 의무의 귀속자를 명확히 하는 데 있다.

위에서 살펴본 것과 같이 의료계약도 통상의 계약과 마찬가지로 환자의 청약과 의사의 승낙의 意思의 합치에 의해 체결되는 것이 보통이고, 경우에 따라서는 의사실현에 의해 체결될 수 있다. 다만, 의사 측은 정당한 사유가 없는 한 진료거부금지를 규정하고 있는 보건의료법과 의료법 등의 규정과 의사업 독점의 효과 내지는 의사의 직업윤리상 진료를 거부할 수 없다.

의료계약에 있어서 의사 측 당사자는 비전속 전문의 또는 다른 의료기관의 시설 등을 이용하는 의사 외에는 언제나 의료기관개설자라고 할 수 있다. 반대로 환자 측 당사자가 행위능력자인 경우에는 환자 본인이 계약당사자이다.

행위무능력자이자만 의사능력이 있는 환자가 체결한 의료

---

293) 菅野耕毅, 医療契約法の理論, 151面.
294) 野田寬, 医師法(中), 422面.

계약은 원칙적으로는 행위무능력을 이유로 취소할 수 있다. 그러나 앞에서 살펴본 것과 같이 법정대리인이 추인하는 경우가 일반적일 것이고, 추인하지 않는다고 하더라도 법정추인, 사무관리 또는 부당이득의 법리 등의 적용에 의해 의사 측의 진료보수의 확보가 가능하기 때문에 행위능력설이 타당하다. 또한 법정대리인을 동반한 경우에도 원칙적으로 의사능력자가 계약당사자이고 진료보수지급의무도 부담하는 것이 원칙이지만, 무자력인 경우에는 법정대리인과 연대하여 책임을 부담하거나 법정대리인에 대한 부양청구권을 행사하여 해결될 수 있을 것이다. 그리고 경우에 따라서는 법정대리와 의사 측과의 계약, 즉 환자를 수익자로 하는 제3자를 위한 계약이 체결되는 경우도 있을 것이다.

의사무능력자의 경우에는 ① 미성년인 의사무능력자의 경우에는 제3자를 위한 계약설이 타당하고, ② 배우자가 성년인 의사무능력자에 대한 진료를 요청한 경우에는 일방배우자의 타방배우자에 대한 일상가사대리에 의해 계약이 성립하고, 진료보수지급의무는 구체적 타당성이 인정되는 범위 내에서 연대하여 책임을 부담한다. ③ 근친자가 진료를 요청한 경우에는 일단 대리에 의한 계약의 성립을 인정하고, 후에 환자가 의식을 회복한 경우에는 의료계약이 소급해서 성립되고, 의식을 회복하지 못하거나 사망한 경우에는 당해 환자와 의사 측 사이에 사무관리관계가 성립하는 것으로 보는 것이 타당하다. ④ 부양의무 없는 제3자 또는 경찰관·소방관 등이 진료를 요청한 경우에는 사무관리관계만이 성립한다.

교통사고 등의 가해자가 진료를 요청한 경우에는, 환자가 의식이 있는 때에는 환자와 의사 사이의 의료계약이 성립하고, 의식이 없는 때에는 의사와 환자 사이에 사무관리관계가 성립한다. 다만, 가해자는 명시적인 의사표시에 의해 피해자인 환자의 진료보수지급의무를 부담하지 않겠다는 의사표시가 없는 한 환자와 연대하여 의사 측에 대한 진료보수를 지급할 의무가 있다.

또한 이러한 법률관계는 일반의료뿐만 아니라 보험의료에 대해서도 동일하게 적용하여도 별 다른 문제가 없다고 생각된다. 왜냐하면 보험의료와 일반의료 사이에 나타나는 차이는 진료보수의 청구와 지급방법 및 그 가액에 대해서만 차이가 있기 때문이다.

의료계약에 있어서 일방당사자의 해지·사망·파산·의료기관의 해산·수임인인 의사의 금치산 등의 사유는 다른 계약과 다른 모습으로 종료한다. 즉, 일반의 위임계약과는 달리 의사 측의 임의해지는 진료거부와 동일하기 때문에 정당한 사유가 있거나 환자의 동의가 있어야 한다. 또한 환자의 사망은 언제나 계약의 종료사유가 되지만, 의사의 사망은 개인개업의인 경우에만 계약이 종료한다. 뿐만 아니라 의사 측에게만 발생하는 종료사유로서 법인인 의료기관의 파산으로 인한 해산, 수임인인 의사의 금치산, 자격정지 및 면허취소의 경우가 있다. 또한 환자의 파산은 의료계약의 종료사유가 아니지만, 의사 측의 파산의 경우에 개인개업의인 경우에는 곧바로 의료계약이 종료되지만, 법인인 의료기관의 경우에는 청산의 범위 내에서 진료를 완료할 수 있는 경우에는 계속해서 진료를 행하고 그렇지 않은 경우에는 긴급사무처리의 범위 내에서 의료계약이 존속하게 된다.

　그러나 의료계약도 당해 계약이 목적으로 하는 의료행위의 완료, 불능의 확정, 기간의 만료 및 조건의 성취 등의 경우에 종료한다는 점은 다른 계약과 다르지 않다.

第 3 章 醫療契約의 效力

第 1 節 序 說

의료계약이 계약으로서의 성립요건을 갖추어야 하는 것과 마찬가지로, 유효한 계약이 되기 위해서는 ① 당사자가 권리능력 및 행위능력을 가지고 있어야 하고, ② 의사표시에 비진의 표시(민법 제107조)·통정 허위표시(민법 제108조)·착오(민법 제109조)와 사기·강박(민법 제110조)과 같은 하자가 없어야 하고, ③ 계약의 목적이 실현 가능한 것이고 적법·타당한 것이어야 함은 물론이다.[295]

의료계약에 있어서도 계약의 유효요건을 갖춘 때에 그 효과로서 의료계약의 당사자 사이에 권리와 의무가 각각 발생하게 된다. 그러나 의료계약은 의료의 공익적 성질 및 전문직업의 성질 등과 관련하여 여러 법률에 의해 의사에게 보다 많은 의무가 부과되고 있다. 물론 환자도 의사에게 문진·진료·각종 검사 등에 협력을 하지 않으면, 의료계약 본지의

---

295) 적법성과 관련해서 안락사 등과 같은 의사의 환자에 대한 자살관여, 모자보건법상의 요건을 갖추지 않은 낙태 등과 같은 의료행위를 목적으로 하는 의료계약은 무효인 계약이라고 보여진다. 그러나 이러한 적법성을 결여한 의료행위는 형법상 또는 행정법상의 관계에서는 위법한 의료행위로서 형사처벌 또는 행정규제의 대상이 되지만, 당해 의료행위가 공서양속에 반하는 경우가 아닌 한 사법상의 효력은 인정된다.

목적을 달성할 수 없거나 의사의 과실이 없는 손해가 발생할 수 있기 때문에 환자의 협력의무도 중요하다. 즉, 오늘날 환자와 의사와의 신뢰관계가 종전의 관계와 다른 모습으로 변화하고 있지만, 여전히 당사자의 신뢰를 필요로 하고 있다.

이 장에서는 의료계약 당사자의 권리와 의무를 중심으로 고찰한다. 즉, 환자 측은 의료계약의 본지에 따른 진료의 이행을 청구할 수 있는 권리와 진료보수지급의무 및 그에 따른 협력의무 등의 부수의무가 있고, 반대로 의사 측은 진료보수를 청구할 수 있는 권리와 진료의무 및 설명의무 등이 있다.

第2節 醫師의 權利와 義務

Ⅰ. 醫師의 權利

1. 診療報酬請求權

의료계약에 있어서 의사 측의 가장 중요한 권리로서 진료보수청구권을 들 수 있다. 로마법에 있어서는 의사의 고급자유노무는 보수의 대상이 될 수 없다고 하여 의사의 진료보수청구권이 인정되지 않았었다. 그러나 오늘날 의료계약은 무상의 특약이 없는 한 사회통념 또는 거래의 관행상 그 유상성이 인정되고,296) 의료계약의 본질적 내용이 된다.297) 따라서 의료가 국민의 신체의 건강의 증진 또는 개선이라는 공익적 성격을 가지고 있다는 것도 중요하지만, 의료업도 의료서비스를 제공하는 전문직업으로서의 영업 또는 업무이므로 보수청구권이 인정된다. 다만, 의사가 환자에 대하여 청구하는 진료보수는 일반진료, 보험진료 또는 보호진료인지에 따라서 차이가 있다.

(가) 一般醫療의 報酬請求權

일반의료에 의해 환자로부터 지급 받는 의사 측의 진료보수는 종합병원 또는 병원의 경우에는 시·도지사에게, 의원 또는 조산원은 시장·군수·구청장에게 각각 신고하고(의료법 제37조), 환자에 대하여 의료급부를 이행한 경우에 그에 따른 보수를 청구할 수 있다. 의사가 환자에 대하여 청구하는 진료보수가 불공정한 법률행위로서 무효가 되는 경우에는 전부를, 신의칙 및 형평의 원칙에 반하는 경우에는 과다하다고 인정되는 부분에 대한 지급을 청구할 수 없다.

그러나 일반진료에 있어서는 환자에게 청구할 수 있는 보수의 기준가액은 의료기관이 해당관청에 신고한 금액으로 정해지기 때문에 보험진료에 있어서보다 높은 것은 사실이다. 판례는 진료보수는 치료계약에 이르게 된 경위, 수술·처치 등 치료의 경과와 난이도, 기타의 제반 사정에 비추어 결정하여야 한다고 하고 있으며, 일반의료보수가 보험진료보수의 금액보다 약 2배 정도 높은 경우에도 불공정하거나 신의칙

---

296) 郭潤直, 債權各論(2003), 274쪽.
297) 李輔煥, 醫療過誤로 因한 民事責任의 法律的 構成, 21쪽.

164

및 형평의 원칙에도 어긋난 것은 아니라고 하고 있다.298)

(나) 保險醫療와 保護醫療의 報酬請求權

(a) 保險醫療

의사와 환자의 의료계약관계가 보험의료로 이행되는 경우
의사는 국민건강보험법 제43조의 규정에 의하여 그 진료보수
를 국민건강보험공단에 청구할 수 있으며, 국민건강보험법이
정하는 비용의 일부를 환자에게 청구할 수 있다.299) 따라서 보
험의료에 있어서 의사는 국민건강보험공단과 환자에게 국민건
강보험법에 정해진 비율에 따른 진료보수를 청구할 수 있다.
보험의료의 진료보수는 건강보험관리공단의 이사장과 의료계
를 대표하는 자(의사협회)와의 계약에 의해 1년 단위로 계약
기간 만료 3월 이전에 정해진다(국민건강보험법 제42조).

(b) 保護醫療

보호의료는 생활유지의 능력이 없거나 특별한 사유에 의해
의료보호대상자로 지정된 자에 대해 제공된다.300) 따라서 의
료보호진료지정기관이 의료보호대상자에 대하여 의료급부를
제공한 경우에는 의료보호기관에 보호비용을 청구할 수 있다
(의료보호법 제11조, 동법 제11조의 2, 동법 시행령 제17조).
다만, 의료보호지정진료기관은 제1종 보호대상자에 대해서는

---

298) 대판 1994. 2. 22. [93다4472].
299) 동법 제41조(비용의 일부부담). 또한 동법 시행령 제22조 제1항의
　　　별표 2에서 환자의 본인부담비율을 정하고 있다.
300) 의료보호법 제4조 제1호 내지 제8호에서 그 대상자를 규정하고 있다.

그 비용의 전부를 의료보호기관에 청구하고, 제2종 보호의료
대상자에 대해서는 법률이 정하는 비율에 따라 의료보호기관
과 환자에게 청구하여야 한다(의료보호법 시행령 제16조). 그
러나 제2종 보호의료대상자도 법률에서 정한 본인부담금을
지급할 수 없는 경우에는 의료보호법 제15조의 규정에 의하
여 보호기관에 대불을 신청할 수 있다.

(다) 患者가 無資力인 경우의 診療報酬請求權의 確保

환자가 무자력이어서 진료보수를 지급할 능력이 없는 경우
에도 의사는 환자의 진료를 사실상 거부할 수 없다. 그러한
경우 의사 측에서는 자신의 진료보수청구권의 확보를 위해
여러 가지 방법을 강구할 수 있는데, 아래와 같은 방법을 고
려할 수 있을 것이다.

(a) 支給保證 또는 連帶保證에 의한 解決
환자가 무자력자인 경우에는 법정대리인 또는 보호자가 환
자의 진료보수에 대한 보증 또는 연대책임을 부담하는 것으
로 해결할 수 있다.301) 실제로는 대부분의 경우 병원은 환자
의 법정대리인 또는 보호자로부터 보증약정을 받음으로써 해
결하고 있다. 보증약정을 한 자가 환자의 법정대리인 또는
부양의무자인 경우에는 문제가 되지 않는다.302)

---

301) 筋 立明·中井美雄, 医療過誤法入門, 52面; 石熙泰, 醫師와 患者의
　　　基礎的 法律關係, 175쪽; 同, 醫療契約(上), 37쪽; 姜南鎭, 醫療契約
　　　當事者의 法律關係에 관한 研究, 12쪽.
302) 金天秀, 診療契約, 164쪽.

법정대리인도 부양의무자도 아닌 단순한 동반자인 경우라도 환자의 치료비 등에 대하여 명백한 의사표시에 의해 진료보수의 지급을 보증하거나 연대하여 책임을 부담한다는 계약을 체결한다면 보통의 보증과 다르지 않기 때문에 유효하다고 생각된다.303) 이러한 지급을 약속한 타인은 계약당사자로서 의료계약에 참여하는 것이 아니라 진료보수지급에 관한 효력만을 갖는 독립된 계약을 체결한 것으로 보아야 한다.

뿐만 아니라 각종 사고의 가해자가 환자를 병원에 이송하여 진료를 의뢰한 경우에는 당해 환자의 치료비에 대한 보증을 하지 않았더라도 반대의 의사를 명백히 표시하지 않는 한 환자와 연대하여 진료보수지급의 책임을 부담해야 하므로,304) 각종 사고의 가해자에 대해서 진료보수를 청구할 수 있다.

(b) 診療報酬請求權의 代位行使

(ⅰ) 扶養請求權의 代位行使

부양의무자에 대한 피부양자의 부양청구권은 일신전속권이다. 이러한 부양청구권은 귀속상의 일신전속권305)이지만 그 행사도 일신전속권인지는 불분명하다.306) 환자의 부양채권은

---

303) 특히 부양의무가 없는 형제자매 또는 친인척관계에 있는 자인 경우에는 더욱 의심할 여지가 없다. 또한 그러한 자들의 보증을 유효한 것으로 인정한다 하더라도 당사자 사이에 신의칙상 수인하기 어려운 정도로 치료비가 확대되는 경우에는 계약의 해지가 가능하기 때문에, 보증을 한 제3자가 이를 해지하기 전까지는 유효한 보증으로 할 수 있다(대판 1978. 03. 28. [77다2298]).

304) 대판 1980. 10. 14. [80다1779].

305) 郭潤直, 債權總論(新訂 修正版), 博英社, 2000, 178쪽.

압류금지채권307)이기는 하지만 부양의무자의 생활형편이나 기타의 사정을 고려하여 이를 압류의 대상으로 할 수 있다.308) 따라서 무자력인 환자에 대하여 의사는 그 환자의 부양채권을 대위행사 하여 그 보수채권의 변제를 받을 수 있도록 하는 것이 타당하다.309)

(ⅱ) 患者의 損害賠償請求權의 代位行使

환자가 무자력이지만 타인에 대하여 손해배상채권을 가지고 있는 경우에 의사는 환자의 손해배상채권을 대위행사 하여 치료비 등의 진료보수채권의 이행을 확보할 수 있다. 판례도 피해자인 환자의 국가배상청구권을 압류하거나, 피해자인 환자가 입은 손해를 배상할 의무 있는 자에 대한 손해배상청구권을 대위행사 하는 것이 가능하다고 하고 있다.310) 따라서 환자가 무자력인 경우라 하더라도 그가 국가 또는 제3자에 대한 손해배상채권을 가지고 있는 경우에는 이를 대위행사 함으로써 진료보수채권의 이행을 확보할 수 있다.

(c) 日常家事代理權에 의한 配偶者에 대한 診療費支給請求

환자의 배우자가 환자를 대신하여 의료계약을 체결한 경우에는 일상가사대리권의 범위에 포함되어 배우자가 연대책임을 부담한다.311) 그러나 환자의 배우자가 진료를 의뢰하지

---

306) 金天秀, 診療契約, 164쪽.
307) 민사집행법 제246조 제1항 제1호.
308) 민사집행법 제246조 제2항
309) 金天秀, 診療契約, 165쪽.
310) 대판 1981. 6. 23. [80다1351]; 대구고판 1980. 1. 31. [79나483].

않은 경우에는 부양의무의 이행을 청구하여 진료급부의 이행을 확보할 수 있을 것이다. 다만, 판례는 "부부간의 상호 부양의무는 부부 중 일방에게 부양의 필요가 생겼을 때 발생하는 것이기는 하지만 이에 터 잡아 부양료의 지급을 구함에 있어서는 그 성질상 부양의무자가 부양권리자로부터 그 재판상 또는 재판 외에서 부양의 청구를 받고도 이를 이행하지 않음으로써 이행지체에 빠진 이후의 분에 대한 부양료의 지급을 구할 수 있음에 그치고 그 이행청구를 받기 전의 부양료에 대하여는 이를 청구할 수 없다고 해석함이 형평에 맞는다고 할 것이다"라고 하여,[312] 이행청구 전의 부양료에 대한 지급청구에 대해서는 소극적인 입장을 보이고 있다.

(d) 第3者의 救助活動 또는 好意에 의한 醫療의 경우

길가는 행인·경찰관·소방관 등 환자와 아무 관련이 없거나 직무상 공무원이 직무집행의 일환으로 응급을 요하는 환자를 위해 진료를 의뢰한 경우에는 환자가 무자력이라 하더라도 응급의료에관한법률 제22조의 규정에 의해 응급의료기금에서 대불하고, 환자 본인·부양의무자·법령에 의한 진료비부담의무자에게 구상할 수 있도록 하고 있다. 따라서 이러한 경우에는 원칙적으로 환자 또는 부양의무자에 대하여 진료보수를 청구할 수 있지만, 환자 또는 부양의무자가 무자력인 경우에는 응급의료기금에 대하여 진료보수의 대불을 청구할 수 있다.

---

311) 金天秀, 診療契約, 165쪽.
312) 대판 1991. 10. 8. [90므781·798(반심)].

2. 治療特權 또는 裁量權

의료의 대상이 되는 病傷은 항상 진행성과 변화성을 가지기 때문에 그것에 대응하는 방법도 가변적일 수밖에 없다. 또한 의사에 의해 행해지는 의료행위는 특수한 지식, 경험 및 기술 등을 사용하는 고도의 전문적인 행위이다. 따라서 환자의 상태에 따라 여러 가지 방법의 선택가능성이 있을 때 재량권의 문제가 나타나는데, 재량권은 환자에 대한 설명의무와 무관하지 않다. 왜냐하면 당해 의료행위에 대해 의사는 환자에게 설명을 하여 동의를 얻어야 하고, 설명의무를 이행하지 않은 경우에는 전단적 진료가 되어 불법행위법상의 책임을 부담하기 때문이다. 따라서 법적인 관점에서의 재량권은 과실이 없는 범위 내에서 인정된다.[313) 의사의 재량권은 의학의 전문성과 관련하여 폭넓게 인정되어 왔으나, 오늘날에 와서는 환자의 자기결정권 또는 알권리 등의 기본권의 충족이 점점 더 요구되어 왔다. 그에 따라서 의사의 치료특권 또는 재량권의 범위를 제한하려는 견해가 주장되고 있다.[314)

일반적으로 의료행위에 대하여 환자의 동의가 우선하는 경우로는 ① 위험을 동반한 진료의 경우, ② 불가역적인 변화가 예상되는 진료의 경우,[315) ③ 환자의 치료에 악결과를 초래할 가능성이 있는 경우[316) 등을 들 수 있고, 재량권이 우선하는

---

313) 文國鎭, 醫療法學, 74~75쪽.
314) 金天秀, 診療에 대한 說明과 同意의 法理, 5쪽.
315) 예컨대, 신체의 일부의 절단 또는 장기의 제거, 낙태, 거세, 성전환수술 등과 같이 의료행위가 일단 시행되게 되면 되돌릴 수 없는 의료행위 등을 들 수 있다.

170

경우로는 ① 환자의 病傷의 응급성으로 인해 설명을 하여 동의를 얻을 시간적인 여유가 없는 경우, ② 간단한 처치로 복원이 가능하며 위험의 가능성이 없는 진료를 들 수 있다.317)

일본에서는 1975년 이후 판례에 의해서 의사의 재량론이 언급되어 왔고, 그에 따라서 학계에서 이에 대한 견해들이 나오기 시작하였다.318) 최근에는 미국에서도 의료의 태양이나 의사와 환자관계의 성격 등에 따라 ① 사회정책상 부과되는 설명의무, ② 일반적으로 유형화된 설명의무 및 ③ 그 밖의 경우로 나누고, 각각의 경우에 대해 상세하게 그 기준을 세분화하고 있는 문헌들도 나오고 있다.319) 따라서 의사의 설명의무와 관련하여서는 개별적·구체적 상황에 따라 대응해야 될 필요성이 있으며, 결국 의사의 치료특권 또는 재량

---

316) 이러한 예로는 환자의 병명이 암으로 진단된 경우 환자에게 사실대로 설명을 하여야 할 것인지, 아니면 암보다 가벼운 병으로 설명을 하고 계속해서 진료를 받게 하여야 하는지 문제가 있다. 서구의 선진국에서는 환자 자율성을 존중해 본인에게 말기암 사실을 통보하는 경향이 강한 반면 우리나라에서는 환자가 알고 싶어 하지 않을 것이라고 가정해 환자에게 알리지 않는 경향이 강했고, 이 경우 의사의 치료특권의 범위에 포함된다는 생각이 지배적이었다. 그러나 오늘날 우리나라에서도 "여생을 정리할 시간적 여유"와 "환자의 알 권리"를 들어 환자 본인의 경우에는 96%가, 환자가족의 경우에는 77%가 암이 말기(末期)라는 사실을 알려주기를 원하는 것으로 나타났다(문화일보, 2004. 1. 31.)
317) 文國鎭, 醫療法學, 76~77쪽.
318) 吉田邦彦, 近時のインフォームド・コンセント論くの一疑問－日本の医療現場の法政策的考察を中心として一, 民商法雑誌 第110卷 第3号, 402面.
319) E. g., J. Katz, Physician-Patient Encounters "On a Darkling Plain", 9 W. New. ENG. L. Rew. 207, at 221~223(1987); P. Schuck, Rethinking Informed Consent, 103 YALE L. J. 899, at 955~956(1994).

권과 환자의 설명과 동의와의 관계는 당해 의료행위가 고도의 위험성을 내포하고 있어서 불가역적인 변화가 예상되는 등의 경우에는 의사의 환자에 대한 설명의무가 반드시 이행되어야 하고, 그 이외의 경우에 한하여 의사의 재량권이 우선하는 상대적인 관계에 있다.

3. 기타의 權利

그 밖의 의료행위에 있어서 의사에게 인정되는 권리로는 ① 진단 및 치료에 들어가기에 앞서 환자의 증상, 과거의 병력, 특이체질 등의 여부 등을 물을 수 있는 문진권, ② 정당한 사유가 있는 경우의 진료거부권 외에도, 의료법상 ③ 의료기술의 시행에 대한 간섭배제 및 의료시설물 등의 파괴·손상·점거로 인한 진료방해배제청구권(의료법 제12조), ④ 의료기재의 압류금지 및 기구 등의 우선공급청구권(의료법 제13조, 제14조) 등이 있다.

Ⅱ. 醫師의 義務

1. 診療義務

의료계약에 있어서 의사 측의 주된 급부의무는 환자에 대한 진단·주사·투약·수술·수혈·방사선치료 등의 진단과 치료 및 기타의 의료처치를 해야 하는 진료의무이다.320) 또

172

한 보건의료기본법(제5조 제2항)·의료법(제16조 제1항)·응
급의료에관한법률(제6조) 등의 법률규정에 의해 강제되는 의
사의 진료거부금지의무는 공법상의 의무이기는 하지만, 민법
의 특별법으로 이해하는 한 사법상의 의료계약에 대해서도
그 효력이 인정된다.321) 뿐만 아니라 의사가 진료거부를 한
경우에는 의료계약상의 채무를 이행하지 않은 것이 되므로
당해 진료거부가 정당한 사유에 기한 것이었다는 것을 구체
적으로 주장·입증하여야 한다. 따라서 의사가 진료를 거부
한 경우에 환자의 의사에 대한 손해배상청구사건에 있어서는
입증책임이 전환된다.322)

---

320) 金天秀, 診療契約, 157쪽; 崔載千·朴永浩, 의료과실과 의료소송,
    186~187쪽; 石熙泰, 醫療契約(下), 64쪽; 金玟中, 醫療行爲에서의
    法律問題와 醫師의 責任(上), 80쪽; 同, 醫療契約, 40쪽 등.
    특히 진료거부금지규정을 규정하고 있는 의료법 제16조와 공법상
    의 의무이기는 하지만, 동 규정을 위반한 의사에게는 동법 제68조
    의 규정에 의해 1년 이하의 징역 또는 300만 원 이하의 벌금형이
    부과되고, 법인의 대표자나 법인 또는 개인의 대리인·사용인 기
    타 종사원이 그 법인 또는 개인의 업무에 관하여 제16조의 규정
    을 위반한 경우에는 동법 제70조의 규정에 의해 당행 의료를 거
    부한 의료인뿐만 아니라 법인의 대표 또는 대리인에 대해서도 벌
    금형을 과할 수 있도록 하는 양벌규정을 두고 있다. 또한 응급의
    료에관한법률 제6조에 의해 응급의료의 거부금지 등의 의무가 부
    과되고, 응급의료를 거부한 경우에는 진료를 거부한 의사에게는
    응급의료에관한법률 제60조 제2항 제1호의 규정에 의해 3년 이하
    의 징역 또는 1천만 원 이하의 벌금에 처해지고, 동법 제61조는
    의료법과 마찬가지의 양벌규정을 두고 있다. 또한 응급의료에관한
    법률시행규칙 제51조의 별표 16의 기준에 따라 의사에게는 면허
    또는 자격의 정지·취소, 법인인 의료기관의 경우에는 업무정지의
    행정처분이 따른다.
321) 深谷 翼, 医療關係者のための医療事故と法的責任, 南山堂, 1994,
    39~40面.
322) 植木 哲·齋藤ともよ·平井 滿·東 幸生·平栗 勳, CASE 医療判

　　진료의무는 의사와 환자 사이에 체결된 의료계약에서 합의한 목적에 따라 현대의학이 인정하는 의학지식 및 진료방법을 사용하고,[323] 선량한 주의의무를 가지고 진료를 행할 의무를 부담하는 수단채무이다.[324] 의료계약의 체결에 있어서 의사와 환자 사이에 완치의 특약이 있다고 하더라도 의료행위는 학문상 또는 기술상의 한계를 가지고 있으므로 질병의 완전치유를 실현하는 것이 보장되지 않는다. 그러므로 완치의 특약이 있다고 하더라도 그 특약은 당대의 의학·의료수준에 비추어 당연하고도 충분한 의료행위를 할 것을 한계로 한다.[325] 다만, 기존의 의치의 교체라든가 의수·의족 등의 교체의 경우와 같이 환자의 신체에 적합한 의료용기구의 제거와 삽입과 같은 단순한 목적을 가진 의료계약에 있어서는 도급으로서의 성질을 갖는다고 인정되기 때문에 구체적인 상황에 따라서 그 성질이 결정되는 경우도 있을 것이다.[326]

　　例ガイド, 23面.

323) 菅野耕毅, 医療契約法の理論, 119面.

324) 진료의무의 성질을 위임계약으로 보기 때문에 수단채무성이 인정된다고 하는 견해(崔載千·朴永浩, 의료과실과 의료소송, 188쪽)는 옳지 않다고 생각된다. 왜냐하면 의료계약의 본질을 위임이 아닌 다른 계약으로 보거나, 장래 의료계약이라는 하나의 전형계약이 인정된다고 할 경우에도 의사의 환자에 대한 진료채무의 수단채무성에 변함이 없을 것이고, 발치·보철·의치 등의 치료행위와 미용성형수술·불임수술·임신중절수술 등과 같이 도급적 요소가 있는 의료행위라 하더라도 인체에 대해 시행되는 의료행위는 그 결과를 언제나 보장할 수는 없기 때문이다.
학설·판례 모두 의사의 환자에 대한 진료채무가 수단채무라는 데에는 異說이 없다(대판 1988. 12. 13. [85다카1491]; 대판 1993. 7. 27. [92다15031]; 石熙泰, 醫療契約(下), 65쪽; 金玟中, 醫療行爲에서의 法律問題와 醫師의 責任(上), 77쪽; 金天秀, 診療契約, 157쪽 등).

325) 石熙泰, 醫療契約(下), 65쪽.

174

그러므로 의료계약에 있어서 의사에게 요구되는 주의의무의 범위는 매우 개괄적이고 추상적인 것이고,327) 처음부터 명확한 것이 아니기 때문에 환자의 병적 증상에 따라 진단과 치료행위 등의 실시를 통하여 구체화된다.

(가) 診療義務의 範圍

의사가 환자에 대하여 부담하는 진료의무는 진료 시의 의학상의 일반적인 과학준칙을 준수하여야 하는 의학준칙에 따라 그 구체적인 내용이 결정된다.328) 그러므로 의학준칙에 따른 진단을 통하여 질병의 원인이 분명하게 되면 그에 대응하는 적절한 치료방법도 특정화됨으로써 진료의무의 내용도 명확하게 된다. 다만, 진료 중에 다른 질병이 존재함을 알게 된 경우에는 그 질병의 치료는 처음의 질병과 밀접불가분의 관계에 있다고 하더라도 이는 진료범위의 확대 또는 추가이다.329) 따라서 환자와의 사이에 새로운 합의가 없는 한 진료의 범위에 들어가지 않는다.

(나) 診療義務의 基準

의사가 진료의무를 이행하는 데 있어서 그 방법과 주의의무의 정도는 어떠한 것인지가 진료의무의 기준이다. 의사는

---

326) 趙炳元, 醫師와 患者의 法律關係, 521쪽 이하.
327) 石熙泰, 醫療契約(下), 65쪽.
328) 金天秀, 診療契約, 157쪽.
329) 菅野耕毅, 医療契約法の理論, 119~120面.

선량한 관리자로서의 주의를 기울여 진료의무를 이행하여야
하고(민법 제681조), 이러한 의사의 주의의무는 전문가로서의
주의의무이다.330) 오늘날 의사의 주의의무의 기준으로서 의
료수준이 그 기준으로 제시되고 있다.

(a) 診療義務에 있어서 基準이 되는 醫學的 水準

의사의 주의의무는 의학적 수준론331)으로 설명할 수 있지
만, 의학적 수준론은 의학과 의료의 차이를 고려하지 않고
의료의 실태와 괴리된 고도의 의학지식과 주의의무를 요구하
는 것일 수도 있다. 이러한 의료수준론은 일본의 일적고산병
원미숙아망막증사건 및 장기시민병원미숙아망막증사건의 판
례비평을 계기로 「학문에 있어서의 의학수준」과 「실천에 있
어서의 의학수준」은 구별되어야 한다는 松倉豊治의 주장에서

---

330) 金天秀, 診療契約, 158쪽.
331) 일본에서 의료계약의 선관주의의무의 기준은 「환자의 생명·신체
　　에 대한 위험을 방지하기 위한 매우 깊은 정도의 주의」를 인정한
　　판례(福岡地判 昭和 15(1940). 12. 6.)를 시작으로, 「인간의 생명
　　및 건강을 관리할 업무에 종사하는 자는 그의 업무의 성격에 비
　　추어 위험방지를 위한 실험상 필요한 최선의 주의의무가 요구된
　　다」는 일본 최고재판소의 판례(最高判 昭和 36(1961). 2. 16. 東大
　　病院輸血梅毒事件)가 그 일반적 기준을 제시하였고, 「그 실험상
　　필요로 되는 최선의 주의의무」를 인용하여 그 구체적 내용으로 「치
　　료방법의 내용 및 정도에 대하여는 진료당시의 의학적 지식에 기
　　해 그 효과와 부작용 등 모든 사정을 고려하여 만전의 주의를 기
　　울여, 그 치료를 실시하지 않으면 않된다」고 판시하였다(最高判
　　昭和 44(1969). 2. 6.). 그러한 최고재판소의 판결에 근거하여 하급
　　심 판결들은 「당시의 의학계의 일반수준」, 「평균적 의사가 가진
　　의학상의 지식」, 「현재의 의학수준」, 「의학의 수준에서 보아 당연
　　히 기울여야 할 倶摯한 노력」 등의 의학적 수준론이 전개되어 왔
　　었다(菅野耕毅, 医療契約法の理論, 120面).

176

시작되었다.332)

「학문으로서의 의학수준」은 장래에 일반화를 목표로 진행
되는 연구수준이고, 「실천으로서의 의학수준」은 현재 일반보
편화되어 의료행위에 있어서 실시목표로서의 의료수준이다.
따라서 학문으로서의 의학수준은 기술과 시설의 개선, 경험
적 연구의 축적 및 의사의 수련 등을 거쳐 일반화된 의료수
준으로 移行하는 경우가 많기는 하지만, 의료수준으로의 이
행이 없이 끝난 것도 많다.333)

이러한 의료수준은 구체적 내용이 분명하지 않다는 문제가
있다. 그래서 최근에는 의료계약상의 의무로서 의사 또는 의
료기관에 대하여 요구되는 의료수준을 결정하는 때에는 의료
기관의 성격, 소재지역의 의료환경의 특성 등을 고려하여야
하고, 어느 치료방법이 유사한 특성을 갖춘 의료기관에 상당
정도 보급되고 있는 방법이라면 특별한 사정이 없는 한 그러
한 방법은 당해 진료기관의 의료수준이 된다. 따라서 의료기
관에 의해 제공되는 의료의 내용에는 차이가 있음이 인정되
고, 의료기술이 높다고 기대되는 의료기관은 그만큼 환자에
대하여 당해 의료기관의 수준에 상응하는 의료를 제공할 의
무가 있다.334) 이는 환자의 의료기관에 대한 기대와 의료관
계자의 의식 또는 의료기관의 성질에 따라 기능의 분담이 이
루어지는 것이고, 당해 의료기관이 의료수준에 따른 치료를
할 수 없는 경우에는 전원권고의 의무를 부담한다는 실질적

---

332) 松倉豊治, 未熟兒網膜症による失明判例といわゆる「現代医學の水準」,
   判例タイムズ 第311号, 61面 이하; 手嶋 豊, 医師の責任, 318面.
333) 菅野耕毅, 医療契約法の理論, 121面.
334) 手嶋 豊, 医師の責任, 318面.

증거를 부여하는 것으로 된다.335) 그러므로 대학병원 등의 의료와 개인개업의의 의료의 격차는 진료의 실정과 관련하여 의료수준을 좌우하는 것은 아니지만, 전문 外 또는 시설·인원의 불비 등의 사유로 인해 적절한 진료를 실시할 수 없는 경우에는 적절한 의료행위를 실시할 수 있는 의료기관에 전원시킬 주의의무가 있다.336)

결국 의사의 주의의무와 관련하여 말하는 의학이라 함은 이른바 임상의학을 가리킨다.337) 임상의학은 통상의 의사에게 일반적으로 알려져서 승인되고 있는 의학이기 때문에 일부의 대학이나 연구소 또는 병원 등에서만 알려져 있는 의학을 기준으로 해서는 안 된다. 한편 통상의 의사라고 하더라도 일반의와 전문의 사이에는 주의의무의 정도에 차이가 있으며, 전문의라고 하더라도 전문분야에 따라 주의의무의 내용이 달라지게 된다. 그러나 모든 의사는 기본적인 의학지식과 기술을 갖추고 있어야 한다. 예컨대 의사는 생명에 危害를 초래할 우려가 있는 상황을 인식하고, 그 질병이 비록 자기의 전문영역에 속하지 않는다고 하더라도 긴급처치자로서

---

335) 最高判 第三小法庭 昭和 60(1985). 3. 26, 民集 第39卷 第2号, 125面. 이 판결은 미숙아 망막증에 대하여 병원에 광응고법의 수술을 위한 의료기계가 없고, 출생아의 안전검사를 담당한 안과의사가 미숙아망막증의 진단치료의 경험이 없었으며, 검사 시 이상을 느꼈음에도 불구하고 즉시 적절한 다른 전문의에 의한 진단과 치료를 받도록 하는 조치를 취하지 않았기 때문에 실명하기에 이른 경우 당해 안과의사에게 전원 또는 전의의무를 하지 않았기 때문에 과실이 인정된 사례이다.

336) 菅野耕毅, 医療契約法の理論, 121面.

337) 權五乘, 民法特講, 弘文社, 1995, 622쪽; 대판 2000. 1. 21. [98다50586]; 대판 1994. 4. 26. [93다59304] 등.

일정한 범위 내의 응급조치를 강구한 뒤에 그 환자를 다른 병원으로 이송하여야 한다. 그리고 의사는 그의 전문영역에 관해서는 일상 통용되고 있는 진료 및 치료방법에 숙달하고 있어야 하며, 자기 능력의 한계를 적절히 평가할 수 있어야 한다. 그러나 환자를 다른 병원에 이송하는 것이 의학상 현저한 불이익을 초래하게 될 우려가 있는 경우에는 그러한 의무가 완화 또는 면책된다.338)

(b) 醫師의 硏鑽義務

의학은 계속적으로 발전해가고 있기 때문에 명확한 기준을 설정할 수 없는 것이 사실이다. 따라서 의사는 연찬의무를 게을리 해서도 안 될 것이다. 왜냐하면 의료수준론은 일의적으로 명확하게 그 구분을 단정 지을 수 없으며, 의료수준이 규범개념임에 관계없이 연찬의무를 어떻게 위치시킬 것인지에 대한 충분한 논의를 하지 않은 채, 의료수준을 설정하는데에 진료방법의 보급도 또는 정착도에만 가치를 둔다면, 새로운 진료방법에 대한 의사의 연찬의무가 경시되고, 발전하는 의료의 현실과 적합하지 않게 될 우려가 있다는 비판을 피할 수 없을 것이다.339)

따라서 의사는 과거에 배운 의료수준에 안주해서는 안 되고, 끊임없이 진보해 가는 의학, 즉 의료수준을 흡수할 것이 요구되며, 이에 위배되면 주의의무의 위반이 있는 것으로 된다.340) 그리고 당시의 의학수준은 당해 분야의 전문서적을

---

338) 權五乘, 民法特講, 626쪽.
339) 菅野耕毅, 医療契約法の理論, 122面.

기준으로 판단하기 때문에 의사는 당해 분야의 전문서적에 의존하면 된다.341)

(c) 醫療水準과 醫療慣行

통상의 의사에게 일반적으로 승인되고 있는 의학이 의사의 과실판단의 기준이 되기 때문에 어떤 의사가 그 분야에서 통상 행해지고 있는 관행에 따라 진료를 한 경우에는 일응 주의의무를 다하였다고 해야 할 것이다. 그러나 의료행위에 있어서 의료수준이 나날이 발전하고 있기 때문에 의료관행에 절대적인 신뢰를 부여하는 것은 곤란하며,342) 다만 과실의 경중 및 그 정도를 판단함에 있어서 참작할 사항에 지나지 않는다.343) 따라서 의료관행은 그 자체로는 의료수준이 아니고, 의료관행도 의료행위에 관한 것인 한 당시의 표준적인 의학을 기준으로 판단하여야 한다.344)

(다) 診療義務의 履行期

의료계약의 이행기에 관하여 민법의 일반규정(민법 제387조 제3항)에 의하면 이행기를 정한 경우에는 그 기한 도래시, 이행기를 정하지 않은 경우에는 의사가 그 기한이 도래

---

340) 申殷周, 醫療過誤에 있어서 立證責任에 관한 硏究, 慶熙大學校 法學博士學位論文, 1992. 2, 17쪽.
341) 權五乘, 民法特講, 624쪽.
342) 대판 1998. 2. 27. [97도2812].
343) 最高判 1961. 2. 16. (オ) 1065 判決(民集 第15卷 1號, 244面).
344) 사법연수원, 의료과오 손해배상, 60쪽.

180

하였음을 안 때 또는 환자가 최고한 때, 기한을 정하지 않은 경우에는 환자 측이 진료를 요청한 때라고 할 수 있다.

따라서 현실적으로 초진인 경우에는 환자가 예약을 한 시점 또는 접수창구에서 직접 진료를 요청한 시점이 진료의무의 이행기가 될 것이다. 그러나 계속적 의료계약관계에 있어서는 의료의 특성으로 인해, 환자의 병적 증상의 정도와 변화의 상황에 따라 의학적인 관점에서 적절한 시기가 의사의 진료의무의 이행기로 되는 경우라고 할 수 있다.345)

2. 診療義務의 履行에 따른 附隨義務

진료의무를 이행함에 있어서는 주된 급부의무인 진료의무에 수반하여 의사는 환자에 대하여 ① 설명의무, ② 요양지도의무, ③ 전원권고의무 등이 있다. 이러한 의무는 진료의무이행의 완전성에 기여하는 의무로서 주된 급부의무인 진료의무의 부수의무346) 또는 종속적 부수의무라는 말로 표현되기도 한다.347) 이러한 종속적 부수의무는 진료의무의 완전성에 기여하는 의무이기 때문에 이를 위반하게 되면 의사에게는 과실이 있게 되어 의사는 의료계약상의 채무불이행책임을 부담하게 된다.

(가) 說明義務 및 患者의 同意를 얻을 義務

---

345) 菅野耕毅, 医療契約法の理論, 123面.
346) 石熙泰, 醫療契約(下), 66쪽.
347) 金天秀, 診療契約, 158쪽.

(a) 醫療契約과 說明義務의 關係348)

의사가 의료계약의 주된 급부의무인 진료의무를 이행함에 있어서 환자에 대하여 설명을 하고 동의를 얻어야 한다는 데에는 이설이 없다. 따라서 의사는 환자에 대해 침습·고통·장해 등을 수반하는 진료행위를 할 경우에는 일정한 진료행위마다 사전에 환자의 동의를 받을 의무가 있고,349) 그러한 의무도 의료계약의 내용 중에 포함되어 있는 것으로 해석된다.350) 그러나 의사의 설명의무의 이행과 환자의 동의에 관해서는 그 법적 효과 등을 기준으로 학자에 따라서 각기 다른 구분을 하고 있다.

---

348) 의사의 환자에 대한 설명의무는 2000년 1월에 제정된 보건의료기본법 제11조에서 환자의 알권리(특히 동법 제2항)를, 제12조에서 환자의 자기결정권을 명문으로 인정함으로써 환자의 알권리와 자기결정권의 보장을 위한 의사의 설명의무에 대한 실체법상의 근거가 입법적으로 해결되었다.

설명의무를 구분하는 데에는 많은 견해가 있지만, 설명의무 자체가 독립된 손해배상청구권의 대상이 되는 독립적 부수의무로서의 설명의무(알권리 또는 환자의 자기결정권의 보장을 위한 조언설명과 고지설명)와 종속적 부수의무(지도설명, 안전설명 및 전의 또는 전원을 전제로 하는 설명의무)로 나눌 수 있다. 구체적인 경우에 있어서는 설명의무위반이 불법행위법상 또는 계약법상의 책임과 중첩되기 때문에 그 구별은 구체적 사안에 따라서 살펴보아야 할 것이다. 그러나 설명의무의 위반이 불법행위법상의 책임만을 부담하는 경우인지 또는 채무불이행책임도 부담하는 경우인지를 엄밀하게 구분한다는 것은 거의 불가능에 가깝다고 생각된다. 따라서 이 연구에서는 후술하는 것과 같이 양성책임설에 따른다(기타 설명의무의 자세한 내용은 金天秀, 診療에 대한 說明과 同意의 法理; 李德煥, 民法上 醫師의 說明義務法理에 관한 研究 등 참조).

349) 崔載千·朴永浩, 의료과실과 의료소송, 190쪽.

350) 菅野耕毅, 医療契約法の理論, 123面.

（ⅰ）우리나라

우리나라에서 논해지고 있는 주요한 견해를 간략하게 정리해 보면, ① 진료를 위한 설명의무와 자기 결정을 위한 설명으로 나누는 견해,351) ② 설명의무·요양지도의무·전송의무의 요소가 혼합된 치료 또는 기타의 처치에 해당하는 조치를 취할 의료계약상의 의무인 조언의무, 승낙의 유효요건으로서의 설명의무(자기결정권의 행사요건으로 진료의무와 병존하는 독립한 하나의 계약상 급부의무) 및 진료과정 내지 진료종료 후의 투병·건강회복상의 수칙을 지시·권고할 요양지도의무(부수적 주의의무)로 나누는 견해,352) ③ 진료의무의 의무적합적 이행에 기여하는 지도설명의무(부수적 설명의무), 환자의 알권리에 기여하는 고지설명의무 및 환자의 자기결정권의 행사에 기여하는 것으로서의 조언설명의무(독립적 부수의무)로 나누는 견해,353) ④ 진료상의 설명의무(구두에 의한 치료행위 또는 진료행위로서의 설명)와 자기결정을 위한 설명의무로(자기결정을 위한 설명의무를 진단설명, 경과설명 및 위험설명으로 세분) 구분하는 견해,354) ⑤ 자기결정설명(자기결정설명을 다시 진단설명, 경과설명 및 위험설명으로 세분), 안전설명 및 기타의 설명(경제적 측면에 대한 설명과 불임수술 시의 설명의무를 예시하고 있음)으로 나누는 견해355) 등이 있다.

---

351) 文國鎭, 醫療法學, 63쪽.
352) 石熙泰, 醫療契約(下), 66면.
353) 金天秀, 診療에 대한 說明과 同意의 法理, 130쪽 이하.
354) 金玟中, 醫療契約, 42~43쪽.
355) 李德煥, 民法上 醫師의 說明義務法理에 관한 研究,, 84~100쪽.

（ⅱ）日　本

일본에 있어서는 ① 환자의 승낙을 얻기 위한 설명과 요양지도로서의 설명의무로 나누는 견해,356) ② (a) 환자의 승낙의 전제로서의 설명의무, (b) 진료결과보고의무(日民法 제645, 제656조)로서의 설명의무, (c) 진료지도의무로서의 설명의무, (d) 전원권고의무로서의 설명의무로 나누고, (a), (b), (d)의 설명의무는 환자의 자기결정권에 대응하는 것이고, (c), (d)의 설명의무는 진료행위의 내용을 이루는 설명의무로 구분하는 견해357), ③ 환자의 승낙의 유효요건으로서의 설명의무와 결과회피의무의 내용으로서의 설명의무로 나누는 견해358) 등이 있으나 일본에서는 ①의 견해가 다수의 지지를 받고 있다.359)

（ⅲ）獨　逸

독일에서는 진단설명, 경과설명, 위험설명 및 사후설명으로 구분하는 견해,360) 치료적 설명과 안전설명으로 구분하는 견해, 자기결정설명의무와 진료상의 설명의무로 구분하고 전자에 진단설명·경과설명·위험설명을 포함시키고, 후자에 치료적 설명 또는 안전설명 등을 논하는 견해361) 등이 있다. 또한 독일에서는 고지설명을 구분하지 않고 자기결정설명의

---

356) 大谷 實, 医療行爲と法, 102面; 手嶋 豊, 医師の責任, 321面.
357) 菅野耕毅, 医療契約法の理論, 124面.
358) 野田寬, 最近の医療過誤訴訟の動向, ジユリスト 第724号, 10面; 西井龍生, 医療契約と医療過誤訴訟, 166面.
359) 手嶋 豊, 医師の責任, 321面.
360) Deutsch, Das therapeutische Privileg des Arztes: Nichtaufklärung zugunsten des Patienten, NJW 1980, 1305, 1306.
361) Laufs, Arztrecht, S. 89ff.

184

무에 포함되는 진단설명이라는 용어를 사용하고 있으며, 조
언설명에 해당하는 개념이 자기결정설명의무이므로 자기결정
설명에 포함되는 진단설명·경과설명·위험설명 중 진단설명
은 고지설명에 포함시키고 경과설명과 위험설명을 조언설명
에 해당하는 것으로 볼 수 있다고 한다.362)

(b) 診療義務의 履行으로서의 說明義務

위에서 살펴본 우리나라와 일본 및 독일의 학설들을 종합
하여 보면 크게 나누어 환자의 알 권리 또는 자기결정권의
보장을 위한 설명의무와 진료의무로서의 설명의무로 나누어
볼 수 있다. 그중에서 진료의무의 이행으로서의 설명의무로
는 지도설명의무 또는 요양지도로서의 설명의무와 전원권고
의무로서의 설명의무가 포함되고, 이 경우의 설명의무는 진
료행위의 내용을 이루는 것으로서의 설명의무이다.363)

(ⅰ) 療養指導說明義務

의사는 진료과정 및 진료 종료 후에 진료목적의 최대실현
을 위해 환자 및 그 보호자에게 환자의 적절한 영양섭취·약
복용·운동 및 과로금지·醫師訪問 등 투병상 내지 건강회복
상의 수칙을 지시·권고할 의무가 있다.364) 이러한 의사의
요양지도의무는 의사와 환자 사이의 의료계약은 환자에게는

---

362) 金天秀, 診療契約, 162쪽.
363) 菅野耕毅, 医療契約法の理論, 124面; 金天秀, 診療契約, 159~160쪽;
    石熙泰, 醫療契約(下), 66쪽; 金玟中, 醫療契約, 42쪽; 崔載千·朴永浩,
    의료과실과 의료소송, 191~192쪽 등.
364) 石熙泰, 醫療契約(下), 66쪽.

보다 좋은 의료서비스를 원하는 계약을 한 것이기 때문에 인정되는 의무이다.365) 뿐만 아니라 환자가 주의를 기울여야 할 증상과 염두에 두어야 할 위급한 위험에 대하여 설명을 하여야 하고, 치료 중이나 그 후에 치료의 부정적인 결과에 직면하여 어떻게 행동해야 할 것인가의 정보를 제공하여야 하며, 의료용구의 사용방법 및 그 사용상의 주의사항에 대한 설명도 해주어야 한다.366)

결국 요양지도설명의무는 환자의 승낙·선택이라고 하는 문제는 발생하지 않고 의료수준에 따라 그 내용이 결정된다.367) 또한 요양방법의 지도의무를 환자뿐만 아니라 그 보호자에 대해서도 이행하여야 한다(의료법 제22조). 요양방법의 지도를 환자의 보호자에게까지 확대하여 인정하는 이유는 환자가 거동을 하지 못하여 보호자의 보호가 절대적으로 필요한 경우에는 그 보호자에게 요양의 방법 또는 주의사항 등을 고지하여 환자의 적절한 요양을 가능하도록 하게 하고, 특히 결핵·간염·이질 등 전염성이 있는 질병을 가진 환자인 경우에는 그 가족 또는 제3자에 대한 추가감염 등의 예방을 위해 중요한 역할을 하기 때문이다.

(ii) 轉院 또는 轉醫의 전제로서의 說明義務

전원 또는 전의를 전제로 하는 설명은 ① 당해 의사 또는 의료기관이 제공할 수 있는 의료의 내용이 환자의 病狀에 요

---

365) 菅野耕毅, 医療契約法の理論, 124~125面.
366) 金天秀, 診療契約, 159~160쪽.
367) 手嶋 豊, 医師の責任, 322面.

구되는 의료수준보다 낮아서 환자에게 적합한 의료수준을 갖춘 의사에게 전송하기 위하여 이루어지는 설명과, ② 당해 의사 내지 의료기관도 환자의 질병에 대한 의료를 제공할 수는 있으나 보다 높은 안전성·확실성 등의 이유로 보다 높은 의료수준을 갖춘 의료기관에서 환자에 대한 의료가 실시될 수 있는 기회를 제공하기 위한 설명의무를 생각할 수 있다.368) 전자의 설명의무는 의료수준의 문제로서 긴급을 요하는 등의 특별한 사유가 없는 한 전원 또는 전의를 해야 할 의무를 부담하는 것으로서 진료의무의 내용에 포함되고, 이를 위반하게 되면 과실 있는 의료행위로서 의료계약상의 채무불이행책임을 부담하게 된다.369) 그러나 후자370)의 경우에는 원칙적으로 환자에게 보다 낳은 수진기회의 보장을 위하여 환자의 자기결정에 의한 선택의 기회를 제공하는 기능을 발휘하는 설명의무이다.371)

또한 전원 또는 전의에 부수하여 의사는 당해 환자의 진료에 있어서 취득한 정보 중 이후의 진료에 필요한 것을 전의 또는 전원 하는 의료기관에 환자를 통하여 또는 직접 통보할

---

368) 手嶋 豊, 医師の責任, 322面.
369) 金天秀, 診療契約, 160쪽.
370) 일본의 판례(最高判 二小法庭 昭和 61(1986). 5. 30)는 의료수준이 아닌 이상 효과가 있다는 것을 의사가 알고 있다고 하더라도 환자에게 알릴 의무는 없다고 판시하고 있다고 한다. 이에 대해서 환자 측의 요구에 정보를 특히 보류할 이유도 없음에도 불구하고 의사 스스로의 판단으로 환자로부터 신규치료를 받을 기회를 박탈할 권리는 없다는 이론이 강하게 대두되고 있으며, 그 근거를 신의칙상의 의무로부터 도출할 수 있다고 하고 있다(手嶋 豊, 医師の責任, 322面).
371) 菅野耕毅, 医療契約法の理論, 126面.

의무를 부담하고, 전원 하는 의료기관으로부터의 조회에 응할 의무를 부담한다. 뿐만 아니라 환자가 긴급한 처치를 요하는 경우, 환자의 용태가 전원에 견딜 수 없는 경우 및 당해 지역에 해당 전문의가 없는 경우에는 전문외의 환자라 하더라도 진료를 행하여야 한다.372) 이 점에 있어서는 우리나라373)보다는 일본이 보다 넓은 전원의무를 인정하고 있다.374)

(c) 說明義務의 當事者

의료법 제22조에서는 의사의 환자에 대한 설명의 수령자로 환자와 그 보호자를 규정하고 있다. 따라서 설명을 받을 수 있는 자는 원칙적으로는 환자 본인이고, 예외적으로 그 보호자가 설명을 받을 수 있다고 생각된다. 물론 의사의 환자에 대한 설명의무의 이행은 환자가 행위능력이 있는 자인가, 의사능력만을 가지고 있는 자인가 및 의사무능력자인가의 여부와 의사의 설명의무의 이행으로 인해 환자의 치료에 부정적인 영향을 미치는 경우와 같이 의사의 치료특권이 인정될 수 있는지 등의 구체적인 상황에 따라서 결정되는 경우도 있을 것이다.

환자 측 당사자로는 ① 원칙적으로 환자가 완전한 능력자인 경우에는 환자 본인이, ② 환자가 미성년자이거나 행위무

---

372) 이 경우에 전문외의 이유로 전원을 강행하는 경우 진료거부금지 규정의 위반이 되며, 당해 의사는 과실책임을 면할 수 없게 된다.
373) 우리나라 대법원은 종합병원으로 전원 할 것을 권유하였다면 그것으로 의사로서의 진료상의 의무를 다하였다고 하며, 나아가 의사가 환자나 그 가족들이 개인의원으로 전원 하는 것을 만류, 제지하거나 위 원고를 직접 종합병원으로 전원 하여야 할 의무까지는 없다고 하고 있다(대판 1996. 6. 25. [94다13046]).
374) 崔載千·朴永浩, 의료과실과 의료소송, 194쪽.

188

능력자이더라도 판단능력이 있는 경우에는 원칙적으로는 환자 본인이지만, 예외적으로 환자와 그 법정대리인 또는 후견인이 공동으로,375) ③ 환자가 의사능력이 없는 경우에는 원칙적으로는 법정대리인 또는 후견인이 당사자이다. 그러나 환자가 의사무능력자라 하더라도 가능한 한 당해 의료행위에 대하여 이해할 수 있는 방법과 내용의 설명을 하여야 하고, 환자가 의사무능력자라는 이유만으로 설명과 동의의 당사자에서 완전히 제외해서는 안 된다고 생각된다.

반대로 설명의무의 이행을 하여야 하는 자는 환자를 진료하는 당해 의사임은 당연하다. 그러나 오늘날 팀의료가 널리 이루어지고 있는데, 그러한 경우에 설명의무를 부담하는 자가 복수인 경우도 생길 수 있으므로 일률적으로 주치의가 설명의무를 부담하는 자라고 할 수 없는 경우도 발생할 것이다. 따라서 설명의무를 부담하는 의사는 명목상의 주치의가 아니라 의사와 환자의 실질적 관계에 의해 개별적으로 결정하여야 할 것이다.376) 그러므로 경우에 따라서는 특별한 사유가 없는 한 담당의사만이 설명을 하여야 하는 설명이 있고, 담당의사가 아닌 다른 의사 또는 이행보조자에게 설명의무를 이행하게 할 수 있는 설명의무가 있을 수 있다.

---

375) 이 경우에 있어서 환자가 동의능력이 있는 경우에는 환자 본인의 결정이 우선하지만, 환자의 자기결정권과 관련된 설명은 환자의 결정이 비합리적인 경우이거나 치료의 긴급성이 인정되는 등 예외적인 경우에는 법정대리인의 의사를 존중하여 "결정의 합리성" 과 "신중한 결정의 가능성을 높일 수 있다"는 견해(金天秀, 診療에 대한 說明과 同意의 法理, 70쪽)가 타당하다고 생각된다.
376) 手嶋 豊, 医師の責任, 323面.

(d) 說明義務의 違反에 대한 損害賠償責任의 法的 構成

의사가 환자에 대한 설명의무를 불이행한 경우에 환자에게 손해배상청구권이 인정된다는 점에는 의문의 여지가 없다. 문제는 의료계약에 있어서 설명의무의 위치를 어떻게 설정할 것인가에 있다고 생각된다. 이러한 문제는 일본에 있어서도 의사에게 설명의무위반의 경우 손해배상책임이 부과된다는 점에는 異論이 없지만,377) 설명의무위반을 이유로 손해배상책임을 어떻게 법률구성을 할 것인지, 충분한 설명 여부의 판단기준을 어디에서 구할 것인지에 대해서는 견해가 일치하지 않고 있다.378)

진료의무의 내용에 포함되는 설명의무를 위반한 경우에는 채무불이행책임이 인정되고, 진료의무의 이행의 완전성에 기

---

377) 唄 孝一, 治療行爲における患者の意思と医師の說明, 契約法大系 第7卷, 有斐閣, 1970, 66面 이하; 新美育文, 医師の說明の義務と患者の同意, 230面 등.

378) 특히 일본에서는 환자의 동의의 유효요건으로 보는 동의무효설(廣島高判 昭和 52(1977). 4. 13, 判例時報 第863号, 62面; 山下登, 医師の說明義務をめぐる最近の論議の展開(1), 六甲台論集 30卷 1号, 132面 이하 등)과 의사의 설명의무는 환자의 자기결정권을 존중하여야 한다는 사고가 잠재되어 있지만, 설명의무의 불이행이 환자의 동의를 무효로 하는지에 대한 것을 특히 문제 삼지 않고 의사의 설명의무를 단적으로 법적 의무로 인정하는 의무설(일본의 하급심판례와 많은 학설에서 지지되고 있는 견해이다)로 크게 나누어진다. 전자의 견해는 의사의 환자에 대한 설명의무의 불이행은 환자의 동의를 무효로 하고 그 때문에 치료행위의 위법성이 조각되지 않고, 의사는 불법행위 또는 채무불이행책임을 부담한다고 하고 있다. 후자의 견해는 다시 i) 불법행위법상 주의의무에서 구하는 설, ii) 진료계약에서 구하는 설, iii) 불법행위법상 또는 진료계약상의 의무의 성질에 구애될 필요가 없다는 설(양성책임설)로 세분되어 논의되고 있다고 한다(新美育文, 医師の說明義務と患者の同意, 230面).

여하지 않고 환자의 알권리와 자기결정권이라는 고유목적을 추구하는 독립적 부수의무인 설명의무에 대해서는 불법행위법상의 손해배상청구권만이 발생한다는 견해는 협의의 설명의무에 조언설명과 고지설명을 포함시키고, 지도설명의무는 부수적 의무로서 진료의 내용에 포함되는 주의의무라고 하고 있다.379)

그러나 협의의 설명의무라고 하더라도 언제나 진료의무의 내용에 포함되지 않는 것이 아니기 때문에 의료계약을 논하는 데 있어서의 설명의무는 넓은 의미의 설명의무로 이해하고, 구체적인 상황에 따라서 해석할 필요가 있다.380) 우리나라의 판례도 설명의무를 최초로 인정한 대법원 판례381)가 나온 이래로 설명의무위반을 이유로 하는 판결들은 법적 주의의무라고만 하고 있었다. 그러다가 최근에는 독립된 주의의무라는 견해를 명시적으로 밝히고는 있지만,382) 불법행위책임과 계약책임 모두에서 인정될 수 있다는 것을 부인하는 것은 아니라고 생각된다.

---

379) 조언설명과 고지설명은 자기결정권 또는 알권리의 침해의 근거가 되는 독립적 부수의무로서의 설명의무로, 지도설명은 의료급부의무의 의무적합적 이행에만 이바지하는 비독립적 부수의무로 파악하면서, 협의의 설명의무에는 고지설명과 조언설명을 포함하는 것으로 하고 있다(金天秀, 診療에 대한 說明과 同意의 法理, 131쪽).

380) 金天秀, 診療에 대한 說明과 同意의 法理, 139·142쪽 등에서 지도설명의무와 고지 또는 조언설명과의 중복을 긍정하고 있으며, 우리나라의 판례(대판 1995. 1. 20. [94다3421] 등)도 계약책임과 불법행위책임의 성질을 다 가지고 있는 양성책임으로 보고 있다.

381) 우리나라 판례에서 의사의 설명의무위반을 원인으로 환자에 대한 손해배상책임이 인정된 최초의 판례로 대판 1979. 8. 14. [78다488]을 들 수 있다.

382) 대판 1999. 12. 21. [98다29261].

　　따라서 의사의 설명의무는 계약상 그리고 불법행위법상의
주의의무로서도 파악될 수 있고, 설명의무위반을 이유로 하
는 손해배상책임은 계약책임구성이나 불법행위책임의 법적
구성에 있어서 증명책임 등에 차이가 인정되지도 않으며, 인
정될 필요도 없다고 하는 견해383)와 피해자의 보호를 위해서
라도 두 책임의 경합을 인정하는 양성책임설이 타당하다고
생각된다.384)

　　(나) 安全管理義務

　　의료계약의 중심은 진료계약에 있다. 그러나 입원계약을
체결하거나 외래의 경우라 할지라도 일정시간 의료기관에 환
자가 머물게 되고, 당해 의료기관은 의료행위의 일환으로 행
해지는 간호행위 등의 행위에 대해서도 환자의 안전을 확보
해줄 의무가 있다.385) 그러한 의무로는 ① 침대의 안전관리,
보온·난방기구 등의 안전관리, 병실내의 안전관리, 병원 내
시설설비 등의 안전관리, 원내감염의 방지386) 등의 의료시설
의 환경관리의무, ② 판단력이 불충분한 입원환자(특히 정신

---

383) 新美育文, 医師の說明義務と患者の同意, 230~231面.

384) 崔載千·朴永浩, 의료과실과 의료소송, 647쪽.

385) 菅野耕毅, 医療看護業務の法的責任, 医師法學硏究 第3号, 1988, 62
　　面 이하(菅野耕毅, 医療契約法の理論, 126面에서 재인용).

386) 판례는 미숙아가 입원치료 중 MRSA에 감염되어 장애를 입은 사
　　건에서 "무균조작을 철저히 할 주의의무를 위하였다"는 점을 인정
　　하여 과실책임을 인정한 사건 등을 비롯하여, 병원시설 내에서의
　　집단감염사건의 경우에는 모두 병원의 과실을 인정하고 있다(신
　　현호, 원내감염과 법적 책임(의사 그리고 법－의료법규 쟁점 시리
　　즈 ⑱), 의협신보 제3627호, 21쪽).

병동, 소아병동 등)의 자살·부상사고의 방지, 실화·방화사
고의 방지, 신생아의 뒤바뀜 또는 도난방지 등의 환자관리의
무가 포함된다. 물론 의료기관개설자의 이러한 책임은 사회
통념상 상당하다고 인정되는 한도 내에서의 의무이다.387)

안전관리의무위반을 인정한 판례로는 신경정신과 보호병동
에 입원한 환자의 관찰·감독을 게을리 하여 전환장애자가
자살한 것에 대해 병원의 책임을 인정한 사례,388) 환자가 비
상계단에서 추락사한 경우에 시설의 하자 및 종사자의 과실
을 인정하여 병원에 책임을 인정한 사례389) 등이 있다. 그러
나 통상의 환자인 경우에는 주사기를 꽂은 채 주사병을 들고
밖으로 나오다 넘어질 경우까지 예상하여 환자의 일거일동을
관찰·감호해야 할 의무까지는 없다고 하고 있다.390)

3. 診療義務의 履行과 관련이 없는 附隨義務

(가) 秘密遵守義務

의료인(특히 담당의사)은 의료·조산 또는 간호에 있어서
알게 된 타인의 비밀을 누설하거나 발표할 수 없다.391) 의사의

---

387) 東京地八王子地判 昭和 59(1984). 12. 26, 判例時報 第1158号, 216面.
388) 대판 1991. 5. 10. [91다5396].
389) 대판 1989. 5. 23. [87다카2723].
390) 서울고법 1978. 8. 31. 선고 78나916판결.
391) 의사의 비밀누설금지의무의 법적 근거로는 헌법 제10조, 보건의료
　　기본법 제13조, 의료법 제19조, 동법 제19조의 2 및 동법 제20조 제
　　1항, 전염병예방법 제54조의 6, 후천성면역결핍증예방법 제7조, 형
　　법 제317조 제1항 등을 들 수 있다. 또한 金天秀, 診療契約, 162쪽;

비밀누설금지의무는 법률상의 규정이 없거나 당사자 사이의 명시적 합의가 없더라도 의사가 지켜야 할 의무이다.392) 이러한 비밀누설금지의무의 기원은 고대의 히포크라테스의 선서에 비밀누설금지의무가 있었다는 데에서도 찾을 수 있다.

(a) 秘密遵守義務의 範圍

환자는 의료의 목적을 달성하기 위해서는 다른 사람에게는 도저히 말할 수 없는 개인의 정신적·육체적 조건, 家系 또는 가족의 비밀까지도 의사 측에게 말하는 경우가 있다. 따라서 의사가 환자의 비밀을 누설하는 경우에는 의사와 환자 사이의 신뢰관계 또는 의료행위에도 많은 지장을 주는 것은 물론이고,393) 환자와 그 가족의 명예를 훼손하는 경우도 발생할 것이다.

의사의 비밀누설금지의무의 대상이 되는 비밀은 법률의 규정에 의한 것뿐만 아니라 환자가 의사에 대하여 타인에게 알려지지 않을 것을 원하는 명시적 또는 묵시적 의사표시를 한 경우에도 보호대상에 포함된다. 또한 어떠한 사실이 비밀인지의 여부는 그것을 보호해 줄만한 가치가 있느냐에 따라서 결정된다. 그러므로 환자 본인이 알고 있지 않은 내용도 보호의 가치가 있는 한 의료업무의의 이행에 있어서 취득한 것이면 비밀준수의무의 대상에 포함된다.394) 비밀준수의무는

石熙泰, 醫療契約(下); 金玟中, 醫療契約, 44~45쪽; 崔載千·朴永浩, 의료과실과 의료소송, 200~203쪽; 文國鎭, 醫療法學, 129쪽 이하 등 학설에서도 의료계약상의 의무로 보는 데에는 이설이 없다.
392) 金玟中, 醫療契約, 45쪽.
393) 文國鎭, 醫療法學, 129쪽.

의료계약의 이행 전반에 걸쳐 미칠 뿐만 아니라 계약관계가 종료된 후에도 존속하는 의무이다.[395]

(b) 秘密遵守義務의 限界

의사의 비밀누설금지의무는 환자 개인의 명예를 보전하거나, 평화로운 사생활을 보호하기 위한 것이기는 하지만 공공의 이익에 반하는 경우에는 사회 전체의 이익을 보호하기 위해서 공개할 수도 있다.[396] 따라서 비밀준수의무는 절대적인 것이 아니라, 일정한 경우에는 면제된다. 즉, ① 공개의 사회적 상당성이 존재하는 경우, ② 의사가 자신의 보수청구권을 확보하는 것이 비밀준수의무를 위배하지 않고는 불가능한 경우, ③ 환자가 자신 또는 타인에게 손해를 가할 염려가 있는 경우, ④ 이익형량을 통하여 보다 중요한 이익이 인정되는 경우, ⑤ 기타 법령에서 공개를 허용하고 있는 경우 등에 있어서는 필요 최소한의 범위 내에서 면제된다.[397]

(ⅰ) 患者 本人의 同意

의사에게 비밀누설금지의무를 인정하는 것은 환자 본인의 이익을 위한 것이므로, 환자가 자신의 의료기록 등의 공개에 동의한 경우에는 의사에게는 비밀누설금지의 의무가 없

---

394) 崔載千·朴永浩, 의료과실과 의료소송, 201쪽.
395) 石熙泰, 醫療契約의 法的 性質과 內容, 28쪽.
396) 金玟中, 醫療契約, 45쪽; 文國鎭, 醫療法學, 130쪽; 石熙泰, 醫療契約의 法的 性質과 內容, 28쪽.
397) Deutsch, Arztrecht und Arzneimittelrecht, Springer, 1991, S. 31 (金天秀, 診療契約, 162쪽에서 재인용).

다.398) 이러한 경우로는 ① 보험계약 또는 입사 등을 위해 건강검진을 받을 것에 동의하여 건강진단을 한 경우 의사가 그 건강진단결과를 보험회사에 통보하는 경우, ② 소송 등에 있어서 환자의 청구에 의해 의사가 진료기록부 등의 서류를 제출하는 경우,399) ③ 기타 정당한 업무행위인 경우400) 등을 들 수 있다.

(ii) 法規定上 申告義務 또는 報告義務가 있는 경우

법률에서는 일정한 경우 비밀준수의무를 부과하면서, 동시에 신고의무를 규정하고 있다. 법률의 규정에 의한 경우는 대부분 공공의 이익을 위한 것이라고 할 수 있다. 의료법상의 법률규정으로는 의료법 제20조(기록 열람 등)401) 및 동법 제24조(변사체의 신고)의 규정을 들 수 있다. 또한 응급의료에관한법률 제11조 제2항(응급환자의 이송), 전염병예방법 제4조(의사 등의 신고), 결핵예방법 제20조, 후천성면역결핍증예방법 제5조 등이 있다.

(iii) 裁判上의 限界

---

398) 文國鎭, 醫療法學, 130쪽.
399) 崔載千・朴永浩, 의료과실과 의료소송, 202쪽.
400) 文國鎭, 醫療法學, 130쪽.
401) 의료법 제20조에서는 ① 배우자, 그 직계비속 또는 배우자의 직계존속이 환자에 관한 기록의 열람・사본교부 등 그 내용확인을 요구한 경우, ② 환자의 진료상 필요에 의하여 다른 의료기관에서 그 기록・임상소견서 및 치료경위서의 열람이나 사본교부를 요구한 경우, ③ 응급환자를 다른 의료기관에 이송하는 경우 당해 환자의 초진기록의 송부의무를 규정하고 있다.

의사는 당해 의료업무상 알게 된 비밀에 대해서는 그 이유를 소명(민사소송법 제316조)하여 증언을 거부할 수 있다(민사소송법 제315조). 그러나 증언의 거부가 정당하다고 인정되지 않는 경우(민소법 제317조 제1항), 증거보전의 신청이 재판상 받아들여졌을 때(민사소송법 제380조), 의사가 스스로의 판단에 의해 증언거부권을 포기한 경우에는 증언을 하거나 관련 문서를 제출하여야 한다.402)

(나) 診療記錄簿 등의 記載·保存·交付義務

의료법 제21조는 의사에게 진료기록의 작성과 작성방법 및 보존에 대하여 규정하고 있으며, 동법 시행규칙 제17조에서는 진료기록부·조산기록부·간호기록부의 기재사항을, 동법 동규칙 제18조에서는 보존 대상 및 기간을 상세하게 규정하고 있다. 물론 진료기록부를 작성해야 할 의무를 부담하는 의사는 직접 의료행위를 행한 의사에 한정된다.403)

(a) 診療記錄 등의 記載와 保存의 目的

의사는 환자에 대한 진료의무를 적절하고 정확하게 이행하기 위해 환자마다 진료기록을 작성하여 진료의 정도와 그 경과를 기록하고, 그 후의 계속되는 진료에 대비할 필요가 있다.404) 또한 의료행위가 종료된 이후에 환자가 진단과 치료

---

402) 崔載千·朴永浩, 의료과실과 의료소송, 203쪽.
403) 대판 1998. 1. 23. [97도2124]; 대판, 1997. 11. 14. [97도2156].
404) 菅野耕毅, 医療契約法の理論, 128面.

에 관한 기록, X선 필름 등 치료자료를 제공하여 본인 스스로가 자신의 질병 또는 건강의 상황을 더욱 자세히 인식하고, 전의 또는 전원을 하는 경우에 진료기록부 등을 제공하여 시간적·경제적 낭비를 방지하는 데 있다.405) 또한 의료계약상의 분쟁이 발생한 경우 당해 의료행위의 적정성을 판단하는 증거자료로 사용할 수 있도록 하는 목적도 있다.406) 뿐만 아니라 진료종료 후에도 재발 또는 합병증 등이 발생한 경우 기왕증을 계속해서 관리해야 될 필요성에도 부합되는 의료계약상의 의무이다.407)

(b) 診療記錄簿 등의 作成方法과 時期 및 內容

의사는 의료행위에 관한 사항과 소견을 상세히 기록하고 서명한 진료기록부를 작성할 의무가 있다(의료법 제21조). 또한 진료기록부 등을 전자서명법에 의한 전자서명이 기재된 전자문서인 전자기록부408)의 형태로도 작성·보관할 수 있다

---

405) 石熙泰, 醫療契約의 法的 性質과 內容, 26쪽.
406) 대판 1998. 1. 23. [97도2124]; 崔載千·朴永浩, 의료과실과 의료소송, 207쪽.
407) 菅野耕毅, 医療契約法の理論, 128面.
408) 오늘날의 첨단시대에 발맞춰 진료기록부도 대부분은 전자의무기록으로 대체되고 있다. 전자의무기록의 ① EPR(Electronic Patient Record): 모든 사람들이 진료정보를 텍스트 형태로 입력하는 것이 용이하지 않으므로 어떤 종류는 스캐닝을 통하여 입력하는 방식, ② EMR(Electronic Medical Record): 병원 내의 의무기록 전산화에 주안을 두고 있는 방식, ③ CPR(Computer-based Patient Record): 전국 또는 국가 간의 모든 환자의 진료정보를 공유, 이용하는 것에 주안을 두는 방식, ④ EHR(Electronic Health Record): CPR보다 한 단계 더 높은 단계로 병원 간, 국가 간의 정보공유자가 환자의 의료적인 것뿐만 아니라 민간의료를 포함하여 한 개인의 건강에 관한 모든 문제를 포함하는 광의의 개념이 있다. 이러

(의료법 제21조의 2). 그러나 그 기재사항에 대한 규정은 있지만(의료법시행규칙 제17조·제18조), 구체적인 작성방법 및 시기에 대한 규정은 없다.

일반적으로 진료기록부는 ① 의사의 기억의 유지를 위한 기능, ② 감독관청에 제시할 의무를 이행하기 위한 보고문서로서의 기능, ③ 환자에 대한 설명자료로서의 기능(보고문서), ④ 설명의무 이행의 진실성과 충실성을 확보하기 위한 기능(소송상 입증자료로서의 기능)을 가지고 있다.409) 특히 의료분쟁 발생 시 의사와 환자 양 당사자 모두에게 중요한 입증자료로서의 기능으로 인하여 진료기록부의 부존재, 부실기재, 위·변조 등의 흠결은 의사에게 불이익이 돌아간다. 판례는 이러한 경우 환자의 입증책임을 완화 또는 전환시키고 있다.410) 진료기록부의 이러한 기능을 모두 충족시키기 위해서는 원칙적으로 진료 시마다 즉시 작성되어야 하고,411) 담당 의사가 아닌 다른 의사도 알아볼 수 있을 정도의 기록을 하여야 한다.412)

판례는 "의사는 의료행위의 내용과 치료의 경과 등에 비추어 효과적이라고 판단되는 방법에 의해 작성할 수 있다. 이러한 방법으

한 전자기록은 법적으로 ① 환자정보의 누출 및 악용, ② 전자의무기록의 위·변조 가능성(이 경우에는 OCS(처방전달시스템), PACS(의료영상 저장 및 전송시스템)와 같은 기술적인 해결방법이 있음), ③ 기록의 표준화 요구 및 질 평가의 문제점을 가지고 있다(韓東觀, 醫療技術發展에 따른 醫療法의 受容 및 規制方法上의 問題點, 韓日法學, 1999, 45쪽 이하).

409) 石熙泰, 醫療契約(下), 67쪽.
410) 대판 1999. 2. 12. [98다10472] 등.
411) 文國鎭, 醫療法學, 137쪽.
412) 崔載千·朴永浩, 의료과실과 의료소송, 207쪽.

로는 ① 문제중심의무기록 작성방법(Problem Oriented Medical Record), ② 단기의무기록 작성방법, ③ 기타의 다른 방법 중에서 재량에 따른 선택에 의하여 진료기록부를 작성할 수 있지만, 어떠한 방법에 의하여 진료기록부를 작성하든지 의료행위에 관한 사항과 소견은 반드시 상세히 기록하여야 한다"고 하고 있다.413) 그러나 진료기록부의 내용에 대하여 의료법 시행규칙 제17조와 제18조의 규정을 엄격하게 해석하지 않고 의사가 의료행위에 관한 사항과 소견을 기재한 것이면 진료기록부로서의 효력을 인정하면서, 그 작성의 시기와 방법에 대해서도 당해 의료행위의 내용과 환자의 치료경과 등에 비추어 그 기록의 정확성을 담보할 수 있는 범위 내에서 당해 의사의 합리적인 재량을 인정하고 있다.414)

(c) 診療記錄의 保存期間

진료기록의 보관에 관해서 현행 의료법 제21조 제2항에서 진료기록부 등의 보존의무를, 동법 시행규칙 제18조에서는 진료기록부와 수술기록의 보존기간만을 10년으로 하고 있을 뿐 그 밖의 진료기록은 각각 2년과 5년의 기간으로 규정하고 있다.415) 그러나 앞의 (b)에서 살펴본 것과 같이 진료기록의

---

413) 대판 1998. 1. 23. [97도2124].
414) 대판 1997. 8. 29. [97도1234].
415) 의료법 시행규칙 제18조에서는 진료에 관한 기록의 보존기간을 제1항에서 ① 환자의 명부 5년, ② 진료기록부 10년, ③ 처방전 2년, ④ 수술기록 10년, ⑤ 검사소견기록 5년, ⑥ 방사선사진 및 그 소견서 5년, ⑦ 간호기록부 5년, ⑧ 조산기록부 5년, ⑨ 진단서 등 부본(진단서·사망진단서 및 시체검안서등 별도 구분하여 보존할 것) 3년으로 규정하고 있다. 또한 제2항과 제3항에서 진료기록의

200

기재와 보존은 여러 가지의 목적을 가지고 있다. 그중에서 오늘날 진료기록부 등의 의료기록은 의료분쟁에 있어서 의사가 환자에 대하여 실시한 의료행위의 적정성을 판단하기 위한 증거자료로서의 기능이 점점 더 중요해지고 있다. 특히 의료과실을 원인으로 하는 손해의 발생은 의료행위 종료 후 상당한 기간이 경과한 후에 발생할 수 있는 경우도 있을 것이고, 환자의 의사 측에 대한 손해배상청구권은 10년이라는 기간의 경과에 의해 소멸한다. 따라서 의료분쟁의 적절한 해결을 위해서는 진료기록부와 수술기록 외의 진료기록에 대해서도 그 보존기간을 최소한 10년으로 개정할 필요가 있다.

(다) 收取物 등 返還義務

의사는 진료비 등 환자로부터 수취한 금전 기타의 물건과 환자에 대한 진료행위에 의해서 수취한 물건 등은 환자 측에게 반환하여야 하는 것이 원칙이다(민법 제684조 제1항). 따라서 진료비 등을 초과하여 받은 경우 또는 수술 등으로 환자의 신체에서 분리한 신체의 일부는 이를 환자에게 반환하여야 한다.416) 다만, 법률의 규정에 의해 반환하지 않고 의료기관이 스스로 일정한 시설을 설치하여 처리하거나 시·도지사에게 신고한 자에게 위탁하여 처리하는 경우가 대부분이다.417)

현실적으로는 진료비 등이 진료보수보다 초과하였거나,418)

보존을 위해 마이크로필름 또는 광디스크 등에 의한 보존과 그 방법에 대하여 규정하고 있다.
416) 野田寬, 医師法(中), 409面.
417) 의료법 제17조(적출물 등의 처리), 동법시행규칙 제28조의 2 별표.

신체에서 분리한 것 중 공중위생과 관련 없는 물건[419]인 경우 등이 반환의 대상이 될 것이다. 또한 환자에게 설명하여 사용 또는 처분의 동의를 얻은 물건은 공서양속에 반하지 않는 한 이식용·연구용·표본용으로 사용하거나 처분할 수 있다.[420]

(라) 診斷書 등 交付義務 및 虛僞診斷書 作成禁止義務

의사는 자신이 진찰·검안한 경우에 환자 측으로부터 진단서·검안서 또는 증명서의 교부를 요구받은 경우, 또는 조산사는 그가 조산한 자로부터 출생·사망 또는 사산의 증명서의 교부요구를 받은 경우에는 정당한 이유 없이 이를 거부할 수 없다(의료법 제18조 제3항·제4항). 뿐만 아니라 환자에게 의약품을 투여할 필요가 있는 때에는 약사법에 의해 자신이 직접 의약품을 조제할 수 있는 경우를 제외하고는 처방전을 작성하여 교부하여야 한다(의료법 제18조의 2).

한편으로 의사가 작성하는 진단서·검안서 및 증명서는 사회생활상 중요한 기능을 하는 문서이므로 진실성이 보장되어야 하고, 이를 허위로 작성하는 경우에는 처벌이 따른다.[421] 진단서는 환자의 건강상태를 증명하기 위한 것이라면 소견서 등의 명칭을 불문하고 진단서에 해당된다.[422] 이러한 각종

---

418) 물론 이러한 경우에는 부당이득의 법리에 의해서도 해결이 가능할 것이다.

419) 금으로 만든 의치 등.

420) 菅野耕毅, 医療契約法の理論, 127面.

421) 형법 제233조의 규정에 의해 각 3년 이하의 징역이나 금고, 7년 이하의 자격정지 또는 3천만 원 이하의 벌금형이 부과된다.

422) 대판 1990. 3. 27. [89도2083].

증명서의 교부의무는 공법상의 의무이기는 하지만 환자 측의
필요에 대응하여 의료계약에 포함되는 것이다.423)

4. 特約에 의한 權利義務

(가) 白紙委任의 特約

입원 또는 수술에 앞서 제출하는 입원서약서 또는 수술승
낙서의 내용에 "치료에 있어서는 귀 병원에 일절 위임합니
다"라는 취지의 백지위임을 한 경우에는 그 효력은 어떠한
가? 이 조항을 가지고 의사가 행하는 모든 진료행위에 대하
여 환자가 사전에 전면적인 승낙을 준 것으로 해석하는 것은
타당하지 않다. 따라서 형식적인 문언의 존재에 의해서가 아
니라, 구체적 사안에 따라 법률행위의 해석을 통해서 그 효
력범위를 정하여야 할 것이다.424)

(나) 診療方法制限의 特約

환자가 진료과정에서 진료방법에 일정한 제한을 가하는 경
우에 의사는 다른 진료방법과 비교하여 효과·위험성·경제
성 등에 큰 차이가 없으면 원칙적으로 그 특약에 따라야 한
다. 특히 환자의 진료방법제한의 요구가 진지한 신앙 내지
신조에 기한 경우에는 환자의 진료방법제한의 요구가 통상의

---

423) 菅野耕毅, 医療契約法の理論, 129面.
424) 菅野耕毅, 医療契約法の理論, 129面.

치료의 원칙에 우선한다.425) 그러나 그 제한에 따르게 되면
좋은 진료의 효과를 기대할 수 없는 경우에는 의료행위가 사
람의 생명 또는 건강이라는 사회적 가치를 보호하기 위한 것
이기 때문에 의사의 진료의무와 의료윤리와의 관계도 고려하
여야 한다.426) 따라서 의사는 환자가 요구한 진료방법을 계
속 시행할 경우 병상의 악화 또는 학술상·임상상의 소견을
고려하여 그 방법을 변경할 수 있고, 그러한 경우에 환자가
사망하더라도 의사의 고의·과실이 없는 한 채무불이행이 되
지 않는다.427) 또한 환자가 진료방법을 제한하여 진료를 요
구하는 경우에 그 진료방법 제한의 요구가 인간의 존엄에 반
하고 자기파괴행위로서 사회윤리 또는 공서양속에 반하게 되
고, 당해 계약은 무효가 된다고 하여야 할 것이다. 따라서 그
러한 경우에는 채무불이행책임이 아닌 불법행위책임을 부담
하게 되고,428) 형법상으로도 문제가 된다.429)

---

425) 植木 哲, 宗敎上の理由から輸血拒否の意思が固い患者に輸血した医
　　師の不法行爲責任, 私法判例リークス, 日本評論社, 2001(下), 58〜
　　56面; 最高判 平成 12(2000). 2. 29. 民集 54卷 2号, 582面. 동 판례
　　는 "환자가 종교상의 이유로 수혈을 수반하는 의료행위를 거부하
　　는 명백한 意思를 가지고 있는 경우, 그 의사결정을 할 권리는 인
　　격권의 하나의 내용으로 존중되어져야만 한다"고 판시하여 의사
　　의 불법행위책임을 인정한 사건이다.
426) 菅野耕毅, 医療契約法の理論, 130面.
427) 일본의 판례로 東京地判 昭和 63(1988). 10. 31, 判例時報 第1296
　　号, 77面; 福井地判 平成 元(1989). 3. 10, 判例タイムズ 第703号,
　　186面 등이 있다.
428) 菅野耕毅, 医療契約法の理論, 130面.
429) 이러한 경우로 존엄사 또는 안락사의 문제를 들 수 있다.

204

(다) 免責特約

　백지위임특약과 마찬가지로 입원서약서 또는 수술승낙서의
내용에 "치료 또는 수술로 생긴 결과에 대해서는 일절 이의
를 제기하지 않는다"라는 문구를 사용하여 당해 치료행위에
동의한 경우에 그 면책특약은 의료과실 등에 의한 손해배상
청구권을 사전에 전면적으로 포기한 것이 된다. 일본의 다수
설430)·판례431)는 그 조항은 의사가 선량한 관리자의 주의를
가지고 치료하였음에도 불구하고 불측의 사태가 발생한 경우
에는 의사에게 손해배상책임이 없다는 것을 확인하는 의미밖
에는 없는 효력을 갖는다고 해석하고 있다.432) 이에 반해 소
수설433)은 면책조항이라 할지라도 그 효력을 부정할 이유가
없으며, 환자가 적극적으로 서약서에 서명·날인한 신청서를
제출한 경우에는 유효하다고 하여 그 효력을 인정하고 있다.
　환자는 입원치료 등을 받기 위해서는 그러한 서면에 서명

---

430) 菅野耕毅, 医療契約法の理論, 132面; 筋　立明·中井美雄, 医療過誤
　　法, 69面; 山崎佐, 医師法制學, 克誠堂, 大正　9, 27面: 加藤一郎, 不
　　法行爲, 有斐閣, 1964, 139面: 松倉豊治, 医師からみた法律, 大阪府
　　医師會(医療と法律), 244面　등(菅野耕毅, 医療契約法の理論, 131面
　　에서 재인용).
431) 大阪地判　昭和　37(1962). 9. 14, 判例時報　第314号, 12面.
432) 그 근거로서 신체와 생명이라고 하는 중요법익에 대한 법적 보호
　　가 당사자의 합의에 의해서 좌우되는 것은 타당하지 않으며, 이러
　　한 특약은 공서양속에 반하는 것이므로 사적 자치의 원칙이 제한
　　된다고 하고 있다. 다만, 구명적 성격이 희박한 미용성형수술, 불
　　임수술 또는 다른 치료방법이 없는 경우의 실험적 치료에 한해서
　　당사자 사이의 면책특약의 유효성을 인정하여야 한다고 하고 있
　　다(筋　立明·中井美雄, 医療過誤法, 69面).
433) 大谷　實, 医療行爲と法, 90面.

하여야 하고, 병원 측에 유리한 면책조항에 대하여 그 내용
의 변경을 요구할 수 없는 서약서는 서명날인에 대한 선택의
자유가 사실상 없기 때문에 그 구속력을 인정해서는 안 될
것이다. 또한 이러한 면책특약이 환자의 손해배상청구권의
포기로 해석되는 한 그 효과를 인정해서도 안 될 것이다.434)
따라서 의료계약에 있어서 면책특약의 효력은 의료계약의 특
성상 그대로 인정할 수 없고, 사전에 의사 측의 과실로 인한
손해에 대해서도 책임을 묻지 않겠다는 취지의 면책특약은
민법 제103조의 공서양속에 반하는 것으로서 무효이다.435)

第3節 患者의 權利와 義務

의료계약에 있어서 환자 측에게는 의사의 채무에 상응하는
권리가 주어진다. 대부분의 학설에서는 의사와 환자의 의무
에 중심을 두고 논의하고 있으나, 의료계약에 있어서 각 당
사자에게 나타나는 권리와 의무를 좀 더 자세하게 고찰하는
것이 필요하다.

Ⅰ. 患者의 權利

---

434) 深谷 翼, 医療關係者のための医療事故と法的責任, 20面; 李銀榮, 債
   權各論, 697쪽; 대판 1979. 8. 14. [78다488].
435) Deutsch/Geiger, Medizinischer Behandlungsvertrag, S. 1110.

1. 診療請求權

환자 측과 의료기관개설자 사이에 체결된 의료계약에 기초하여 발생하는 의사의 주된 급부의무인 진단 및 치료 등의 의무에 대응하여, 환자는 의사에게 진료 등 급부의무의 이행을 청구할 수 있다. 또한 환자는 의사가 환자에 대한 의료급부의 이행을 거절하거나 지체하는 경우에도 급부의 이행을 청구할 수 있다.

오늘날 각종의 법률규정에 의해 독점적인 급부를 제공하는 자에 대해서 계약체결의 자유를 제한하고 있고, 의료행위도 그러한 계약관계에 포함된다. 즉, 의료행위는 의사 등의 의료인에 의해 독점적으로 행하여지는 행위이고, 의사는 의료서비스를 독점적으로 제공하는 사업자이다.436) 따라서 환자가 의료기관개설자에 대하여 이행기가 도래한 진료보수를 지급하지 않은 경우에도 의사는 정당한 사유가 없는 한 환자 측의 진료요구를 거부할 수 없고, 환자 측의 진료보수 불지급을 이유로 동시이행의 항변권을 행사하여 환자 측의 진료의무의 이행청구를 저지할 수도 없다고 생각된다. 이는 보건의료기본법(제5조 제2항)과 의료법(제16조 제1항) 등의 의사의 진료거부금지가 의료계약의 체결에 있어서의 자유뿐만 아니라 진료의무의 이행에 있어서도 동일한 효력을 갖는 것이기 때문이다. 그러므로 환자는 의사에게 진료보수의 지급을 이

---

436) 판례에서도 의사는 서비스업 기타 사업을 행하는 사업자로 보고 있으며, 그 사업자 단체인 의사협회에 대해서 독점규제및공정거래에관한법률이 적용된다고 보고 있다(대판(전) 2003. 2. 20. [2001두 5347]).

행하지 않았음에도 불구하고 의료급부의 제공 또는 이행을
청구할 수 있다고 하여야 할 것이다.

2. 醫師 또는 診療方法의 選擇權

환자는 선택진료의료기관437)의 특정한 의사를 선택하여 진
료를 요청하거나 그 변경 또는 해지를 특정 의사를 선택하여
진료를 요청할 수 있다(선택진료에관한규칙 제2조). 이 경우
에 의료기관의 장은 부득이한 사유가 없는 한 환자가 요청한
의사로 하여금 진료를 이행하게 하여야 하고, 환자는 당해
선택진료의 변경 또는 해지를 요청할 수 있다(의료법 제37조
의 2 제1항·제2항). 또한 환자 측은 선택진료의료기관으로부
터 선택진료 중 진료과목 등을 변경할 필요가 있거나 선택진
료를 담당하는 의사 등의 부득이한 사유로 선택의사의 변경
또는 해지의 청구가 있는 경우에 그에 대하여 동의할 것인지
의 여부를 선택할 수 있다(선택진료에관한규칙 제3조). 물론
이러한 의사의 선택권은 환자가 진료를 요청하는 의료기관에
2인 이상의 일정한 자격을 갖춘 의사가 있는 경우에 한해서
인정되는 권리이다.438)

---

437) 선택진료의료기관이라 함은 종합병원·병원·치과병원·한방병원
    (국립병원 한방진료부 포함) 또는 요양병원을 말한다(선택진료에
    관한규칙 제2조).
438) 선택의료에관한규칙 제4조에서는 ① 면허취득 후 15년이 경과한
    치과의사 및 한의사, ② 전문의 자격인정을 받은 후 10년이 경과
    한 의사, ③ 대학병원 또는 대학부속 한방병원의 조교수 이상인
    자 등인 경우에 환자로부터 추가비용을 부담하게 할 수 있다고
    하고 있다.

환자가 의사를 선택하여 진료를 받음으로 인해 추가로 비용을 부담하는 경우에 당해 의사의 경험·명성·능력이 의료행위에 있어서 보통의 경우보다 높은 주의의무를 요구하는가에 대해서는 의문이 있다. 왜냐하면 동일한 조건을 갖추고 있는 의사라 할지라도 환자의 선택에 의해 진료를 담당하는 경우와 선택진료를 행하지 않고 진료를 행하는 경우에 주의의무의 차이를 인정하는 것은 부당하기 때문이다. 따라서 의사의 경험이나 역량에 의한 개인차를 인정하지 않는 실질적 불평등의 문제는 발생하지만,[439] 단지 환자로부터 추가비용을 받는다는 것에 의해 보다 높은 주의의무를 요구할 수는 없다고 생각된다.

뿐만 아니라 환자는 의사에게 보다 완전한 의료급부의 이행을 제공받기 위해서 설명을 요구할 수 있으며, 합리적인 범위 내에서 진료의 방법 등을 선택할 수 있는 권리가 있다.[440] 의사는 환자가 선택한 진료방법으로 진료를 행하는 경우에 의학적으로 불확실한 결과를 초래하거나 현저하게 불이익을 초래하는 경우가 아닌 한 환자가 선택한 진료방법에 따라서 진료의무를 이행하여야 한다.[441]

---

439) 趙寬行, 註釋 債權各則(Ⅱ), 487쪽.
440) 崔載千·朴永浩, 의료과실과 의료소송, 218쪽.
441) 자세한 것은 앞의 「Ⅱ. 의사의 의무: 4. 특약에 의한 권리의무: (나) 진료방법제한의 특약」 부분을 참조.

3. 診斷書 등의 交付와 診療記錄의 閱覽·謄寫 및 交付請求權

(가) 診斷書 등의 交付와 診療記錄의 閱覽·謄寫 및 交付請求權

환자는 의사로부터 진찰을 받은 경우 환자를 직접 진찰한 의사에게 진단서의 교부를 청구할 수 있다(의료법 제18조 제3항). 다만, 진료 중이던 환자가 최종진료 시로부터 48시간 이내에 사망하거나 직접 진찰한 의사가 진단서 등을 교부할 수 없는 부득이한 사유가 있는 때에는 같은 의료기관에 근무하는 다른 의사가 진료기록부 등에 의해 진단서를 교부할 수 있다(의료법 제18조 제1항 후문, 동법 제18조 제2항). 또한 당해 환자가 사망한 경우에는 상속인 등의 이해관계 있는 환자 측 당사자가 사망진단서, 검안서 또는 증명서의 교부를 청구할 수 있다(의료법 제18조 제1항 내지 제4항).[442]

또한 환자의 진료기록에 대해서도 환자 측의 요구에 의해 당해 환자의 치료목적상 불가피한 경우를 제외하고는 그 열람·사본교부 등에 응해야 한다(보건의료법 제11조 제2항 단서, 의료법 제20조 제1항 단서).

---

442) 진단서 등의 교부와 진료기록의 열람·등사 및 교부청구권에 있어서 환자 측 당사자는 원칙적으로 환자본인이다(보건의료기본법 제11조 제2항 전단), 다만, 환자 본인이 요청할 수 없는 때에는 그 배우자, 그 직계존비속 또는 배우자의 직계존속이 요구할 수 있고, 환자 측 당사자가 요구할 수 없는 질병 등의 부득이한 사유가 있는 경우에는 환자 본인이 지정한 대리인이 이를 요청할 수 있다(보건의료기본법 제11조 제2항 단서, 의료법 제20조 제1항 단서).

(나) 診療記錄簿의 閱覽・謄寫 및 交付請求權의 認定과
　　그 現況

종래에는 환자가 진료기록의 열람을 청구할 수 있는 권리
가 있는지에 대해 논란이 있었다. 그러한 논란은 우리나라뿐
만 아니라 독일・미국・일본에 있어서도 마찬가지이었다. 독
일443)과 미국에서는 판례가 환자의 기록열람권을 인정하고
있다. 그러나 일본에서는 진료기록의 작성 및 보존의무가 적
정진료의 확보수단에 불과하기 때문에 열람 및 교부청구권이
부정된다.444) 다만, 환자와 의사의 소송에서는 진료기록이 환
자를 위한 이익문서 또는 환자와 의사 사이의 법률관계문서
이기 때문에 법원의 문서제출명령으로 의사가 제출의무를 부
담할 뿐이라고 하여, 소송상 다툼이 있는 경우에 증거자료로
서의 제출만을 인정하고 있다.445)

우리나라에서는 종래 환자의 진료기록의 열람청구권이 실
체법상 규정되어 있지 않았기 때문에 이를 인정하려는 견해
와 부정하려는 견해의 대립이 있었다. 그러나 2000년 1월에
제정된 보건의료기본법 제11조(보건의료에 관한 알권리)와
같은 해 1월 개정된 의료법 제20조 제1항 단서에서 환자의
진료기록의 열람・사본교부 등의 권리가 실체법상 인정되고
있다.446) 따라서 종래 환자 측이 의사의 의료과오로 인한 손

---

443) BGH NJW 1983, 328; BGH NJW 1983, 330.
444) 岩垂正起, 診療契約, 42面.
445) 菅野耕毅, 医療契約法の理論, 128面.
446) 의료법 제20조 제1항 단서의 규정은 보건의료법 제11조 제2항의
　　　규정과 같다.

해배상청구소송절차에서 진료기록부 등을 확보하기 위해 소송절차 진행 중에 증거보전의 절차 또는 문서제출명령 등을 청구하여야 하는 불편함이 해소되었다. 따라서 환자 측이 의사 측의 의료과실을 입증하기 위한 기초자료인 진료기록부 등에 대한 접근 가능성이 높아짐으로 인해 진료의 공정성 또는 투명성이 높아질 것으로 기대된다.

Ⅱ. 患者의 義務

의료계약에 있어서 의사의 진료급부의무에 대응하여 환자에게는 진료보수지급의 의무가 주된 급부의무이다. 뿐만 아니라 진료의 개시와 더불어 환자에게도 의사에게 부담해야 되는 여러 가지 의무가 발생한다. 의사가 진료급부의 불이행 또는 불완전한 이행을 했을 경우에는 채무불이행으로서 손해배상의 의무가 발생하지만, 환자의 경우에는 진료보수지급의무의 경우를 제외하고는 의무위반 자체로 손해배상청구권의 발생원인이 되지 않는 것이 특징이다.

1. 診療報酬支給義務

오늘날 환자와 의사와의 법률관계에 있어서는 무상의 특약이 없는 한 유상계약이라는 것이 사회통념상 또는 관행상 인정됨은 앞에서 살펴보았다. 따라서 환자는 의사로부터 진료 등의 의료행위의 제공을 받은 경우에는 무상의 특약이 없는

한 그에 따른 보수를 지급하여야 한다(민법 제686조).447)

(가) 診療報酬支給의 範圍 및 基準

(a) 診療報酬의 範圍

진료보수에는 진찰료·검사료·약제료·치료에 필요한 재료비·처치 또는 수술 기타의 치료비·입원료·간호료·이송료 기타 그 밖의 의료목적의 달성을 위한 조치에 소요되는 비용이 포함된다(국민건강보험법 제39조). 그러나 이러한 진료보수는 일반의료의 경우와 보험의료 또는 보호의료의 여부에 따라서 그 보수에 차이가 있다.

(b) 一般醫療와 保險醫療의 診療報酬

환자와 의사의 계약관계가 일반의료인 경우에는 각급 병원이 해당 지역의 시·도지사에게 신고한 금액 또는 의원 및 조산원이 해당 시·군·구청장에게 신고한 금액을 기준으로 정해진다(의료법 제37조). 따라서 일반 환자를 치료하고 그 치료비를 청구함에 있어서 의사는 신의성실의 원칙이나 형평의 원칙에 반하는 특별한 사정이 없는 한 일반의료수가를 기준으로 계산한 치료비 전액의 지급을 청구할 수 있다.448) 또

---

447) 대판 1988. 12. 13. [85다카1491]; 대판 1994. 2. 22. [93다4472]; 대판
   2001. 11. 9. [2001다52568] 등에서도 민법 제686조를 적용하고 있다.
448) 대판 1995. 12. 8. [95다3282]: 동 판결에서는 치료계약에 이르게 된
   경위, 수술·처치 등 치료의 경과와 난이도 등의 제반사정을 고려
   하여, 일반의료수가가 보험의료수가보다 약 204.9% 정도 높은 경
   우에도 신의성실의 원칙이나 형평의 원칙에 어긋나는 것은 아니라
   고 하였다.

한 보험의료의 경우에는 국민건강보험법과 동 시행령 및 "요양급여기준에관한규칙" 등에 보험의료의 대상·기준 및 환자의 본인 부담금에 대해 상세하게 규정되어 있다.

(c) 追加費用

환자가 특정한 의사를 선택한 경우에 원칙적으로는 추가비용을 부담하지 않지만, 일정한 조건을 갖추고 추가비용을 청구할 수 있는 의료기관(의료법 제37조의 2 제3항 내지 제5항·선택진료에관한규칙 제5조)의 의사를 선택한 경우에는 언제나 추가비용 전액을 지급하여야 한다(선택의료에관한규칙 제5조 제2항).

(d) 診療報酬請求權의 喪失

의사의 의료행위가 사기나 범죄행위의 방조에 해당하는 경우에는 의사의 보수청구권이 부인된다.449) 뿐만 아니라 치료행위와 그에 대한 일반의료수가 사이에 현저한 불균형이 존재하고, 그와 같은 불균형이 피해 당사자의 궁박, 경솔 또는 무경험에 의하여 이루어진 경우에는 민법 제104조의 불공정한 법률행위에 해당하여 무효이고, 신의성실의 원칙이나 형평의 원칙에 반하는 특별한 사정이 있는 경우에는 상당하다고 인정되는 범위를 초과하는 금액에 대하여는 그 지급을 청구할 수 없다.450)

---

449) 金天秀, 診療契約, 164쪽.
450) 대판 1995. 12. 8. [95다3282].

(나) 診療報酬支給의 當事者

진료보수의 지급은 일반의료의 경우에는 전액을 환자가 부담한다. 보험의료인 경우에는 보험자와 환자인 피보험자가 법률의 규정에 의해 정해진 비율에 따라 진료보수의 지급의무를 부담한다.451) 물론 환자에게 보험의료와 일반의료가 병행하여 실시된 경우, 환자는 보험의료의 부분과 일반의료의 부분을 각각 구분하여 해당하는 진료보수를 지급할 의무를 부담한다.

그러나 환자가 무자력인 경우에는 위에서 살펴본 바와 같이 법정대리인·부양의무자·배우자·보증인 등이 진료보수의 지급의무를 부담하는 경우도 있다. 그러한 자도 없는 경우에는 현실적으로 진료보수를 지급할 수 없게 된다. 따라서 이러한 경우에 의료기관개설자는 환자 측에 대하여 강제이행 또는 손해배상의 방법을 강구하거나 사회보장대책에 호소할 수밖에 없게 된다.452)

---

451) 2003년도 보험의료의 경우 동년 10월 기준으로, 총 진료건수: 28,991,818건, 총진료비: 2,214,862백만 원 중에 국민건강보험공단의 부담금이 2,165,540백만 원으로 약 98%의 진료비는 국민건강보험공단에서 나머지 2%만이 환자 본인이 부담하고 있다. (http://www.nhic.or.kr/wbh/wbhf/2002/10/29/80,59,2,0,0.html)

452) 물론 보호의료의 경우에는 의료보호법 제15조의 규정에 의해 의료보호를 받는 환자가 의료보호기금으로부터 代拂을 신청하여 진료보수를 납부케 할 수 있고, 응급의료의 경우에는 응급의료에관한법률 제22조 제1항과 제2항의 규정에 의해 의료기관이 응급의료기금관리기관에 代拂을 청구함으로써 해결될 수 있다. 또한 보험의료의 경우에 있어서는 국민건강보험제도에 의해서 어느 정도 해결될 수 있을 것이다. 그러나 일반의료의 경우에는 모든 의료행위를 보험의료의 대상으로 하거나 사회보장제도의 확충을 통한

(다) 診療報酬債權의 消滅時效

의사의 환자에 대한 진료보수채권은 요양을 시행함으로써 발생하여 아무런 법률상의 장애사유 없이 곧바로 행사할 수 있는 것이므로 특약이 없는 한 그 개개의 진료가 종료될 때마다 각각의 당해 진료에 필요한 비용의 이행기가 도래하여 그에 대한 시효가 진행되고,[453] 민법 제163조 제2호의 규정에 의해 3년간 이를 행사하지 않으면 소멸시효가 완성되어 소멸한다. 그러므로 환자가 질병의 치료 등을 위해 장기간 입원하고 있는 경우에 의사의 환자에 대한 진료보수청구권은 개개의 진료가 종료된 시점부터 소멸시효가 진행된다. 물론 소멸시효가 완성된 경우라 하더라도 추후에 환자가 자발적으로 진료보수를 이행하게 되면 비채변제가 되지 않으므로, 소멸시효의 완성을 이유로 반환을 청구할 수 없다(민법 제744조).

2. 協力義務

(가) 協力義務의 法的 性質

진료행위 등 의료계약상의 의료행위는 환자의 신체에 대해 직접 실시되는 것이므로 환자의 진지한 협력이 없이는 충분한 효과를 거두기 어렵다.[454] 즉, 의료계약에 있어서 의사와

해결방법을 강구할 수 있지만, 이러한 해결방법은 국가예산의 확보 등의 문제와 관련하여 매우 정치적인 논쟁을 불러일으킬 여지가 많다.
453) 대판 1998. 2. 13. [97다47675].

환자와의 관계는 협동관계 또는 공동관계이므로[455] 환자의 협력 없이는 진료의 목적을 달성할 수 없게 된다.[456] 특히 환자와 의사 사이에 맺게 되는 의료계약은 통상의 노무제공계약과는 달리 환자 자신의 최고의 가치인 신체에 관한 것이고, 의료기관을 방문하여 의사에게 자신의 신체에 대한 진료를 맡기는 환자도 의사에게 신뢰를 주게 되며, 이러한 신뢰를 바탕으로 하여 환자에 대한 의료행위를 실시하는 것이 가능하기 때문이다.[457]

그러나 환자의 협력의무의 위반 그 자체는 채무불이행이 되는 것은 아니기 때문에 의사에게 손해배상청구권이 주어지는 것은 아니다. 따라서 환자의 협력의무는 의사에 대한 責務로서의 성질을 갖는 것이고, 협력의무의 위반은 과실상계 등을 통해 손해배상액의 산정에 있어서 고려된다. 다만, 환자가 전염성질환을 가지고 있는 경우에 자신이 전염성질환을 가지고 있음을 알고 있음에도 불구하고 의사 등에게 이를 고지하지 않음으로 인해서 의사 또는 제3자에게 전염성질환을 감염시킨 경우에는 협력의무의 위반을 이유로 의사 또는 제3자에 대하여 손해배상책임을 부담하는 경우도 있을 수 있다.

이러한 환자의 협력의무를 학자에 따라서 협력의무와 고지의무로 나누는 견해,[458] 의사의 지시를 준수할 의무와 정보제

---

454) 石熙泰, 醫療契約의 法的 性質과 內容, 29쪽.

455) 寺美洋, 過失割合, 判例タイムズ 第686号(1989), 88面.

456) 菅野耕毅, 医療契約法の理論, 135面.

457) 浦川道太浪 (譯), ドイシにおける契約法改革の一動向－醫療契約を中心として－, ジュリスト 第756号(1982. 1. 1.), 173面.

458) 金玟中, 醫療契約, 46쪽.

공의무로 나누는 견해,459) 문진응답의무, 증상 등의 보고의무,
受診의무 및 진료행위 협력의무로 나누는 견해460) 등이 있다.

(나) 協力義務의 內容

(a) 各種의 告知義務(情報提供義務)

환자는 진료의 개시와 함께 특이체질인지의 여부·자신의
신체에 관한 기왕증·기분·감각 및 건강상태 등에 대한 의
사의 문진에 답변할 협력의무가 있고, 진료의 각 단계별로
증상변화 등에 대하여 이를 고지할 의무를 부담한다.461) 왜
냐하면 진료과정에서 환자가 자신의 증상 및 병상의 경과 등
을 의사에게 고지함으로써 치료방법의 수정과 부작용 등의
발생방지를 할 수 있도록 하는 데 중요한 역할을 하기 때문
이다.

특히 문진에 있어서 의사와 환자의 협동관계성이 단적으로
나타나며, 의사의 문진기술뿐만 아니라 환자의 대응자세도
중요하다. 따라서 의사로부터 적정한 질문이 있었음에도 불
구하고 환자가 자신이 알고 있는 사실에 대해 고지하지 않았
다면, 오진 또는 오류에 대한 손해배상책임을 판단함에 있어
고려하여야 할 것이다.462) 환자가 수술 등의 중대한 진료의

---

459) 金天秀, 診療契約, 165쪽; Deutsch/Geiger, Medizinischer Behand-
    lungsvertrag, S. 1066.
460) 菅野耕毅, 医療契約法の理論, 135面 以下.
461) 石熙泰, 醫療契約의 法的 性質과 內容, 29쪽; 金玟中, 醫療契約, 46
    쪽; 崔載千·朴永浩, 의료과실과 의료소송, 220쪽; 金天秀, 診療契
    約, 165쪽.
462) 菅野耕毅, 医療契約法の理論, 136面.

218

실시에 앞서 알고 있으면서도 구체적으로 말할 수 없는 사항인 경우라 하더라도 문진에 대해 일괄적으로 "없다"는 등의 방법으로 문진을 회피한 경우463)에는 환자의 협력의무 위반이 될 것이다.

그러나 환자는 의학지식이 부족하고 진단과 치료에 필요한 사실을 어느 정도까지 고지해야 하는지에 대해서는 일반적인 기준을 설정함은 곤란하다. 이 경우에는 환자의 교육 정도, 정신상태 및 과거의 진료경험 등을 고려하여야 할 것이다.464) 그러므로 의사는 당해 의료행위의 위험성이 매우 높다면 환자가 문진에 대한 불고지 또는 오고지가 있는 경우에 환자의 약제의 이름의 혼동 가능성, 기억 또는 인식이 정확한지, 부작용이 있었던 약제의 상품명 또는 투여에 관여했던 의사의 성명 등을 상세히 문진하여 확인할 의무가 있다.465)

(b) 診療에 응할 義務 또는 診療行爲에 協力할 義務

환자는 의사의 진료 및 검사실시에 대한 협조·치료 기타의 처치의 受忍·섭생·약 복용 및 운동수칙의 준수 등의 진료행위에 협력해야 할 의무를 부담한다.466) 의료계약에 있어서 진료기일을 정한 경우에는 환자도 그 계약에서 정한 기일에 수진할 의무를 부담하게 된다. 따라서 그 기일을 지키지

---

463) 大阪高判 昭和 53(1978). 7. 11, 判例時報 第917号, 71面.
464) 石熙泰, 醫療契約의 法的 性質과 內容, 29쪽.
465) 松山地今治支判 平成 3(1991). 2. 5, 判例タイムズ 第752号, 212面.
466) 石熙泰, 醫療契約의 法的 性質과 內容, 29쪽; 金玟中, 醫療契約, 46
　　쪽; 崔載千·朴永浩, 의료과실과 의료소송, 220쪽 이하; 金天秀, 診
　　療契約, 165쪽; 菅野耕毅, 医療契約法의 理論, 139面.

않는 경우에는 수령지체가 되고, 의사의 진료의무 불이행의 책임을 물을 수 없다. 또는 일정한 경우, 예를 들어 지정된 진료 기일 또는 病變의 변화가 있을 때에 내원하여 진료를 받으라는 의사의 권고 등을 어기고 진료에 임하지 않은 경우에는 의사의 책임이 면제되거나 경감된다.467)

그러나 환자가 진료 또는 수술 등 특정한 의료행위를 거부하는 경우라 하더라도 환자의 거부가 곧바로 의사의 책임을 면하게 하는 것은 아니다. 따라서 의사는 수술 등의 필요불가결성을 호소하여 동의를 구하고, 그래도 거부하는 경우에 그로 인하여 발생한 결과에 대해만 의사의 책임을 면하게 하여야 할 것이다.468)

(다) 協力義務 違反의 效果

환자가 협력의무를 이행하지 않은 경우에는 그 행위로 인해 야기된 책임을 의사에게 물을 수 없는 불이익이 돌아갈 뿐이다.469) 그러나 환자가 이러한 협력의무를 위반한 경우에 의사는 계약을 해지할 수 있다는 견해도 있다.470)

(a) 過失相計

---

467) 菅野耕毅, 医療契約法の理論, 139面.
468) 菅野耕毅, 医療契約法の理論, 141面.
469) 石熙泰, 醫療契約의 法的 性質과 內容, 29쪽; 金玟中, 醫療契約, 46쪽; 金天秀, 診療契約, 165쪽; 菅野耕毅, 医療契約法の理論, 135面 이하 등.
470) Luig, Der Arztvertrag, S. 237(Deutsch/Geiger, Medizinischer Behandlungsvertrag, S. 1066에서 재인용).

220

환자의 협력의무 불이이행으로 인한 불이익은 의사책임의
감면사유,471) 즉 과실상계의 대상이 된다.472) 판례도 환자 또
는 보호자가 의사의 요양지도에 제대로 따르지 않은 경
우,473) 문진에서 임신 중인 사실을 고지하지 않은 경우474) 등
협력의무를 이행하지 않은 경우에 과실상계를 하여 손해배상
의 인정에 있어서 환자에게 불이익을 주고 있다.

그러나 환자가 의사의 요양지도의 지시를 무시하고, 자의
로 행동한 행위로 말미암아 발생한 손해의 경우에는 의사의
책임을 전면적으로 부정하고 있다.475) 또한 환자의 적극적인
행위, 예를 들어 수술 후의 금식·금연·금주 등의 지시를
위반하여 진료의 효과발생을 방해하는 경우에도 환자가 그로

---

471) 石熙泰, 醫療契約의 法的 性質과 內容, 29쪽.
472) 그러나 환자가 당해 진료의 대상이 아닌 전염성 질환을 가지고
　　있는 경우 등에는 환자 본인이 아닌 타인의 안전을 위하여 정보
　　를 제공해야 할 의무가 있고, 이러한 정보제공의무는 의료계약상
　　의 독립적 부수의무가 된다(金天秀, 診療契約, 165쪽).
473) 대판 1996. 4. 9. [95다14572]: 환자 또는 보호자가 의료인의 요양
　　지도에 제대로 따르지 않은 경우, 의료인의 책임이 무조건 전부
　　면제되지는 않는다고 한 판결.
474) 대판 1998. 9. 4. [96다11440]: 의사의 문진에 대하여 임신 중이라
　　는 사실을 고지하지 아니한 환자에게 답변상의 과실이 있다고 보
　　고, 또한 임신 중이라는 환자의 신체적 소인(身體的 素因)이 질병
　　의 발생에 기여하였다고 보아서 이를 과실상계의 법리를 유추·
　　적용함으로써 피고의 손해배상책임을 80%로 제한은 정당하다고
　　하고 있다.
475) 대판 1999. 3. 26. [98다45379], [45386]: "수술 후 입원치료를 받던
　　환자가 화장실에서 흡연을 한 후 나오다가 쓰러져 사망한 경우,
　　의료종사자들에게 금연에 관한 일반적인 요양지도 외에 환자의
　　기왕증과 관련된 흡연의 위험성을 경고하고 화장실에서의 흡연
　　여부까지 상시 확인·감독할 주의의무는 없다"고 판시 하면서 의
　　사 측의 요양지도의무의 불이행을 부정하고 있다.

인한 책임을 부담하여야 할 것이다.

(b) 契約의 解止 또는 消滅

환자의 의사에 대한 협력의무의 성질을 책무로 보는 한, 의사 측은 환자의 협력의무를 이유로 계약을 해지할 없다. 그러나 환자가 의사의 중대한 지시나 권고를 계속해서 어기거나 의사 측에게 수인의 한도를 넘는 난동을 부리는 등 당사자 사이에 신뢰관계를 파괴할 정도에 이르는 협력의무의 위반에 대해서는 의사에게 계약을 해지할 수 있는 권리를 부여할 필요가 있다. 왜냐하면 환자의 질병에 대한 치료에 있어서 의사의 약 복용, 금식 및 신체활동의 제한 등의 지시나 권고를 위반하는 경우에 환자의 신체에 대한 치료의 가능성이 더 낮아지거나 환자의 신체에 원인불명의 악영향 등이 초래될 수 있고, 이러한 협력의무의 위반이 환자의 치료에 중대한 영향을 미치는 경우에 발생하는 위험의 증가까지도 의사 측에게 부담시키는 것은 부당하기 때문이다. 물론 중대한 협력의무의 위반의 경우에 의사 측에게 해지권을 인정하는 경우에도 환자에게 긴급을 요하거나 다른 의료기관에서 치료받을 수 있고, 당해 의료계약을 해지하더라도 환자에게 불이익이 발생하지 않는 경우 등에 한하여 인정하여야 할 것이다. 또한 환자가 수진중지 또는 수진거부 등과 같이 의사 측의 책임 없는 사유로 인하여 이행불능이 된다면 의료계약은 종료하게 된다.476) 따라서 협력의무 위반의 경우에 의사는 이미 이행된 의료급부에 대한 보수를 청구할 수 있다.

---

476) 野田寬, 医師法(中), 414面.

3. 費用償還 등의 義務

의료계약은 위임과 가장 유사한 계약이며, 의료계약에 관하여 민법상 규정이 없기 때문에 결국 위임의 규정을 유추적용 할 수밖에 없을 것이다. 그렇다면 의사가 사전에 비용이 필요하다고 하여 청구한 경우에 환자는 이를 선급할 의무(민법 제687조)가 있는지의 여부, 수임자인 의사가 이미 지급한 필요비용 등이 있는 때에는 환자는 이를 상환하여야 하고, 의사가 위임사무의 처리에 필요한 채무를 부담한 때에는 환자에게 이를 변제하게 할 수 있고, 변제기에 있지 않은 경우에는 상당한 담보를 제공하게 할 수 있는지의 여부(민법 제688조) 및 수임인이 위임사무의 처리를 위해 과실 없이 손해를 입은 경우에는 그 손해를 위임인이 배상하여야 하는가(민법 제688조 제3항)의 문제에 대하여 살펴볼 필요가 있다.

(가) 費用先給義務

의료계약에 있어서 의사는 환자에게 비용의 선급을 요구할 수 있는가? 유상인 의료계약이라 할지라도 원칙적으로 당사자 사이에 특약이 없는 한 후급이다(민법 제686조 제2항). 의사는 당해 의료행위를 완료한 후가 아니면 보수를 청구할 수 없다. 또한 위임에 관한 민법 제687조는 무상의 위임을 전제로 하는 위임에는 적합하지만 유상인 의료계약에는 적합하지 않으며, 특히 보험의료의 경우에는 더욱더 그러하다.477)

---

477) 金天秀, 診療契約, 168쪽.

　그러나 환자만을 위한 특수한 의료기구의 제작이나 장기이식수술을 위한 이식용장기의 적출·수송·보관 등의 비용에 대하여 비용의 선급이 필요하다고 여겨지므로, 일정한 경우에는 비용선급의무가 인정될 필요가 있다.478) 다만, 의료계약에 있어서는 진료거부금지규정의 적용 및 의료의 특질로 말미암아 원칙적으로 비용선급이 없음을 이유로 진료를 거부할 수 없다고 하여야 할 것이다.479)

　(나) 費用償還義務

　진료행위 과정에서 의사에게 필요비의 지출 또는 채무의 부담은 필연적으로 발생하며 무과실 손해의 발생가능성도 높다. 그러나 오늘날 대부분의 의료계약은 사회통념상 또는 관행상 유상계약이기 때문에 대부분의 필요비 등이 진료보수에 포함되어 있다고 보아야 할 것이다. 또한 의사가 일반적인 진료보수에 포함되지 않는 특수한 의료기구나 의료재료 등을 환자에게 제공하는 경우에도 그러한 기구나 재료의 사용이 환자의 진료행위를 위해 제공된 것이라면 진료보수에 포함되는 것으로 보아야 할 것이다. 다만, 무상인 의료계약480)인 경

---

478) 일본에서는 일정한 경우에 대해서 위임계약의 비용선급의무의 적용이 인정되고 있다. 일본에서는 치과치료의 교정치료와 보철치료의 기술료와 재료비 등에 대해서는 비용의 선급이 행해지고 있다고 한다(能美光房, 歯科医療と民法(2), 歯界展望 二六卷 5号(1965), 895面; 岡本欣司, 歯科医事紛争についての私の考え方 ④, 臨床歯科 三一四号(1985), 4面 등(菅野耕毅, 医療契約法の理論, 144面에서 재인용).

479) 野田寛, 医師法(中), 408面.

224

우에는 의사에게 진료보수청구권이 발생할 여지가 없기 때문에 특약 또는 특별한 사정이 없는 한 환자에게 필요비 등의 상환의무가 있다고 하여야 할 것이다.

(다) 損害賠償義務

의사가 의료계약상의 의무를 이행하기 위해 자기에게 과실 없이 손해를 입은 경우에는 위임인에 대하여 손해의 배상을 청구할 수 있다. 예를 들어 의사가 왕진 도중에 과실 없이 부상당한 경우, 전염병 환자를 진료함에 있어서 상당한 주의를 기울였음에도 불구하고 의사 본인이 감염되거나 제3자에게 감염시킨 경우를 생각할 수 있다. 이러한 경우 환자는 의료계약의 내용과는 독립된 부수의무 위반으로서의 책임을 부담한다.481)

그러나 전염성 질환이 의료기관 내에서 감염된 것이 확실한 경우에 당해 의료기관은 전염성 질환의 감염예방을 위하여 취하여야 할 모든 조치를 취하였고, 감염 후 적정한 치료조치를 다하였다는 것을 입증하여야 한다고 하여 의사기관에게 1차 적인 입증책임을 부담시키고 있다.482) 따라서 의료기관이 감염예방의 조치 및 사후조치를 다하였고, 감염자의 면

---

480) 오늘날에 있어서도 무상인 의료계약이 발생할 여지는 얼마든지 있다. 예를 들어 동료의사로부터 치료를 받는 경우를 들 수 있다 (金玟中, 醫療行爲에서의 法律問題와 醫師의 責任(上), 76쪽). 또한 의료봉사의 일환으로 의료행위가 이루어지는 경우에도 무상인 의료계약이 발생할 수 있다.
481) 金天秀, 診療契約, 165쪽.
482) 신현호, 원내감염과 법적 책임, 21쪽.

역력 저하 또는 환자의 고의감염 등을 적극적으로 입증하는 경우, 전염성 질환을 가지고 있던 환자는 의사뿐만 아니라 손해를 입은 제3자에 대해서도 손해를 배상하여야 한다.

물론 이러한 논리는 법적으로나 가능한 일이고, 현실적으로는 입증이 불가능하거나 입증이 된다고 하더라도 환자 또는 의료기관에게 손해배상을 부담시키기에도 많은 어려움이 있다. 따라서 이는 국가의 공적 구제제도 또는 전염병예방법 등의 개정을 통해서 적극적으로 해결해야 될 문제 중의 하나이다.

第4節 小　結

위에서 살펴본 것과 같이 의료계약의 당사자인 의사와 환자 사이에 유효한 계약이 체결되고 그에 따라 진료 등의 의료행위가 행하여지는 경우에 각 당사자는 계약에 의한 권리와 의무를 부담하게 된다.

환자는 의료계약의 본지에 따른 진료의 이행을 청구할 수 있는 권리와 진료보수지급의무 및 그에 따른 협력의무 등의 부수의무가 있다. 반대로 의사는 진료보수청구권을 중심으로 치료특권·재량권 또는 진료행위에 있어서의 문진권 등의 권리가 있고, 진료의무·설명의무·안전관리의무·비밀준수의무·각종 진료기록의 작성과 교부의무 등이 있다. 따라서 의료계약의 양 당사자의 확정과 권리의무의 구분은 의료계약을 체결하고 이행함에 있어서 불분명한 점들을 구체화시키는 데 기여하게 된다.

특히 설명의무가 오늘날 중요한 문제로 대두되었고 설명의무위반을 근거로 하는 판결이 증가하여 왔다. 물론 기존의 설명의무위반을 근거로 환자에게 손해배상청구가 인용된 경우는 환자의 자기결정권의 침해로 인한 설명의무 위반에 대한 것이 대부분이었고, 의사가 설명의무를 위반하였다 하더라도 환자가 채무불이행으로 인한 손해배상을 청구하기 위해서는 그 중대한 결과와 의사의 설명의무 위반 내지 승낙취득 과정에서의 잘못과의 사이에 상당인과관계가 존재하여야 하며, 환자의 생명·신체에 대한 침습과정에서 요구되는 의사의 주의의무위반과 동일시할 정도의 것이어야 한다.483) 그러나 의료분쟁으로 인한 손해배상청구소송에서 의사의 설명의무 위반으로 인한 손해배상(주로 위자료)이 인정되는 판례가 속출하면서 의사 측에서는 설명의무를 이행하는 것이 거의 일반화되었고, 최근 들어서는 의사가 설명의무 위반으로 인하여 손해배상청구를 받는 일이 현격하게 줄어들었다고 여겨진다. 반면에 환자의 설명동의권이 강화되면서 의사 측의 치료특권 또는 재량권이 축소되었고, 의사 측의 치료의 필요성과 그에 대한 설명이 있는 경우 환자 측의 명확한 동의가 없는 한 방어진료 또는 소극진료를 하여 왔다. 그러나 최근 판례에서는 환자 측의 명확한 동의가 없는 경우에도 환자의 생명에 중대한 영향을 미치는 의료행위에 대해서는 환자 측에게 설명에 대한 동의를 적극적으로 확인하거나 촉구하지 않은 것에 대해서도 의사 측의 과실을 인정하고 있다.484)

---

483) 대판 1994. 4. 15. [93다60953].

第 4 章 醫療契約의 不履行과 그 救濟

第 1 節 序　說

　의료행위는 사무관리관계 등이 성립하는 특별한 경우를 제외하고는 의료계약의 존재를 전제로 하고 있다.485) 의료계약관계에 있어서 의사가 환자의 질병 등을 진단·치료하기 위해 의료행위를 실시하게 되는 경우에 의사의 과실에 의해서뿐만 아니라 의료의 특수성으로 인해 원인불명의 의료사고가 발생할 수 있다. 의료사고가 발생하면 대부분 의사와 환자사이의 의료분쟁을 야기하는 것이 오늘날의 현실이다.486) 특히 의료계약관계에 대한 사회 전반적인 분위기가 환자 측과 의사 측 사이에 권리와 의무의 대립 양상으로 흐르고 있고, 그에 따라서 많은 의료분쟁이 소송상의 다툼으로 발전되어

---

484) 최근 서울고법 민사9부의 판결(2004. 4. 15.)에서는 "환자 측이 수술의 동의 여부에 대한 확답을 하지 않고 불명확한 태도를 보였다고 해도 병원은 환자의 수술을 위한 적극적인 대응을 하여야 한다. 다만 원고들(환자 측)도 피고(병원)로부터 수술을 서둘러야 더 효과적이라는 설명을 들었으나, 막연히 골수이식수술을 할 것이라고만 믿고 피고 측에 이를 확인하지 않은 과실이 있다"라고 하여 병원의 책임을 20%를 인정하였다(2004. 4. 15.(목) 연합뉴스).

485) 판례에서도 의료과오사건을 판단함에 있어서 의사와 환자의 계약성립을 기초로 하여 판단하고 있다(대판 1994. 4. 15. [93다60953]; 대판 1997. 7. 22. [95다49608]; 대판 2002. 10. 25. [2002다48443] 등).

486) 金玟中, 醫療行爲에서의 法律問題와 醫師의 責任(下), 法曹 通卷 第415號(91. 4.), 88~89쪽.

사회문제로 등장하게 되었다.

의료사고가 발생하면 피해자인 환자 측에서는 의사 측에 대하여 의료계약을 근거로 채무불이행책임을 물을 수 있고, 한편으로는 의사의 진료행위 과정 중에 과실이 있었음을 이유로 불법행위책임을 물을 수도 있다. 의료과오소송의 법리구성에 있어서 우리나라에서는 의사 측의 불법행위책임을 묻는 것이 대부분이지만, 일본에서는 하급심을 중심으로 채무불이행책임을 묻는 경향이 강하다.487) 뿐만 아니라 각 나라마다 의료분쟁에 대한 손해배상책임의 법리구성에 차이를 보이고 있다.488)

의료사고가 발생한 경우에는 채무불이행책임과 불법행위책임 모두를 물을 수 있고, 손해배상을 청구하는 환자 측에서는 그중 하나의 청구원인만을 선택하거나, 하나의 책임을 주된 청구원인으로 하고 다른 하나를 예비적 청구원인으로 하여 소송을 제기할 수 있다고 보는 청구권경합설이 우리나라의 통설·판례이다.

또한 의료계약의 불이행으로 인하여 발생하게 되는 의료분쟁을 소송에 의해 해결하는 경우에는 의료계약의 불이행의 경우에 소송에 의한 해결은 장기간의 시간을 필요로 할 뿐만 아니라 환자 측과 의사 측 당사자 사이에 신뢰관계를 파괴하는 등의 부작용도 초래하고 있다. 따라서 소송에 의한 해결

---

487) 平林勝政, 医療過誤の契約的構成と不法行爲的構成, 228面.
488) 일반적으로 중앙유럽과 그리스, 프랑스, 벨기에, 이탈리아 등의 국가에서는 계약법적 접근이 강하고, 영국, 미국, 스칸디나비아 국가들과 공산주의 국가들에 있어서는 불법행위법적 접근이 강하다 (Panayotis J. Zepos, Professional Liability; Physicians, p.6~11).

에 앞서 소송 이외의 방법으로 그 피해를 구제할 수 있는 법적·사회적 제도를 통하여 해결하는 방법도 적극 활용될 필요성이 있다.

아래에서는 우선 의료계약의 불이행으로부터 환자 측에 의해 제기되는 의료과오소송의 특성을 살펴보고, 입증책임과 관련하여 나타난 불법행위책임과 계약책임 이론구성의 검토와 계약책임 이론구성의 비판에 대한 수정이론들을 살펴본다. 그리고 환자 측의 입증책임을 완화하기 위해 도입하고 있는 외국의 이론과 우리나라의 판례의 경향을 살펴 본 후, 소송 이외의 방법으로 환자 측의 피해구제를 도모할 수 있는 법적·사회적 제도에 대하여 살펴본다.

第 2 節 債務不履行責任과 立證責任

Ⅰ. 醫療過誤訴訟의 特殊性과 立證責任

1. 立證責任分配의 一般原則

입증책임은 소송에 있어서 요증사실이 존재불명(non liquet)인 경우에 불리한 법률판단을 받도록 정하여져 있는 당사자의 일방이 부담하는 불이익 내지 위험을 말한다.489) 즉, 증거가

---

489) 吳錫洛, 立證責任論, 靑林出版 1995, 69쪽; 李時潤, 民事訴訟法(新

230

없을 경우 당사자일방의 패소위험을 말한다.490)

입증책임의 분배에 관하여는 "주장하는 자는 입증을 요하고, 부정하는 자는 요하지 않는다(ei incumbit probatio, pui dicit, non pui negat)"와 "사물의 성질상 부정하는 자는 입증을 요하지 않는다(cum per rerum naturam negantis nulla probatio sit)"라는 로마법상의 두 개의 법원칙이 있었으며, 이 두 법칙이 결합하여 "입증책임은 긍정하는 자에게 있고 부정하는 자에게는 없다(affirmanti incumbit probatio non neganti)"라는 법언이 생겨난 이래 수많은 학설이 대립하여 왔으나, 1804년 Weber의 "민사소송에 있어서 증거제출의무에 관하여(Über die Verbindlichkeit zur Beweisführung im Zivilprozess)"라는 논문이 나온 이후에 요증사실분류설에서 법률요건분류설(규범설)로 변화하였고, 이 학설이 통설의 지위를 차지하고 있다.491) 그러나 독일과 일본의 일부학자(Leipold, 石田穰)들은 규범설의 타당성에 의문을 제기하였고, 아직까지도 입증책임의 본질론, 법률요건의 분류, 간접반증, 법률상의 추정의 효과에 있어서는 결론을 찾지 못하고 있으며,492) 법률요건분류설의 비판에 대하여 독일의 Schwab 교수와 일본

訂版), 博英社, 1994, 556쪽.

490) 이러한 의미의 입증책임을 객관적 입증책임이라고 하며, 입증책임 부담자가 패소를 면하기 위하여 입증활동을 하여야 할 필요 즉, 승소를 하기 위하여 입증책임을 지는 사실에 대하여 증거를 대야 하는 일방당사자의 행위책임을 주관적 입증책임(Beweisführungslast)이라 한다(李時潤, 民事訴訟法, 557쪽).

491) 金尙永, 醫療過誤訴訟에 있어서 因果關係·過失의 立證責任, 法學研究 第37卷 第1號(1996), 釜山大學校 法學研究所, 192쪽; 吳錫洛, 立證責任論, 70쪽.

492) 吳錫洛, 立證責任論, 78~80쪽.

의 倉田卓次 교수는 이를 재비판하고 있다.[493]

2. 醫療過誤訴訟의 特殊性

　의료행위는 의학을 환자에게 응용하는 것이기 때문에, 의료과오가 있으면 항상 환자의 생명, 신체 및 건강을 침해하게 된다. 따라서 의료과오소송은 의료행위의 특성으로 인해 일반의 손해배상과는 달리 의료과오를 빚은 객관적 사실 자체의 재현과 객관적 사실의 존재에 관한 입증이 곤란하다.[494] 이러한 입증의 곤란은 의료과오소송에서, ① 문제가 되는 의학의 수준이 고도의 전문성을 지닌 것이기 때문에 소송 자체에 법률뿐만 아니라 의학적 전문지식이 필요하고, ② 의료행위에 관한 증거가 대부분 의사 측에 편재되어 있으며, ③ 의료행위의 재현불가능 및 환자의 개체성 등으로 인해 의료과오의 입증이 곤란하고, ④ 소송절차에서 감정비용 등으로 인해 일반의 사건과는 달리 고액의 소송비용이 필요하다.[495] 또한 최근에는 의료사고 발생 시 형사사건화 되는 경향이 심하고, 높은 화해의 비율 등도 그 특징으로 나타나고 있다.[496]

---

493) 그러나 Schwab은 권리근거규정과 권리장애규정의 구별이 불가능하다는 반대론자들의 비판을 받아들여 양자의 구별을 포기하고 권리장애규정을 입증책임의 「특별규정(Ausnahmetatbestand)」으로 이해하려고 하고 있으며, 倉田卓次는 양자의 구별이 입법자의 결단을 통하여 법규의 규제형식에서 파악할 수 있다고 하여 양자의 구별은 아직 입증책임의 분배의 규준으로 기능할 수 있다고 하고 있다(吳錫洛, 立證責任論, 80~81쪽).
494) 吳錫洛, 立證責任論, 167쪽.
495) 申殷周, 醫療過誤에 있어서 立證責任에 관한 硏究, 20~24쪽.
496) 崔載千·朴永浩, 의료과실과 의료소송, 110·147쪽.

232

(가) 訴訟의 專門性

　　의료과오소송은 의료행위라고 하는 극히 전문적인 분야에
서 발생하는 분쟁으로서, 의료에 대해서 문외한인 법관이 사
안의 실체를 정확히 파악하는 것이 쉽지 않다. 따라서 법관
은 전문감정인의 도움을 필요로 하는데, 감정인은 그의 동료
인 의사에게 불리한 정보를 제공하지 않으려는 침묵의 공모
(conspiracy of silence)를 통해 피고 의사에게 불리한 증언을
거부하는 경우 사실관계의 파악이 어렵게 된다.497) 의학 또
는 의료의 발전으로 인해 질병·상해 등이 감소하는 것이 아
니라, 오히려 전에는 발견하지 못했던 새로운 질병·상해 등
이 발생하는 경우가 많아지고 있으며,498) 의학이 끊임없이
진보하여 의학수준이 날로 향상되고 있기 때문에 법원에서
사건해결을 위한 판단기준을 발견하는 것 자체가 곤란한 경
우도 많다.499) 그리고 현대의학의 수준이 모든 병리현상을
명확히 해명할 수 없다는 것도 의료과오소송의 해결을 곤란
하게 하는 큰 원인이 되고 있다.500)

---

497) 申殷周, 醫療過誤에 있어서 立證責任에 관한 硏究, 21~22쪽; 李在
　　睦, 醫療過誤訴訟에 있어서 立證輕減의 法理, 법정고시(1997. 7.),
　　129쪽.
498) 西井龍生, 医療契約と医療過誤訴訟, 154面.
499) 黑田直行(鈴本忠一·三ケ月　監修), "醫療過誤訴訟における審理上の
　　諸問題", 新實務民事訴訟法講座　第5卷, 日本評論社, 1983, 291面;
　　中野貞一郎, "醫療過誤訴訟の手續的課題", 過失の追認, 弘文堂, 1978,
　　140面(申殷周, 醫療過誤에 있어서 立證責任에 관한 硏究, 22쪽에서
　　재인용).
500) 崔載千·朴永浩, 의료과실과 의료소송, 147~148쪽.

(나) 證據의 偏在

　의학에 대해서 문외한인 환자가 전문가인 의사를 상대로 의료과오로 인한 손해배상청구소송을 제기한 경우에, 의료행위에 관한 증거의 대부분이 의사 측에게 편재하고 있기 때문에 환자는 증거수집이 어려워 입증곤란에 빠지게 된다. 즉, 진료기록, 방사선촬영사진 등 중요한 증거를 의사가 작성·보관하고 있기 때문에 환자가 의사의 의료과오를 입증하는 것이 곤란하게 된다. 그러한 문제를 해결하기 위해 2000년 7월 13일에 의료법을 개정하여 동법 제20조에서 환자에 대한 진료기록의 열람·사본교부를 인정하고 있으나, 의료기관의 거부로 진료기록부 사본을 교부받지 못하거나 장기간 지연되고 있어서 환자 측의 증거수집이 여전히 곤란을 겪고 있다.501) 또한 환자는 소송에 필요한 의료에 관한 지식을 얻기 위하여 의사의 협력을 얻어야 하는데, 실질적으로 의사의 협력을 얻는 것은 용이하지 않다.

(다) 立證의 困難

　의료과오소송의 또 하나의 특징은 요건사실, 특히 인과관계와 귀책사유에 대한 입증의 곤란이다. 피해자인 환자는 보통 치료 당시에 마취상태에 있거나 중환인 경우가 많고, 의료행위는 고도로 전문적·기술적인 것이므로 환자가 의료행

---

501) 한국소비자보호원, 2001 소비자 피해구제 연보 및 사례집, 2002. 5, 284∼285쪽.

234

위의 전 과정을 인식하는 것이 거의 불가능하기 때문에, 의료행위가 끝난 뒤에 의료과오가 문제되면 당해 의료행위의 객관적 사실에 대한 입증이 불가능하게 된다. 이러한 입증의 곤란은 ① 개개 환자의 생체에 대하여 생리작용과 병리적 변화 등이 천차만별이고, ② 인간의 인식수단이 불충분하고 불확실하며, 살아 있는 생명체에서의 반응결과를 지배할 수 없고, ③ 다양한 구체적 사례에서 의사가 취해야 할 조치와 베풀어야 할 주의에 대한 의학상의 기술수준이 명확하지 않다는 등의 의료행위의 특질에서 연유한다.502) 또한 의료행위에 있어서 의사의 재량이 광범위하게 인정되고 있으므로 과실에 관한 사실의 입증이 곤란하고, 의료행위의 밀실적 성격으로 인하여 의사의 과실을 입증하기가 매우 곤란하여, 의사가 책임을 면하게 되는 경우도 흔히 발생한다.503) 그러므로 입증의 곤란을 어떻게 극복할 것인지가 의료과오소송의 증가와 함께 중요한 과제로 된다.

　(라) 訴訟費用의 過多性

　의료과오로 인하여 원고인 환자가 손해배상청구를 하는 경우에 그 손해배상의 액이 대체로 다액이다. 이는 원고의 신체에 대한 침해에서 기인한 것이므로 인권존중사상과 함께 청구금액도 증가하고 있다. 따라서 소송비용도 증가하게 되

---

502) 松倉豊治, "醫療過誤をめぐる諸問題", 法律時報　第501號, 40面; 中野貞一郎, "診療債務の不完全責任と證明責任", 86面.
503) 藤木英雄, "醫療事故における因果關係と過失", ジュリスト　第548號, 300面.

며, 피해자인 원고에게 큰 부담이 될 수 있고, 원고가 승소하는 경우에는 반대로 피고인 의사에게 부담을 주게 된다. 또 한편으로 피고에게는 단순히 경제적인 부담뿐만 아니라 그의 사회적 지위에도 중대한 영향을 미치게 된다.504)

(마) 刑事事件化 傾向과 높은 和解의 比率

의료사고와 관련된 형사사건은 1989년 한 해 동안 305건이었고, 그에 비해 민사소송사건은 42건에 불과하였고,505) 그 이후에도 대체로 형사사건이 5~6배 정도 높게 나타나고 있다.506) 의료사고가 발생하면 환자 측의 형사고소고발을 통하여 국가의 수사기관에 의한 절차를 우선적으로 밟지만, 대부분의 경우 민사소송의 절차로 나아가지는 않는 것으로 보인다.

이러한 경향은 환자 측이 경제적으로 열악하여 고액의 소송비용을 감당하기 어려워서 민사소송을 포기하고 낮은 금액의 합의를 하거나, 의료사고를 형사사건화를 통하여 또는 비합법적인 위협 등을 통하여 합의를 하는 경향이 있기 때문이다. 또한 의료과오사건은 다른 사건에 비해 화해의 비율이 높으며, 대체로 50%~80% 정도의 의료분쟁사건이 화해(또는 합의)에 의해 해결되고 있다.507)

---

504) 申殷周, 醫療過誤에 있어서 立證責任에 관한 硏究, 24쪽.
505) 崔載千·朴永浩, 의료과실과 의료소송, 105·110쪽.
506) 權南赫, 醫療專門人의 醫療過誤로 인한 民事責任, 民事法硏究 第四輯, 大韓民事法學會, 1995, 277쪽.
507) 崔載千·朴永浩, 의료과실과 의료소송, 147쪽; 權南赫, 醫療專門人의 醫療過誤로 인한 民事責任, 276~277쪽. 물론 과거에는 증거확보를 위한 목적도 있었지만, 2000년 1월 12일에 개정된 의료법 제

3. 醫療過誤訴訟에 있어서 債務不履行責任의 特殊性

(가) 立證의 對象 및 範圍

의료계약의 위반에 대한 소송에서 손해배상의 청구원인을
채무불이행책임으로 구성하는 경우에 환자 측에서는, ① 의사
측의 주의의무위반, ② 불완전이행, ③ 손해의 발생, ④ 의료
행위와 손해와의 인과관계를 입증하여야 하고, 불법행위책임
으로 구성하는 경우에는 ① 의사 측의 고의·과실, ② 위법성,
③ 손해의 발생, ④ 의료행위와 손해와의 인과관계를 입증하
여야 한다.508) 의료과오소송에 있어서 입증책임의 문제를 오
늘날 일반적인 입증책임분배의 기준으로 인정되고 있는 법률
요건분류설(규범설)509)에 의하는 경우에는 입증책임의 분배가
실체법의 구조에 의해서 권리근거규정, 권리장애규정 및 권리
멸각규정으로 나뉘고, 각각의 규정에 의한 법률상의 효과를

20조에서 환자 측의 의료기록의 열람·사본교부권을 인정하고 있
고, 의료과오소송에 있어서 형사기록의 증거력을 제한함으로 인하
여 증거확보를 위한 목적은 무의미하게 되었다.

508) 金尙永, 醫療過誤訴訟에 있어서 因果關係·過失의 立證責任, 3쪽;
朴永浩, 醫療過誤訴訟에 있어서 過失과 因果關係의 立證과 그 方
法, 저스티스 통권 제77호(2004. 2.), 90쪽.

509) 오늘날 입증책임분배에 대해서는 법률요건 그 자체에 의하여 이를
결정하려는 견해가 지배적이고, 법률요건분류설은 법률요건의 성
질이나 그 규제형식에 의하여 입증책임의 분배를 결정하는 것을
원칙으로 삼으려는 것이다. 그러나 법률요건분류설은 환경소송·
의료과오소송·제조물책임소송 등과 같은 현대형 소송의 출현으로
말미암아 이론적 결함을 드러내고 있는 것은 사실이지만, 위험영역
설·이익교량설 등의 새로운 이론을 채용함에 있어서는 법적 안전
성을 해칠 염려가 있기 때문에, 현재로서는 법률요건분류설에 따르
는 것이 옳다고 생각된다(오석락, 입증책임론, 86~87쪽).

주장하는 자가 그 규정에 해당하는 사실을 주장·입증하여야
한다.510) 그러므로 불법행위책임과 채무불이행책임의 어느 구
성을 취하더라도 이행의 불완전(과실)과 인과관계가 권리근거
규정에 포함되고, 손해배상을 청구하는 원고인 환자 측에서
이를 입증하여야 된다.511)

(나) 損害賠償의 範圍

채무불이행으로 인한 손해배상은 통상의 손해를 그 한도로
하고, 특별한 사정으로 인한 손해는 채무자가 그 사정을 알았
거나 알 수 있었을 때에 한하여 배상책임을 부담한다(민법 제
393조). 불법행위로 인한 경우에는 재산 이외의 손해에 대한
배상책임(민법 제751조)과 재산상의 손해 없는 경우의 배상책
임(민법 제752조), 즉 위자료의 청구가 인정된다. 그러나 우리
민법은 독일 민법과 달리 「재산손해가 아닌 손해는 법률로 정
하여진 경우에만 금전에 의한 배상을 청구할 수 있다」는 규정
(독일민법 제253조)의 규정이 없고, 민법 제763조의 규정에
의하여 불법행위로 인한 손해배상에도 민법 제393조 이하의
규정을 준용하고 있으므로 손해배상의 범위에는 차이가 없
다.512) 그리고 불법행위책임설과 채무불이행책임설의 책임구

---

510) 사법연수원, 의료과오 손해배상, 105쪽.
511) 채무불이행의 경우에 있어서 이행의 불완전에 대해서는 우리나라
　　　와 일본, 독일 모두가 채권자부담설을 취하고 있기 때문이다(石熙
　　　泰, 醫療過誤에 관한 民事責任의 構造, 判例月報 第192號, 19쪽).
512) 郭潤直, 債權總論, 178쪽; 曺喜宗, 醫療過誤訴訟, 216쪽; 대판 1980.
　　　10. 14. [80다1449]; 대판 1996. 12. 10. [96다36289].

238

조에 있어서는, ① 소멸시효기간이 채무불이행의 경우 10년임
에 비하여, 불법행위의 경우에는 3년이라는 점,513) ② 채무불
이행의 경우에는 법정대리인 또는 상속권이 있는 유가족 등
의 위자료 청구가 어렵다는 점,514) ③ 지연손해금의 발생
일,515) ④ 사용자책임・이행보조자책임과 면책가능성516) 등에

---

513) 판례가 불법행위에 있어서는 피해자가 손해뿐만 아니라 그 손해
가 위법행위에 의한 것임도 안다는 의미로 해석하고 있고, 일반인
으로서는 의사의 과실의 유・무를 쉽게 알 수 없으므로 의료계약
상 과실에 의한 손해배상청구권의 존재를 알게 되는 시기가 상당
히 늦춰질 수 있으므로, 불법행위구성이 환자에게 반드시 불리한
것은 아니라고 하고 있다(대판 1965. 5. 4. [64다1696]; 李輔煥, 醫
療過誤로 因한 民事責任의 法律的 構成, 39쪽). 그러나 오늘날 국
민의 권리의식의 고양, 의료에 관한 관심 및 지식이 언론매체 등
에 의해 상당히 공개되고 있기 때문에 의료사고 발생 시 진료기
록부의 열람청구 등을 통하여 손해배상청구권의 존재를 알게 되
는 시기가 빨라지고 있다고 생각된다. 따라서 소멸시효의 부분에
있어서 불법행위책임구성과 계약책임구성의 차이가 거의 없다는
생각에 대해서는 다시 한번 생각해 보아야 할 것이다.
514) 특히 채무불이행책임으로 그 법리를 구성하면, 환자가 사망한 경
우 법정대리인 또는 유가족의 위자료 청구권이 인정되지 않기 때
문에 불법행위책임으로 그 법리를 구성하는 경향이 강하다고 생
각된다. 그러나 채무불이행구성에 있어서도 근친자에게 위자료를
인용한 東京地判 平成 2(1990). 3. 12. 판결을 예로 들면서 근친자
등에 대한 위자료의 인정에 채무불이행책임과 불법행위책임에 차
이를 둘 필요는 없다는 견해도 있다(深谷 翼, 医療關係者のための
医療事故と法的責任, 42面).
515) 불법행위의 경우에는 불법행위가 있었던 때부터 이행기에 있는
것으로 하여 불법행위 시부터 지연이자가 발생하고(대판 1966.
10. 21. [64다1102]), 채무불이행의 경우에는 당해 손해에 대한 전
보배상이 원칙이므로 지연이자의 발생시기는 손해배상의 청구시
점에 발생하게 된다.
516) 불법행위책임에 있어서는 이행대행자(의사 또는 병원이 환자를
위해 초빙한 의사 등)・이행보조자(간호사 또는 의료기사 등)의
사용이 승낙되었거나 부득이한 사유가 있는 경우에는 선임・감독
에 관해서만 책임을 지게 되므로(민법 제756조) 면책가능성이 인

서 차이가 있다.517) 그러나 채무불이행책임설이 추구하려고
했던 환자의 입증책임의 문제는 의료과오소송의 특성으로 인
해 책임구조의 선택으로 해결될 수 없고,518) 또한 최근의 판
례는 불법행위책임구성에 의해서도 과실의 사실상의 추정 또
는 일응의 추정의 법리를 적용하여 환자 측의 입증책임을 경
감하고 있기 때문에 반드시 채무불이행책임구성이 유리하다
고 할 수 없지만, 최소한 불법행위책임과 동등하거나 유리한
면이 존재한다고 생각된다.

(다) 立證의 程度

일반적으로 민사소송상의 증명도에 관하여는 직접적으로
규정하고 있지 않고, 민사소송법 제299조의 규정에 비추어 볼
때 증명과 소명을 구별하고 있으며, 증명은 소명보다 높은 심
증으로 규정하고 있으므로 입증의 정도는 인과관계가 당해

정되지만, 채무불이행책임에 있어서는 이행대행자·이행보조자의
고의·과실이 채무자인 의사 또는 병원의 고의·과실이 되므로
면책가능성은 인정되지 않는다. 그러나 사용자에게 면책을 인정한
판례는 거의 찾아 볼 수 없다는 점에서 책임구조상의 차이가 없
다고 할 수 있다(金珉中, 醫師責任의 民事法的 根本原則에 관한
硏究, 全北大學校 論文集 第36輯 人文社會科學篇(1993), 22쪽; 李
輔煥, 醫療過誤로 因한 民事責任의 法律的 構成, 35~36쪽; 曺喜
宗, 醫療過誤訴訟, 84쪽).

517) 塚原明一, '民事責任の構造－債務不履行構成と不法行爲構成', 現代
民事裁判の課題 ⑨, 新日本法規出版株式會社, 1991, 81面.

518) 李輔煥, 醫療過誤로 因한 民事責任의 法律的 構成, 13쪽 이하; 사
법연수원, 의료과오 손해배상, 107쪽; 平林勝政, 医療過誤の契約的
構成と不法行爲的構成, 228~229面; 西井龍生, 医療契約と医療過誤
訴訟, 169面 등.

법관의 확신에 이를 정도로 입증되어야 한다.519) 원고는 법관
의 확신에 이를 정도로 인과관계를 입증해야 하는데, 과학적
으로까지 입증될 필요는 없고 일반적인 역사적 사실로서의
"고도의 개연성(hohe Wahrscheinlichkeit)"만 있으면 반증이
없는 한 입증이 된 것으로 본다.520) 따라서 민사소송에 있어서
의 진실은 형사소송에 있어서의 대체적인 실체적 진실이 아니
라 당사자 간에 있어서의 상대적 진실이므로, 그 증명의 정도
도 합리적 의심의 여지가 없는 정도보다는 낮은 이른바 "증거
의 우월(preponderance of evidence)"로서 충분하다.521)

그러나 실제 의료과오소송에 있어서는 의료행위의 특성과
의료과오소송의 특수성 등으로 인하여 인과관계의 입증 자체
가 극히 곤란하여 주요사실을 증명할 수 있는 경우는 드물
고, 오히려 간접사실을 누적적으로 증명하여 주요사실을 증
명할 수밖에 없는 경우가 대부분이다.522)

(라) 債務不履行責任의 限界

의료행위에 있어서 의사의 환자에 대한 채무를 "수단채무"
로 보는 한, ① 불법행위책임구성에 있어서의 과실은 채무불
이행책임구성에 있어서 이행의 불완전성과 차이가 없으며,
② 손해배상의 범위도 민법 제393조의 규정이 동법 제763조

---

519) 吳錫洛, 立證責任論, 239쪽.
520) 사법연수원, 의료과오 손해배상, 104쪽; 대판 1990. 6. 26. [89다카
7730].
521) 吳錫洛, 立證責任論, 231~237쪽.
522) 사법연수원, 의료과오 손해배상, 103쪽.

의 규정에 의해 불법행위로 인한 손해배상의 경우에도 준용
되므로 차이가 없고, ③ 면책특약의 효력도 어떠한 구성의
소구이든 같아야 하고, ④ 귀책사유 부존재의 입증책임이 채
무자인 의사에게 있다고 하여도, 귀책사유는 이행채무의 불
완전성의 주장·입증과정에서 명백해지므로, 입증책임이 채
무자에게 있음을 전제로 채무불이행책임 구성이 피해자인 환
자에게 유리한 점이 거의 없게 된다.523)

Ⅱ. 契約法的 構成에 대한 批判論과 立證方法論의 修正

의료과오소송에 있어서 청구원인을 계약책임으로 구성하여
입증책임의 유리함을 주장하는 학설들에 대해서는 비판이 가
해지고 있으며, 이 학설은 그 비판에 대하여 여러 가지 방법
으로 이론을 수정하여 해결하고자 노력하고 있다. 우리나라
에서는 채무불이행책임구성 유리설의 견해에 찬성하는 학설
은 극소수이고,524) 대부분의 견해가 채무불이행책임 유리설
을 비판하거나 불법행위책임과 별 다른 차이가 없다고 하고
있다. 이러한 현상은 우리나라 판례와 학설이 그동안 의료과
오소송에 대해서 계약책임의 측면보다는 불법행위책임 측면
에서 그 해결을 강구하는 데 치우친 나머지 나타난 현상이라

---

523) 李輔煥, 醫療過誤로 因한 民事責任의 法律的 構成, 35~36쪽.
524) 石熙泰, 진료과오에 관한 민사책임구조, 32·37쪽만이 외형적 불
    완전설의 견해에 찬성하고 있다.

고 생각된다. 아래에서는 그러한 학설의 주장과 그에 대한
비판론에 대해 외국의 학설을 중심으로 살펴본다.

1. 債務不履行責任 有利說과 그에 대한 批判論

(가) 債務不履行責任 有利說

의료분쟁으로 인한 의료과오소송에 있어서 채무불이행책임
구성의 시도는 불법행위책임구성과 채무불이행책임구성 사이
에 입증책임과 시효기간에 큰 차이점이 존재하기 때문에 불
법행위책임구성보다 채무불이행책임구성에 의한 것이 유리하
다고 주장한 加藤一郎의 견해에서 출발한다.[525] 그러나 加藤
一郎의 의료과오소송에서의 채무불이행책임구성 유리설에 대
한 반대론이 등장하여 이를 비판하였고, 그 비판에 대해 채
무불이행책임 유리설을 옹호하기 위한 여러 견해들이 다시
등장하게 되었다.

(나) 債務不履行責任 有利說에 대한 批判

채무불이행책임 유리설에 대하여 이를 반대하는 견해는 의
료계약에 있어서 의사의 채무가 통상의 채무와 같이 내용적
으로 확정된 일정한 결과를 달성할 "결과채무(obligation de
résultant)"가 아니라 채권자인 환자에게 희망된 질병의 치료

---

525) 加藤一郎, 医師の責任, 損害賠償責任の研究(上), 1957, 509面(西井
龍生, 医療契約と医療過誤訴訟, 169面에서 재인용).

등의 결과를 달성하기 위해 선량한 관리자의 주의의무를 기울여 적절한 진료행위를 실시하는 것 자체를 내용으로 하는 "수단채무(obligation de moyen)"526)이고, 의료과오소송을 계약법적 법리구성을 통하여 환자가 의사의 채무불이행책임을 묻는 경우 채무불이행의 유형은 불완전이행이며, 채무의 이행이 불완전하다는 사실은 청구원인이기 때문에 원고인 환자가 채무의 내용이 불완전하다는 사실을 증명하여야 한다.527) 따라서 그 증명책임을 다하기 위한 논리적 전제로서 진료채무의 내용이 구체적으로 특정되어 있어야 한다는 점을 그 근거로 하고 있다.528)

특히 中野貞一郎은 채무불이행에서도 채무자의 이행이 불완전하였다고 하는 것의 증명은 채권자인 환자 측이 하여야 하지만, 그 증명할 내용은 채무자인 의사 측이 선량한 관리자의 주의로 위임사무를 처리하지 않았다고 하는 것이고, 그 입증에 성공하면 의사 측이 그 불이행은 자기의 책임에 속하지 않는 사유에 기하였다는 것을 입증한 때에 비로소 그 책임을 면할 수 있다고 하면서,529) 환자 측이 의사의 구체적 주의의무위반을 입증하는 것이 곤란하다고 하는 반론에 대하여 5가지의 이유를 들어 불법행위책임구성보다 채무불이행책임구성이 유리하다는 견해에 반대하고 있다.530) 또한 의사의

---

526) 대판 1988. 12. 13. [85다카1491]; 대판 1993. 7. 27. [92다15031]; 西井龍生, 医療契約と医療過誤訴訟, 157面; 大阪高判 昭和 47(1972). 2. 29, 判例時報 第697号, 55面 등.
527) 中野貞一郎, 診療債務の不完全履行と證明責任, 93面; 吳錫洛, 立證責任論, 182쪽.
528) 平林勝政, 医療過誤の契約的構成と不法行爲的構成, 228面.
529) 中野貞一郎, 診療債務の不完全履行と證明責任, 71面 이하.

환자에 대한 채무는 선량한 관리자의 주의로 적절한 진료행위를 하도록 노력한다고 하는 추상적인 것에 귀착하게 되고,531) 의료과오를 불법행위책임에 있어서 의사의 과실을 환자가 증명해야 한다고 하는 것과 큰 차이가 없다는 결과에 도달하게 된다고 비판하고 있다.532)

2. 批判論에 대한 契約責任 有利說의 修正論

계약책임 유리설의 견해들은 의료과오소송의 입증책임과 관련하여 계약법적 법리구성에 대한 비판에 대해서 다음과 같은 방법을 통해서 이를 극복하려는 견해가 나타났다.

(가) 履行不能論

채무불이행의 태양을 이행불능으로 구성하게 되면, 환자는 불완전이행의 전제인 진료채무의 내용을 특정할 필요가 없게 되고, 그 한도에서는 불완전이행에서 문제가 되는 채무의 내용인 선량한 관리자의 주의의무의 구체적인 특정과 그것의

---

530) 中野貞一郎, 診療債務の不完全履行と證明責任, 77~78面 각주 6에서 이행불능이 주장된 하급심 판례 5가지를 들면서, 그중 두 건은 항소심에서 채무불이행의 태양을 불완전이행으로 변경하거나, 이행불능이 부정되었고, 이해지체·이행불능과 불완전이행과의 한계를 짓는 것은 곤란한 문제를 포함하지만, 적극적계약침해가 존재하는 한도에서 지체·불능을 수반하는 것도 의료과오소송에서는 불완전이행이 있는 것으로 고려하여야 한다고 하고 있다.
531) 筋 立明·中井美雄, 医療過誤法入門, 61面.
532) 吳錫洛, 立證責任論, 170쪽; 中野貞一郎, 診療債務の不完全履行と證明責任, 91面 이하; 西井龍生, 医療契約と医療過誤訴訟, 169面.

위반이라는 사실의 입증이 용이해진다고 하는 견해이다.[533] 그러나 이 견해에 대해서는 그 타당성과 관련하여 일련의 수술 전의 의료행위와 수술 후의 의료행위를 2분하여 후자의 이행불능만을 문제로 하는 것이고, 진료채무의 내용은 치료가 아니라 적절한 주의를 기울여 치료를 한다는 점에 있으므로 이는 채무의 본지에 따른 판단이 아니기 때문에 타당하지 않다는 비판과[534] 진료계약의 내용에서 보면, 역시 이행불능이라고 하는 것은 "채무의 특수성을 간과한 것"으로서 타당하지 않다는 비판이 가해진다.[535]

(나) 外形的 不完全說

이행불능론의 비판을 극복하기 위해 채무불이행의 태양을 불완전이행으로 구성하면서도 결과적인 면에서 객관적으로 혹은 외형적으로 불완전한 치료가 이루어졌다고 보이는 경우 그 불완전이행을 추인하고 채무특정의 곤란을 회피하려는 견해이다.[536] 이 견해는 ① 환자의 주장책임은 "회복되지 않았다든가 악화되었다"라고 하는 사실에 한정하는 것으로 충분하고, ② 의료행위의 전문성에 비추어 의사 측에게 먼저 진

---

533) 수술과 수술 후의 치료행위에 대해서는 東京地判 昭和 47(1972). 1. 25, 判例タイムズ 第277号, 185面; 山形地裁新地判 昭和 47(1972). 9. 19, 判例時報 第674号, 98面; 마취와 수술 그 자체에 대해서는 甲府地判 昭和 46(1971). 10. 18, 判例時報 第655号, 72面.
534) 手嶋 豊, 医師の責任, 317面.
535) 唄 孝一, 現代医療における事故と過誤訴訟, 8面.
536) 石熙泰, 진료과오에 관한 민사책임구조, 32・37쪽; 旭川地判 昭和 45(1970). 11. 25, 判例時報 第623号, 52面; 大阪高判 昭和 47(1972). 2. 29, 判例時報 第697号, 55面.

료활동과 주의의무를 다한 사실을 입증하게 하고, 그 후에
환자 측이 의사 측의 입증에 대해 다시 입증활동을 전개하게
하는 방식이 타당하고, ③ 의료계약의 체결 시 그 내용에 어
느 정도의 예상외의 결과를 초래하지 않는다는 부작위의무
혹은 결과채무가 포함되어 있는 것으로 하여, 예상외의 결과
가 발생하면 의사 측에게 이를 적극적으로 설명하고 변명할
의무가 포함되어 있으며, ④ 입증의 곤란은 양 당사자에게
공통적인 사실이지만, 의사는 의료에 대한 전문가로서 환자
보다 입증이 용이하며, ⑤ 구체적인 사실의 주장·입증책임
이 환자에게 있다고 하면서도 일응의 추정이론 등에 의해 입
증을 경감시키는 것은 소송상 우회적 예외방법 내지 불완전
한 방법이고, ⑥ 입증책임을 의사에게 부담시키는 것이 가혹
하다고는 하지만, 의사에게 회복이라는 결과채무를 부담시키
지 않는 代償으로서 기술수준을 지킨 진료행위를 누구에게든
지 충분히 주장·입증할 수 있게 하는 것이 필요하다는 것을
논거로 하고 있으며, 결국 이 이론은 입증의 난이 또는 증거
와의 거리 등 실질적 사정에 의해 입증책임을 해결하려는 이
론이다.537)

그러나 이러한 구성에 대해서도 ① 진료계약상 "명시의 특
약"538)이 없는 한 질병의 치료 등의 양호한 결과는 약정되어
있지 않으므로 결과의 외형적 사실에서 당연히 이행의 불완

---

537) 石熙泰, 진료과오에 관한 민사책임구조, 33~34쪽.
538) 물론 "이 약을 먹으면 반드시 좋아진다" 또는 "이 주사를 몇 일간
    맞으면 낫는다"라고 하는 말은 치료의 특약을 한 것이라기보다는
    치료상 환자를 안심시키고 격려하여 치료에 전념하도록 하기 위
    한 것에 불과하다(西井龍生, 医療契約と医療過誤訴訟, 158面).

전이 추단된다고는 할 수 없으며, ② 외형적 추단이 인정되기 위해서는 이러한 적절한 진료행위를 행하고 있다면 경험칙상 일정 정도 이상의 개연성이 존재하여야 하므로, 이러한 구성 또한 불법행위법적 구성에 있어서도 사실상의 추정 또는 일응의 추정을 이용하여 환자의 입증책임을 경감할 수 있으므로 실제적으로 별 차이가 없다.539) 또한 ③ 진료계약의 내용에 의외의 결과에 이르지 않도록 할 의무가 있다고 하는 것은 의료 및 질병의 특질과 환자 자신의 개입 가능성에 비추어 불가능하므로, 그러한 의무가 진료계약의 내용에 당연히 포함된다고 할 수 없으며, ④ 원고는 소송에 있어서 청구원인을 특정해야 할 책임을 부담하므로, 채무불이행구조를 취하는 한 그 특정을 위해 어떠한 이행이 불완전하였는지를 주장·입증하지 못하면 각하 또는 기각을 면할 수 없다는 등의 비판이 가해진다.540)

(다) 結果債務包含說

이 견해는 진료채무에는 최선을 다하였다고 하는 수단채무 외에 진료에 의해 "의외의 결과"에 이르지 않는다고 하는 결과채무도 동시에 포함되어 있다고 구성하여, "의외의 결과가 생겼다"거나 "회복하지 않았다"거나 "악화되었다"고 하는 것을 환자 측이 증명하면 불완전이행의 증명이 이루어졌다고 구성할 수 있다고 하는 견해이다.541) 이 설에 대해서도 "의외

---

539) 平林勝政, 医療過誤の契約的構成と不法行爲的構成, 228~229面.
540) 中野貞一郎, 診療債務の不完全履行と證明責任, 97~102面.

의 결과"란 무엇인가에 관하여 결국 "의외"라고 할 것인지 여부는 과실의 유·무와 마찬가지의 법적 판단을 포함하는 것이 아닌가라는 비판이 가해진다.[542]

(라) 危險領域說

위험영역설은 원래 1943년에 Michaelis가 제창한 것을 Prölss가 체계화한 것으로 독일연방대법원이 판례로 승인하고 있는 이론이다. 위험영역설에서 말하는 위험영역이라 함은 사실상 또는 법률상의 지배 가능한 생활영역을 가리킨다.[543] 이 이론에 의한 입증책임의 분배는 각 당사자가 자기에게 유리한 법률요건사실을 입증할 책임을 부담한다는 기본원칙에 대한 제한이며, 입증곤란의 사정이 어느 쪽 당사자에 더 가까이 있느냐를 문제로 삼는 규범적 책임의식을 바탕으로 하고 있는 이론이다.[544]

---

541) 新堂幸司, "医療過誤訴訟についての一考察", ジュリスト 第619号 (1976), 30面.

542) 中野貞一郎, 過失の追認, 弘文堂, 142面 이하(平林勝政, 医療過誤の契約的構成と不法行爲的構成, 229面에서 재인용).

543) 위험영역설은 법률요건분류설에 대한 입증책임분배의 새로운 시도를 위해 시작된 이론이다. 이 이론에서 위험영역이란 피해자에게 발생되는 손해에 관하여 피고가 자유로이 처분할 수 있는 법적·사실적 수단을 가지고 일반적으로 지배하는 것이 가능한 사실적 생활영역을 말하며, 보통 피고의 직접점유하에 있는 공간적·물적 지배영역을 말한다. 일본에서는 위험영역설의 입장에서 한 걸음 더 나아가 입증책임분배의 일반적 규준으로서의 "증거와의 거리"의 관념을 정립할 수 있다고 하고, 이를 법률요건분류설의 분배규준에 갈음하는 새로운 분배규준의 하나로 채용할 수 있다고 한다(吳錫洛, 立證責任論, 82~84쪽).

544) J. Prölss(吳錫洛 譯), 損害賠償訴訟에 있어서의 證明輕減, 日新社,

결국 위험영역설은 손해배상사건에 법률요건분류설(규범설)을 관철하면 손해의 원인이 가해자의 생활영역에서 생긴 경우에 피해자는 충분한 증거를 수집할 수 없어 증거궁핍에 빠지게 됨으로써 피해의 구제가 어렵게 되므로, 이를 극복하기 위하여 손해의 원인이 가해자의 위험영역에서 일어난 경우에는 규범설에 의한 입증책임의 분배법칙을 완화하여 가해자에게 과실 및 인과관계의 부존재에 관한 증명책임을 부담시키자는 견해이다.545)

J. Prölss는 위험영역에 의한 입증책임분배의 원칙은 강력한 공평의 요청으로서의 위험영역에 의한 입증책임의 분배와 적극적 권리의 발현에 의한 것이고, 위험영역에 의한 입증책임의 분배를 정당화시켜주는 근거로서 ① 피해자는 가해자의 위험영역에서 발생된 사건의 경위를 밝히기 어려우므로 피해자에게 입증책임의 일반원칙에 따라 입증하게 하여 사실상 그의 권리실현을 불가능하게 하는 것보다 이를 입증하기가 용이한 상황에 있는 가해자에게 밝히도록 하는 것이 타당하고, ② 가해자는 자기의 위험영역에서 발생한 사실관계를 쉽게 해명할 수 있는 가장 적합한 지위에 있으며, ③ 가해자가 될 지위에 있는 자(잠재적 가해자)가 그의 위험영역 내에서 발생한 손해에 대한 입증책임이 자신에게 있다는 것을 알게 함으로써 손해배상법규의 예방적 목적이 제대로 실현될 수 있다는 것을 근거로 들고 있다. 또한 위험영역에 따른 입증책임의 분배의 적용범위는 손해의 원인이 가해자 또는 가해

1990, 73~74쪽.
545) 姜玹中, 民事訴訟法, 博英社, 1997, 545쪽; 李時潤, 民事訴訟法, 560쪽.

250

자와 피해자 이외의 자가 공동으로 지배하는 위험영역에서 발생한 것임을 요하고, 불법행위·적극적 채권침해·계약체결상의 과실에 관한 경우에 한하여 적용이 있다고 하고 있다. 따라서 위험영역설이 의료계약의 입증책임의 분배에 영향을 미치는 경우는 환자가 의사의 절대적 지배 상태에 놓이게 된 경우(마취되어 있는 등의 경우) 등에 적용이 있다고 하고 있다.546)

그러나 위험영역설은 위험영역의 한계가 모호하다는 비판과 함께, 어떤 사실이 위험영역에 속하게 되는가의 여부는 사실의 증명에 필요한 증거에 대한 거리와의 관념에서 추론하게 될 것이고, 그에 따라 위험영역의 개념은 입증책임분배의 규준으로 기능하는 것이 아니라 증거와의 거리에 의하여 이미 결정된 입증책임의 분배를 정당화시키기 위한 도구에 불과한 것이라는 비판이 가해진다.547)

(마) 證據와의 距離說

증거거리설은 독일의 위험영역설을 비판하면서 위험영역설의 입장에서 한 걸음 더 나아가 입증책임분배의 일반적 규준으로서의 "증거와의 거리"의 관념을 정립할 수 있다고 하고, 이를 법률요건분류설의 분배기준에 갈음하는 새로운 분배기준의 하나로 채용할 수 있다고 하여 일본에서 대두된 학설이

---

546) J. Prölss, 損害賠償訴訟에 있어서의 證明輕減, 74~88쪽.
547) 石田穰, 立證責任論の現狀と將來, 法學協會雜誌 第90卷 第8号, 1098~1099面.

다.548) 이 견해는 의사와 환자 사이의 의료소송에서 "당사자 사이의 공평"을 위해 의학상 전문적 지식을 전제로 하는 사항은 의사에게 설명시키고, 통상의 상식인인 환자 측에게 그 불비를 다투도록 하는 것이 타당하다는 가치판단을 입증의 난이, 증거와의 거리, 개연성, 신의칙 및 실체법의 입법취지 등의 실질적 사정에 의해 입증책임의 분배문제를 해결하려고 하는 견해이다.549) 그러나 증거거리설은 통설인 법률요건분류설과 전면적으로 상충되는 이론이어서 쉽게 채용될 수 없는 이론이고,550) 증거와의 거리가 동등한 경우에는 증명의 난이에 의해서 이를 해결할 것이라고 하고 있는데, 이러한 기준이 명확하지 못하다는 비판을 면할 수 없을 것이다.

Ⅲ. 債務不履行責任說에 의한 修正論의 檢討

오늘날에 와서는 환자 측의 권리의식의 고양, 의료정보에 대한 환자 측의 접근방법의 가능성 등이 점차로 확보되어가고 있다.551) 따라서 의사와 환자 사이의 법적 구성을 어느

---

548) 石田穰, 立證責任論の再構成－通說의 批判－, 判例タイムズ 第322号, 29面.

549) 이 이론에서는 "의외의 결과에 이르지 않을 채무"와 더불어 "의사는 진료계약상의 변명의무를 부담하고, 이를 소송에 반영하여 의사가 귀책사유가 없음을 증명하여야 한다"고 주장하고 있다고 한다(平林勝政, 医療過誤の契約的構成と不法行爲的構成, 229面).

550) 竹下守夫, 間接反證という概念の効用, 法學敎室 2期 5号, 有斐閣, 145面.

551) 보건의료기본법 제11조와 제12조 및 의료법 제20조 등에서 환자 측의 진료기록부의 접근가능성, 알권리, 자기결정권의 보장을 하

것으로 할 것인가보다는 채무의 내용, 즉 주의의무의 내용을 어떻게 설정할 것인가라는 문제가 검토되어야 하고, 의사와 환자의 교섭을 통해 형성되는 의료계약의 구체적이고 개별적 주의의무의 내용을 분명히 하는 것이 적극적으로 검토되어야 한다. 이러한 검토를 통해 의료계약의 법률관계가 더욱 명확하고 구체화되어갈 수 있을 것이다.

채무불이행책임 구성이 환자에 유리하다는 견해를 비판하는 입장에서도 일정부분 설득력이 있으며, 이행불완전의 주장·입증을 환자에게 요구하면서도 의료사고의 특질에 따라 석명권의 행사, 일응의 추정, 입증방해 등의 수단을 이용해서 구체적인 사안의 타당한 해결을 할 수 있기 때문에, 이 가치판단을 전면적으로 부정하지는 않고 있다. 다만, 기존의 논의가 입증책임의 문제에만 너무 치우쳐 있음을 인식하고 의료의 특성에 따른 심리절차가 고려되어야 한다.552) 또한 이러한 고려를 위해서는 ① 의료사고의 구체적 경험 중 의사 측의 영역에 존재하고 환자 측이 잘 알 수 없는 범위의 사실에 대해서는 소송상 신의칙에 기해 의사 측에 그것을 진술할 의무(해명의무)가 인정될 것, ② 쟁점정리와 증거조사의 시간적 배열에 대해서도 보다 유연한 취급이 요청될 것, ③ 직권조정이 활용될 것, ④ 감정 내지 증인신문에 당사자의 사정의 고려가 이루어질 것 등이 필요하다.553) 특히 의료과오소송에 있어서도 계약책임은 미리 합의된 채무내용이 기초에 있으므로 같은 과실책임

고 있기 때문이기도 하다.
552) 平林勝政, 医療過誤の契約的構成と不法行爲的構成, 229面.
553) 中野貞一郎, 過失の追認, 142面 이하(平林勝政, 医療過誤の契約的構成と不法行爲的構成, 229面에서 재인용).

이라도 불법행위책임과는 동일하게 처리되지 않아야 될 것이 포함되어 있고, 당사자의 사적 자치에 맡겨져 있다고 하더라도 맡길 수 있는 것과 그렇지 않은 것을 구별하여, 당사자의 사적 자치에 맡길 수 있는 것은 계약책임으로, 그렇지 않은 것은 불법행위책임으로 처리할 것이 고려된다는 견해도 주의 깊게 살펴볼 필요성이 있다고 하고 있다.554)

결국 오늘날 의료과오소송의 과실과 인과관계의 입증책임에 대해서 손해배상책임의 청구원인의 법적 구성을 둘러싼 학설의 대립이 있지만, 학설과 판례는 양설의 어느 것에 의하더라도 커다란 차이가 발생하지 않도록 하는 방향으로 나아가고 있으며,555) 그러한 논의의 목표는 피해자인 환자 측의 입증책임을 완화하여 의사 측과 환자 측 양 당사자의 공평을 꾀하려는 데 있다고 생각된다. 따라서 의료소송에 있어서는 손해배상의 청구원인에 대한 논의를 떠나 실질적인 환자의 피해구제를 위한 입증책임의 경감을 도모하여야 할 것이다.

---

554) 藤岡康宏, 契約と不法行爲の協働―民事責任の基礎に關する覺書, 北法 第38卷 第5・6号 1435面; 潮見佳男, 契約責任における'過失の標準', 谷口知平先生追悼論文集 第3卷, 信山社, 1993, 221面(手嶋 豊, 医師の責任, 317面에서 재인용). 또한 賀集唱은 불완전이행에는 불법행위에서는 미치지 않는 고유 귀책사유가 있다고 하면서 계약의 유・무에 의해 환자의 보호를 달리 하는 것은 적절하지 않다고 하고(賀集唱, '請求の構成と擧證責任及び訴訟指揮への影響' 判例タイムズ 第686号, 5面), 手嶋 豊, 医師の責任, 同面에서는 이론적으로 불법행위와 채무불이행으로 의무내용을 달리 할 수 있다 하더라도 현재 일본 의료 대부분이 보험의료에 의해 실시되어 있는 점과 의사와 환자의 압도적 정보량의 차이 등에 비추어 보면 논자가 말하는 '특약을 맺은 것'에 대한 의미와 실현가능성에 대해서는 폐해를 발생시키지 않는 담보수단도 동시에 검토해 둘 필요가 있다고 하고 있다.

555) 姜南鎭, 의료계약당사자의 법률관계에 관한 연구, 103쪽.

第 3 節 立證責任의 緩和(輕減)와
判例의 最近 動向

　의료소송에서 환자 측이 손해배상을 청구하는 데 있어서
의료과오를 채무불이행의 한 유형인 불완전이행으로 구성한
다고 하여도 환자인 원고는 의사의 구체적인 주의의무위반으
로 인하여 이행이 불완전하다는 것을 입증해야 하고, 이행이
불완전하다는 사실은 의료채무가 수단채무이기 때문에 불법
행위책임에 있어서 의사의 과실을 입증해야 하는 것과 마찬
가지의 결과가 된다.556) 따라서 의료소송에 있어서 입증책임
의 문제는 입증책임의 경감 또는 전환이론을 통하여 원고인
환자와 피고인 의사 사이의 이해관계를 조절하는 문제에 귀
착하게 된다.

　의료소송에 있어서 입증책임의 문제는 우리나라뿐만 아니라
외국에 있어서도 중요한 문제로 다루어져왔고, 각 나라마다 각
각 다른 이론을 통하여 형평의 이념을 살리기 위해 입증책임의
일반원칙을 완화하거나 입증책임의 전환을 인정하는 이론이 사
용되고 있다. 아래에서는 ① 영미법계에서 논의되고 있는 res
ipsa loquitur이론, ② 독일의 표현증명(Anscheinsbeweis)이론,
③ 일본의 개연성 이론을 중심으로 살펴보고, 우리나라 판례
의 최근 동향을 살펴본다.

---

556) 吳錫洛, 立證責任論, 156쪽; 李輔煥, 醫療過誤로 因한 民事責任의
　　法律的 構成, 43쪽; 康鳳洙, 醫療訴訟에 있어서의 證明責任, 裁判
　　資料 第27輯, 法院行政處, 307쪽 등.

Ⅰ. 外國의 立證責任의 緩和理論

1. 英美法의 理論

영미법계 국가에 있어서도 의료행위로 인해 의료사고가 발생한 경우에 의사에 대하여 손해배상을 청구하기 위해서는 원칙적으로 환자가 의사의 과실 및 과실과 손해와의 인과관계를 입증하여야 한다. 그러나 입증이 불가능한 경우에 환자가 그 입증책임을 부담한다는 것은 의사의 과실, 부주의 또는 불충분한 것에 대하여 환자가 그 위험을 부담한다고 하는 것과 마찬가지의 결과를 가져오고, 그 결과 환자에게 너무 가혹한 결과를 초래하게 된다. 그리하여 의료소송에 있어서 환자의 입증책임을 경감할 필요성이 제기되었고, 입증경감을 위해 도입된 이론이 res ipsa loquitur 원칙이었다.

(가) res ipsa loquitur 原則의 意義 및 發展

어원적으로 res ipsa loquitur는 「사물 자체가 그 스스로 말한다(the thing speaks for itself)」라는 내용의 라틴어로서 "상황증거(circumstantial evidence)"의 일종이다.557) res ipsa loquitur 원칙은 그 성립단계에 있어서는 우연한 사고의 상황으로부터 그 사고가 피고의 과실에 기인한다고 하는 논리적 귀결에 불과한 것이었고, 법적으로 정확한 해명이 없는 경우

---

557) Prosser/Keeton, The Law of Torts, 5th ed., West., 1984, p.243.

의사가 어떠한 전문가에 요구되는 것을 행하지 않음으로써 명백하게 "부주의(botched)" 한 것을 행하였다고 인정할 수 있다고 하여 의료소송에 도입되었다.[558]

영국에서 res ipsa loquitur 원칙은 1863년 Byrne v. Boadle 사건에서 처음으로 적용되었으나,[559] 1939년 Mahon v. Osborn 판결[560]에서 사건이 경험칙(common experience)의 문제인 경우에만 res ipsa loquitur 원칙을 적용할 것인지에 대하여 논쟁이 있었다. 영국법에 있어서는 여전히 논쟁의 여지가 남아 있지만, 항소법원(C.A.)은 1951년 Cassidy v. Ministry of Health 사건에서 과실의 일응의 추정(prima facie evidence)으로 res ipsa loquitur 원칙을 유지하고 있다.[561]

미국에서는 20세기 초 Boucher v. Larochelle 사건[562]에서

---

558) Panayotis J. Zepos, Professional Liability; Physicians, p.27.

559) 金尙永, 醫療過誤訴訟에 있어서 因果關係·過失의 立證責任, 206~207쪽.

560) Mahon v. Osborn, [1939] 2 K. B. 14, [1939] 1 All E.R. 535 (C.A.). 동 사건에서 L. J. Goddard는 "개복수술 후에 환자의 신체에 면봉(swabs)이 남아있는 경우와 같은 사건에 res ipsa loquitur 원칙이 적용될 수 있다"고 주장하였고([1939] 2 K. B. 50 (C.A.), L. J. Scott 판사는 "과실(negligence)을 추단하는 데 있어서 외과적 수술의 경우와 같은 상황의 충분한 지식을 갖고 있지 못하기 때문에 res ipsa loquitur 원칙을 적용할 수 없다(ibid., 23)"고 주장하였다(Panayotis J. Zepos, Professional Liability; Physicians, p.28에서 재인용).

561) Cassidy v. Ministry of Health, [1951] 2 K. B. 303, [1951] 1 All E.R. 574(C.A.): 환자가 방사선치료를 받은 후 4개의 손가락이 마비되어 손을 사용할 수 없게 된 사건이다(Panayotis J. Zepos, Professional Liability; Physicians, p.28).

562) Boucher v. Larochelle, 68 A. 870(N. H. 1908)(Diter Franzki, Die Beweisregeln im Arzthaftungsprozeß, Duncker&Humblot(Berlin), 1982, S. 159에서 재인용).

부터 res ipsa loquitur 원칙이 승인되었고, 미국의 거의 모든
주 법원이 res ipsa loquitur 원칙을 승인해 왔다. 특히 캘리
포니아州에서는 1944년 Ybarra v. Spangard 사건563) 이후부
터 다수당사자가 관여한 사고유형에 대해서까지 "배타적 지
배성"을 인정하여 연대책임을 부과하였고, 이 판례에 따라
배타적 지배의 요건은 현실적인 것(actual exclusive control)
에서 지배 가능한 것(right of control and opportunity to
exercise it)으로 res ipsa loquitur 원칙의 요건은 더욱 완화
되었다.

(나) res ipsa loquitur 原則의 適用 要件

일반 상식과 경험(common knowledge and observation)이
res ipsa loquitur 원칙의 일반적인 적용 요건이다.564) 또한
추가적으로 ① 사고가 누군가의 과실이 없는 경우에는 발생
하지 않는 종류의 것이고, ② 피고의 배타적 지배하에 있는
사람 또는 시설에 의하여 발생된 것이며, ③ 사고가 고의적

---

563) Ybarra v. Spangard, 25 Cal. 2d 486, 154 P.2d 687(1944); Ybarra
    v. Spangard, 93 Cal. App. 2d 43, 208 P.2d 445(1949).
564) 이 요건은 Fehrman v. Smirl 사건에서 "res ipsa loquitur 원칙은
    일반인이 직업상 취급의 결과가 통상의 주의를 기울였다면 발생
    하지 않는 것에 속하는 일반인의 상식(common knowledge)의 문
    제로서 말하여 질 수 있는 경우에만 의료과오소송에 적용될 수
    있는 원칙이다"라고 하여, 일반인의 상식(common knowledge)과
    경험(observation)을 표준적인 적용요건으로 하였다(Fehrman v.
    Smirl, 20 Wis. 2d 1. 121 N. W. 2d 255, 266(1963)(Panayotis J.
    Zepos, Professional Liability; Physicians, p.28 footnote 256에서
    재인용).

258

인 행위 또는 환자 측의 기여에 의한 것이 아닌 경우에도 적
용된다.565)

(다) res ipsa loquitur 原則의 適用과 機能

의료과오소송에 있어서 원고(환자)는 res ipsa loquitur 원칙
을 적용하여 과실을 증명하였다고 하여도 인과관계의 입증책
임이 사라지는 것은 아니지만, 손해가 누군가의 과실 없이는
통상 발생하지 않는다는 것을 입증하게 되면 의무위반과 손해
사이의 인과관계도 추정되므로 인과관계의 증명도 면하는 결
과를 가져온다.566) 따라서 과실뿐만 아니라 인과관계의 증명
에도 res ipsa loquitur 원칙이 적용될 수 있다. 물론 경우에
따라서는 과실은 res ipsa loquitur 원칙을 적용하여 입증하고,
인과관계는 전문가의 증언을 통하여 입증할 수도 있다.567)

특히 미국법원은 ① 치과의사가 환자의 기도 속으로 치아
를 떨어뜨리거나 편도선수술의 과정에서 기도를 손상시킨 경
우, ② 의료용구를 소독하지 않은 경우, ③ 치료과정에서 인
대를 파열시키거나 외과의사가 환자의 신체에 스폰지를 잔류
시키거나 인체의 일부분을 부적절하게 제거한 경우, ④ 환자
가 진단이나 치료를 받는 동안 뜨거운 물병, 화학약품, 적외

---

565) Wigmore, Evidence 1st Ed. 1905, IX §2509(Panayotis J. Zepos,
    Professional Liability; Physicians, p.27~28에서 재인용).
566) 朴一煥, 醫療過誤의 立證에 관한 獨逸法과 美國法의 比較法的 考
    察(下), 法曹, 第34卷 第2號, 29쪽.
567) 朴永浩, 醫療過誤訴訟에 있어서 過失과 因果關係의 立證과 그 方
    法, 98쪽.

선 또는 X선에 의해 심각한 화상을 입은 경우 등에는 전문가의 판단의 도움 없이도 사건이 그 자체를 말하는 것이라고 하여 전문가의 의견 없이도 res ipsa loquitur 원칙을 적용해 왔다.568) 그 후 common knowledge 이론은 1972년 Totten v. Adongay 사건에서 전문가의 증언이 요구되지 않는다는 원칙이 확립되어, 의료소송에 있어서 환자 측이 전문가 증언을 회피하기 위한 수단으로 발전하였다.569)

　(라) 最近의 醫療訴訟에 있어서 res ipsa loquitur
　　　 原則의 制限

　의료과오소송에서 res ipsa loquitur의 적용요건이 완화됨으로 인해 의사에게 무과실책임을 지우는 것이라는 비난이 가해지기 시작하였고, 1970년대에 들어와서는 의료과오위기(malpractice crisis)에 이르게 되자 New York주 등 7개 주에서는 res ipsa loquitur 원칙의 적용에 있어서는 항상 의료감정인의 감정의견을 듣게 하거나 아주 제한된 경우에만 적용이 가능하도록 규정하였으며, Alaska주에서는 1967년 res ipsa loquitur가 의료과오소송에는 적용되지 않는다는 입법을 함으로써 res ipsa loquitur 원칙의 적용영역은 축소되었다.570) 특히 최근에는 의료과오위기(medical malpractice crisis)를 야

---

568) Panayotis J. Zepos, Professional Liability; Physicians, p.27.
569) 朴永浩, 醫療過誤訴訟에 있어서 過失과 因果關係의 立證과 그 方法, 96쪽.
570) 朴一煥, 醫療過誤의 立證에 관한 獨逸法과 美國法의 比較法的 考察(下), 39~40쪽.

260

기할 정도로 폭주하는 의료소송을 제한하기 위한 수단으로, 의료소송에 있어서 res ipsa loquitur 원칙의 적용에 있어서도 common knowledge 이론을 적용할 수 있는 경우를 제외하고는, 의료소송의 제기 전에 반드시 피고 의사가 어떠한 점에서 과실이 있는 것처럼 보인다는 의사를 표명한 다른 의사의 소견서(affidavit of merit or certificate of merit)를 제출하도록 한 州도 있다.571)

2. 獨逸의 理論

독일은 의료과오소송에 있어서 환자 측의 입증책임과 관련하여, 인과관계의 입증에 대해서는 민사소송법 제287조를 폭넓게 적용함과 동시에 의사에게 중대한 과실이 있다고 인정되는 경우에는 입증책임 전환의 방법을 사용하고, 의사의 과실에 관해서만 표현증명(Anscheinsbeweis)의 법리를 적용하는 것이 최근의 추세이다.572) 의료소송에 있어서 논리와 경험칙의 적용에 의해 환자의 입증책임을 경감하는 표현증명은 영미법상의 prima facie evidence와 동일한 의미이다.

(가) 意 義

---

571) N.J. Stat. § 2A:53A-27(2004). Affidavit of lack of care in action for professional malpractice or negligence; requirements. 판례로는 Hubbard v. Reed, 331 N. J. Super. 283(App. Div. 2000) 등이 있다.

572) 朴永浩, 醫療過誤訴訟에 있어서 過失과 因果關係의 立證과 그 方法, 108쪽.

표현증명은 경험칙상 A사실이 있으면 B사실이 생기게 되
는 정형적 사상경과(typische Geschehensablauf)가 인정되는
경우에 A사실로부터 B사실을 추정하는 입증방법을 말한
다.573) 즉, 고도의 개연성이 있는 경험칙을 이용하여 간접사
실로부터 주요사실을 추정하는 경우를 일응의 추정이라 하
며, 추정된 사실은 거의 증명된 것이나 마찬가지로 보는 것
을 표현증명이라 한다.574) 표현증명이론은 일본의 일응의 추
정이론과 같은 것으로 이해하고 있고, 영미법상의 res ipsa
loquitur 이론과 유사한 것으로 보고 있다.575)

(나) 機　能

표현증명 또는 일응의 추정은 경험칙 가운데 십중팔구는
틀림없을 정도의 고도의 개연성을 가진 경험칙, 즉, 경험법칙
에 의한 사실상의 추정을 뜻하는 것으로 통상의 사실상의 추
정과 같이 사건의 경위를 상세하고, 구체적으로 입증할 필요
가 없다는 점에서 입증책임이 경감된다.576)

(다) 特徵과 適用範圍

---

573) RGZ 136, 359; BGHZ 2, 1, 5; BGHZ 39, 103, 107; 金尙永, 醫療
　　 過誤訴訟에 있어서 因果關係·過失의 立證責任, 200쪽; 申殷周, 醫
　　 療過誤에 있어서 立證責任에 관한 硏究, 31~32쪽.
574) 李時潤, 民事訴訟法, 564쪽.
575) 筋 立明·中井美雄, 医療過誤法入門, 142面.
576) 李時潤, 民事訴訟法, 564쪽.

262

표현증명은 주로 불법행위에 있어서 고의·과실 및 인과관계에 한정되며, 또 흔히 되풀이될 수 있는 정형적 사상경과가 문제될 경우에만 기능을 발휘하는 점에 그 특징이 있다.577) 따라서 표현증명은 定型的인 事象經過가 있는 경우에 인정되는 것으로 적용범위가 사실상의 추정578)의 경우보다는 좁다.579)

표현증명은 요증사실(직접사실)의 증명에 갈음하여 경험칙에 의해 요증사실을 추정하는 것이다. 이것을 의료과오소송의 측면에서 본다면 의사의 과실 또는 인과관계의 존재를 직접 증명하는 대신에 "어떠한 과실", "어떠한 과정"의 존재를 고도의 개연성이 있는 경험칙에 의하여 추정할 수 있는 사실을 증명하게 하는 것이다.

물론 의사는 그 간접사실에 대한 반증을 들어 추정을 깨뜨릴 수 있으며,580) 이때에 요증사실에 대한 원고의 주장은 다

---

577) Leo Rosenberg(吳錫洛, 金亨培, 康鳳洙, 共譯), 立證責任論, 博英社, 1995, 195～205쪽.
578) 사실상의 추정론은 입증책임경감을 위해 일본에서 주장된 학설로, 입증책임을 부담하는 당사자가 주요사실의 증명에 갈음하여 간접사실을 증명한 경우에 경험칙을 적용하여 그 간접사실로부터 주요사실을 추인하는 입증방법이다(崔載千·朴永浩, 의료과실과 의료소송, 852쪽).
579) 申殷周, 醫療過誤에 있어서 立證責任에 관한 硏究, 31쪽(각주 4). 경험칙을 매개로 간접사실을 증명함으로써 주요사실을 추정하고 반증을 허용한다는 점에서는 표현증명의 이론과 같지만, 표현증명은 정형적인 사상경과가 있는 경우에만 주요사실의 추정이 이루어지기 때문에 사실상의 추정보다 요건이 좀 더 엄격하다고 할 수 있다(朴永浩, 醫療過誤訴訟에 있어서 過失과 因果關係의 立證과 그 方法, 105쪽).
580) 간접반증(indirekter Gegenbeweis)은 의료과오소송과 같은 인과관계의 입증이 곤란한 소송이 증가하는 현대에 있어서 피해자의 인

시 진위불명의 상태에 놓이게 되어 원고는 다시 본래의 입증책임을 부담하게 된다.581) 또는 표현증명은 입증책임을 전환시키는 것이 아니고 단순한 증거고량작용(또는 증거평가)에 불과한 것이지만,582) 상대방이 그 추정을 번복시키지 않는 한 간접사실의 증명만으로 입증책임을 다하는 것이 되어, 원고인 환자 측의 입증곤란을 완화하는 데 역할을 할 수 있는 것은 분명하다. 다만, 독일의 학설·판례는 표현증명에 의하여 얻어진 추정도 의사 측이 내세운 다른 원인의 가능성에 의하여 용이하게 번복될 수 있기 때문에 의료과오소송에 있어서 표현증명에 의한 추정을 망설이는 경향이 있다.583)

(라) 間接反證(表見證明의 飜覆)

표현증명에 의한 불이익을 추정의 번복에 의하여 피할 수 있는 것은 표현증명에 있어서 추정의 대전제가 되는 경험법칙이 언제나 예외의 가능성을 가지고 있기 때문이다.

(a) 表見證明의 飜覆을 위한 立證手段

표현증명은 우선 간접사실이 입증되고, 이 입증된 간접사

과관계의 입증곤란을 완화하는 방안으로서 받아들여지고 있다. 간접반증이론은 규범설에 입각한 것으로 입증곤란한 주요사실의 입증을 위하여 간접사실에 대한 입증의 부담을 양 당사자에게 분담시켜 입증책임제도의 공평한 운영을 기하려는 것이다(李時潤, 民事訴訟法, 565~566쪽).

581) J. Pröless(吳錫洛 譯), 損害賠償訴訟에 있어서의 證明輕減, 13쪽.
582) Leo Rosenberg, 立證責任論, 196쪽.
583) BGH LM Nr. 2 zu §282 ZPO.

실로부터 고도의 개연성을 가진 경험칙에 의거하여 요증사실을 추정하는 두 가지 단계의 구조를 가지고 있다. 이러한 구조로부터 표현증명을 번복시키는 데에는 간접사실의 존재 여부를 다투는 방법과, 추정의 기초로서 이미 입증된 간접사실은 그대로 두고 경험칙의 적용단계에서 경험칙에 의한 요증사실의 추정을 망설이게 하는 다른 간접사실을 증명함으로써 추정을 저지할 수 있다.[584]

간접사실의 존재 여부를 다투는 방법은 간접사실의 존재를 입증하려고 하는 증거의 증명력을 다투는 경우와 간접사실의 존재와 양립될 수 없는 사실의 존재를 증명하는 경우가 있을 수 있으나, 그 어느 경우라 해도 반증에 불과하므로 법관으로 하여금 확신에 이르게 할 정도까지의 증명을 할 필요는 없고 간접사실의 존재에 대한 확신을 흔들리게 할 정도이면 족할 것이다. 이에 반하여 간접사실과 양립 가능한 다른 사실의 존재를 증명함으로써 경험칙의 적용을 배제시키려고 하는 경우에는 적어도 다른 사실의 존재에 관해서는 법관으로 하여금 확신에 이르게 할 정도의 증명을 하여야 하므로, 이러한 간접사실 자체를 기준으로 하면 그 증명은 본증이 된다.[585] 그러나 예외적인 사정에 대한 입증은 경험칙의 개연성에 대한 법관의 심증을 흔들리게 하는 것이면 충분하므로 반증의 성질을 띠며, 예외적인 사실에 대한 입증을 간접반증이라 부르기도 한다.[586]

---

584) 吳錫洛, 立證責任論, 113쪽.
585) 吳錫洛, 立證責任論, 135쪽; 李時潤, 民事訴訟法, 566쪽.
586) 申殷周, 醫療過誤에 있어서 立證責任에 관한 硏究, 48쪽; 吳錫洛, 立證責任論, 144~146쪽.

(b) 表見證明과 間接反證과의 關係

표현증명을 번복하기 위한 방법 중에서, 이미 입증된 사실은 그대로 두고 이와 양립할 수 있는 별개의 간접사실을 입증함으로써 추정을 방해하는 방법의 경우에 대해서는 표현증명이 성립하면 간접반증을 인정할 여지가 없고, 간접사실과 양립하는 다른 간접사실을 증명하는 경우에도 표현증명을 단순한 반증에 의하여 번복할 수 있다는 견해가 있다.587) 즉, 이 견해는 표현증명의 경우와 간접반증이 성립하는 경우를 명확히 구분하고, 표현증명과 간접반증은 별개의 영역에 속하며, 표현증명이 성립하는 경우에는 간접반증은 성립할 여지가 없다는 것이다.588)

그러나 반증에 의하여 표현증명이 번복된다고 하는 견해는 반증의 대상을 전제사실의 존재 그 자체에 대한 반증이라고 한다면 문제가 되지 않으나, 경험칙의 적용을 배제하는 특별한 사정에 관해서도 간접반증이 아닌 단순한 반증으로써 가능하다고 한다면 일응의 추정에 있어서 사용되는 경험칙은 고도의 개연성을 가지는 것이라고 하는 전제를 무시하는 결과로 되는 것이고, 이렇게 된다면 일응의 추정을 하는 것 자체부터가 문제되므로 타당하지 않다.589) 표현증명은 단순한 반증에 의하여 번복되는 것이 아니라 특별한 사정이 증명됨에 의하여 추정사실을 번복할 수 있는 것이므로 간접반증이

---

587) 浜上則雄, 製造物責任에 있어서의 證明責任, 判例タイムズ 309號, 18面.
588) 申殷周, 醫療過誤에 있어서 立證責任에 관한 硏究, 49쪽.
589) 金先錫, 證明責任의 硏究 第1卷, 育法社, 1991, 64~65쪽; 申殷周, 醫療過誤에 있어서 立證責任에 관한 硏究, 49쪽; 吳錫洛, 立證責任論 134쪽.

작용하는 것이다. 이렇게 하여 상대방이 추정을 번복시키는 데 성공하여 진위불명이 되면 이때 비로소 입증책임규범이 관여하게 된다. 즉, 환자가 의료과오소송을 제기함에 있어서는 원칙적으로 그는 위법한 의료행위와 손해발생 사이의 인과관계 및 피고의 고의·과실을 입증해야 한다. 그러나 의료과오의 특수성으로 인하여 환자는 인과관계와 귀책사유를 입증하는 것이 곤란한 경우가 대부분이다. 따라서 환자는 표현증명을 이용하여 입증의 곤란을 피할 수 있기 때문에 의료과오소송에 있어서는 표현증명이 중요한 영향을 미친다. 그러므로 환자에게 손해가 발생하고 정형적인 사상경과가 존재하는 경우에 환자는 입증을 할 필요 없이 법관의 자유 심증의 방법으로 일정한 인과관계 또는 의사의 고의·과실을 추론하게 된다.

독일의 판례는 인과관계와 과실의 표현증명을 이용함에 있어서 사실관계가 불확실하게 된 것에 관한 해명을 원칙적으로 의사가 부담하는 것이라는 것을 강조하고,[590] 인과관계에 대해서는 표현증명의 적용보다 입증책임을 전환하는 방향으로 나아가고 있다. 법원이 이러한 태도를 취하고 있는 것은 소송에서 의사의 과실이 확인될 정도이면 이미 중과실로 평가함에 손색이 없다고 하는 법관의 인식이 밑바탕에 깔려 있기 때문이다.[591]

---

[590] RGZ 78, 435; RGZ 128, 123; BGHZ 4, 144.
[591] 申啟周, 醫療過誤에 있어서 立證責任에 관한 硏究, 52쪽.

(마) res ipsa loquitur 原則과 表見證明과의 差異點

res ipsa loquitur 원칙은 영미의 판례법상 인정되는 과실의 일응의 추정 원칙이다. 견해에 따라서는 표현증명이 19세기 초 영국의 증거법상의 prima facie evidence의 원칙에서 유래하여, 영미법상으로는 "res ipsa loquitur"의 법리로, 독일법상으로는 "Anscheinsbeweis"의 법리로 발전하였다고 추측하고 있다. 따라서 표현증명은 res ipsa loquitur의 원칙에 근원을 둔 것이고, 오늘날 영미법상 prima facie evidence는 배심재판에 있어서 석명 혹은 반박되지 않는 한 그 증명사항을 배심재판으로 보내는 데 충분한 증거이고, 다른 증거에 의해 번복되지 않는 한 증거에 의하여 증명되고 있는 쟁점에 대하여 유리한 평결을 얻기에 충분한 증거로서 이해되기 때문에, prima facie evidence는 "추정의 관념에 상당한 것"이라고 하는 의미와 "배심에게 보내기에 충분하다"라는 법원조직법과 관련하여 중요한 의미를 갖는다. 앞의 prima facie evidence의 두 의미 중에서 "추정에 상당한 것"이라는 의미만이 독일법에 계수된 것이 표현증명이라고 설명되기도 한다.[592]

미국의 의료과오소송에 있어서도 원고가 주장·입증해야 할 책임요건은 ① 의사의 주의의무의 정도 및 주의의무위반사실, ② 손해발생사실, ③ 주의의무위반과 손해발생 사이의 인과관계의 존재이며, 독일과 우리나라의 요건에 있어서와 거의 같다.[593] 그러나 효과 면에 있어서 표현증명에서는 추정의 번

---

592) 朴永浩, 醫療過誤訴訟에 있어서 過失과 因果關係의 立證과 그 方法, 108쪽.

복을 위하여 비정형적 사상경과(atypische Geschehensablauf)가 존재할 가능성을 주장·입증하는 반증만으로 충분하다. 이에 반하여 res ipsa loquitur 원칙에서는 과실의 추정을 번복하기 위하여 피고는 손해의 발생이 자기의 의무위반행위에 기인할 개연성보다 그렇지 않을 개연성이 높다는 점을 입증해야 한다. 즉, res ipsa loquitur 원칙에서의 요건사실의 존부는 통상 "균형적 개연성(balance of probabilities)"에 따라 판단되므로 극단적으로 말하면 51%의 개연성이 있어야 원고는 증명에 성공하게 되며, 이러한 증명도에 도달하지 않거나 진위불명의 상태에서는 원고의 청구가 기각된다.594) 또한 res ipsa loquitur 원칙은 그 요건 중에서 common knowledge 이론이 적용될 수 있는 경우에는 다른 의사의 소견서(affidavit of merit)를 제출할 필요가 없으나, 그렇지 않은 경우에는 res ipsa loquitur 원칙의 적용을 받기 위해서는 다른 의사의 소견서를 제출하게 하여 의료소송을 제한하는 방향으로 나아가고 있다.595)

3. 日本의 理論

일본에서는 의료과오소송에 있어서 환자 측의 입증책임을 완화하기 위한 방법으로 개연성이론, 사실상의 추정 및 일응의 추정 등이 있다. 그러나 여기서는 개연성이론에 대하여만

---

593) 李時潤, 民事訴訟法, 564쪽.
594) 李在睦, 醫療過誤訴訟에 있어서 立證輕減의 法理, 131·141쪽.
595) 朴永浩, 醫療過誤訴訟에 있어서 過失과 因果關係의 立證과 그 方法, 97쪽.

살펴본다.596)

(가) 蓋然性 理論의 槪念과 그 根據

개연성이론은 현대형 소송의 일종인 공해소송에 있어서 피해자의 구제를 위하여 인과관계의 입증책임을 경감하기 위해서 나타난 이론이었고, 의료과오소송에서도 의료행위의 밀실성, 재량성, 폐쇄성 등으로 인하여 환자인 원고의 입증이 현저히 곤란하다는 점을 근거로 인과관계의 입증을 경감시키기 위해 도입된 것이었다.597)

개연성이론에 따르면 공해소송에서의 인과관계는 통상의 불법행위와 같은 정도로 확실한 증명을 요구하면 입증이라는 법적 기법 때문에 본래 구제되어야 할 피해자가 구제를 받지 못하게 되므로, 원고인 피해자는 인과관계에 관하여 개연성만 입증하면 되고, 가해자가 인과관계의 부존재에 관하여 반증을 하지 못하는 한 인과관계의 존재를 인정한다는 이론이다.598)

---

596) 일응의 추정 또는 사실상의 추정은 독일의 표현증명이론과 영미 법계의 res ipsa loquitur 원칙과 같은 맥락에서 이해되고 있는 이론이다(筋 立明·中井美雄, 醫療過誤法入門, 142面).

597) 安田 寬(山口和男·林 豊 編), 因果關係의 立證, 現代民事裁判의 課題 ⑨, 1991, 新日本法規出版株式會社, 471~474面.

598) 德本 鎭, 公害의 民事的救濟와 因果關係, 法政硏究 第36卷 2~6合倂号, 205面; 西原道雄(戒能通孝 編), 公害에 對하는 私法的救濟의 特質과 機能, 公害法의 硏究, 1972, 日本評論社, 35面; 牛山 積(戒能通孝 編), 公害訴訟과 因果關係, 公害法의 硏究, 85面(孫容根, 醫療過誤訴訟의 立證輕減에 관한 判例의 最近 動向, 民事法研究 第7輯(1999), 大韓民事法學會, 337쪽에서 재인용); 曺喜宗, 醫療過誤訴訟, 103쪽.

(나) 醫療過誤訴訟에의 導入과 發展

개연성설을 주장하는 견해들은 소송법상 어떻게 이론화하여 인정해 갈 것인지에 관하여 여러 갈래로 나뉜다. 즉, ① 형사사건과는 달리 민사사건에서는 합리적으로 생각하여 증거의 비중이 다른 쪽에 우월하다고 볼 수 있을 정도로 증명되어 있으면 입증이 있다고 보는 증거우월설, ② 인과관계의 존재에 관하여 법관이 개연성의 정도로 인과관계를 추인하게 하고 상대방의 반증을 기다리는 데까지 범위를 확대하여 입증책임을 사실상 전환하려고 하는 사실상의 추정설, ③ 원고가 인과관계의 존재를 추인하는 데 충분한 간접사실을 증명한 경우 피고가 그 추인을 방해하는 다른 간접사실을 증명하지 않는 한 인과관계를 인정하여야 한다는 간접반증론 등이 나타나게 되었고, 이러한 사고방식이 기본적으로 의료과오소송에서도 유지되어야 한다고 하고 있다.599)

의료과오에서의 인과관계론은 역학적 메커니즘을 해명하는 것이 그 궁극의 목적이 아니라 손해배상책임의 귀속이라는 법적 효과의 탐구가 그 목적이기 때문에 반드시 직접사실에 의한 엄밀한 판단만을 필요로 하지는 않는다. 그러므로 경우에 따라서 인과의 과정에 존재하는 여러 가지 간접사실에 충분히 신용할 수 있는 경험칙을 적용함으로써 그 존부를 판단하는 것도 가능하고 타당하다. 그 판단에 있어 고려해야 할 부수사정의 내용 및 그 평가에 관한 합리적이고 구체적인 기준을 분명히 해두는 것이 주요한 과제인데, 이러한 과제를

---

599) 莇 立明・中井美雄, 医療過誤法入門, 98面.

가장 성공적으로 실천한 것이 바로 공해사건을 통해 확립된 이른바 역학적 인과관계론600)이고, 이러한 역학적 인과관계론을 토대로 하여 의료과오에 의한 소송에 있어서도 개연성이론이 도입되게 되었다.

이러한 개연성이론은 역학적 인과관계에서 구체적으로 생성되었다. 그리고 이러한 이론은 의료과오소송에 있어서 의료행위의 특성과 관련하여 볼 때 인정될 수 있을 것이며, 이를 인정한 우리나라와 일본의 판례를 찾아 볼 수 있다.601)

Ⅱ. 立證緩和에 관한 우리나라 判例의 最近 動向

1. 從來 大法院 및 下級審 判例의 動向

(가) 間接事實에 의한 同時推定의 方式

---

600) 石熙泰, 醫療過誤에 있어서 因果關係에 관한 研究, 延世法學研究 第2輯, 300쪽에서는 역학적 인과관계가 인정되기 위한 조건으로서 ① 인자와 발병과의 시간적 관계, ② 인자의 양과 결과와의 사이에 「양과 효과의 관계」, ③ 그 인자의 분포소장의 입장으로부터 기재역학에 의하여 관찰된 유행의 특성이 모순 없이 설명될 것, ④ 그 인자가 원인으로서 작용하는 메커니즘이 생물학적으로 모순 없이 설명가능 할 것이라는 네 가지 조건을 들고, 그중에서 ④의 요건은 불필요하며, 나머지 세 가지의 조건도 모두를 동시에 만족시킬 필요는 없고, 서로가 상호 보충성·상호 보완성의 관계에 있다고 하고 있다.

601) 最高判, 昭和 50(1975). 10. 24. 判決(소위 룬빠ー루 사건); 名古屋高裁金澤地判 昭和 47(1972). 8. 9, 判例時報 第674号, 25面(イタイイタイ病 事件); 대판 1974. 12. 10. [72다1774]; 서울민사지법, 1992. 10. 31. 판결(법률신문 2167호, 1992. 11. 5.) 등이 있다.

의료행위는 전문성, 재량성, 밀실성 및 폐쇄성 등의 특수성
을 가지고 있기 때문에 전문가가 아닌 일반인으로서는 의료
과오소송에서 과실과 인과관계의 주요사실을 직접적으로 입
증하기가 사실상 불가능하다. 이러한 문제점에 대한 증거법
상의 극복을 시도한 이론은 크게 ① 입증책임 경감론, ② 입
증책임 전환론, ③ 입증방해론 세 가지를 들 수 있으며, 실무
에서 입증책임 전환론에 입각한 판례는 전혀 없는 상태이고,
입증책임 경감론이 1990년대에 들어와 활발하게 논의되어 현
실적으로 채용되었다고 할 수 있다. 또한 입증방해론과 관련
해서는 종래의 문서제출명령에 불응한 경우에 관한 판례와
일반적 입증방해에 관한 판례602)가 최근에 나오기는 했지만
일반적인 입증방해론에 그치고 있다.603) 또한 기존의 판례들
은 교통사고, 시설물의 하자로 인한 사고, 부동산소유권이전
등기에 있어서 그 처분권한의 부여 등의 사건에서 간접사실
로부터 직접적인 사실에 대한 자유 심증을 형성할 수 있다는
판례의 영향을 받아 의료과오소송에 있어서도 여러 가지 간
접사실에 경험칙을 적용하여 과실과 인과관계를 추정하기 시
작하였다.604) 그러한 판례의 문제점은 손해배상의 청구에 있
어서 과실과 인과관계가 구별되는 개념이고, 입증에 있어서
도 양자의 문제는 별개임에도 불구하고, 의료과실과 인과관
계가 밀접한 관련이 있는 경우에는 과실의 입증만으로 인과
관계의 인정단계를 구별하지 않고 인과관계를 동시에 추정하

---

602) 대판 1995. 3. 10. [94다39567].
603) 孫容根, 醫療過誤訴訟의 立證輕減에 관한 判例의 最近 動向, 332쪽.
604) 대판 1995. 3. 10. [94다39567]; 대판 1995. 3. 17. [93다41075]; 대
    판 1998. 2. 13. [97다12778] 등.

여 왔다는 데 있다.605)

(나) 同時推定方式에 의한 立證緩和의 方法

종래의 판례들은 인과관계 추정의 근거로 ① 의료행위와 장해결과와의 시간적 근접성, ② 타원인의 개재 가능성의 부존재를 들고 있으며, 이러한 방식은 일본에서 인과관계의 입증완화에 주로 사용되고 있는 사실상의 추정론과 같은 구조이었고, "사실상의 추정"이라는 용어까지도 사용하고 있다.606) 또한 일본에서 공해소송의 입증책임을 위해 주장된 개연성설에 따라 개연성을 증거력이 있는 것으로 인정한 하급심 판결,607) 입증곤란 한 경우 위험영역설과 궤를 같이하여 입증책임을 전환시킨 판결,608) 경험칙을 적용하여 의사의 의료과오를 인정한 판결,609) 의료과오에 있어서 입증책임의 완화와 입증방해를 인정한 판결610) 등이 있다. 그러나 기존의 판결들은 대체로 입증책임의 완화로 문제를 해결하고 있지만, 입증책임을 완화하고 있는 경우에도 명확한 기준을 갖고 있지는 못한 것 같다.611)

---

605) 朴永浩, 醫療過誤訴訟에 있어서 過失과 因果關係의 立證과 그 方法, 110~111쪽.
606) 대판 1998. 2. 27. [97다38442].
607) 서울民事地判 1992. 10. 31. 판결(法律新聞 2167호 1992. 11. 5, 1面).
608) 대판 1980. 7. 8. [80다122]; 대판 1980. 9. 30. [78다1182]; 대판 1980. 11. 11. [80다57]; 대판 1992. 7. 28. [91누10909].
609) 대판 1989. 7. 11. [88다카26246]; 대판 1992. 12. 8. [92다29924]; 대판 1995. 2. 10. [93다52402].
610) 대판 1995. 3. 10. [94다39567].
611) 입증책임 완화의 방향에 대해서는 정확하게 확정된 것은 없지만,

2. 大法院 1995. 2. 10. 宣告 93다52402 判決의 意義와 問題點

(가) 大法院 1995. 2. 10. 선고 93다52402 判決의 意義

대법원 1995. 2. 10. 선고 93다52402 판결[612]은 종래의 판례가 채택하고 있던 사실상 추정론에 의한 방법과는 달리 의료과실을 동시에 추정하지 않고, 우리나라의 법체계에는 적용되지 않았던 res ipsa loquitur 원칙상의 common knowledge 이론에 입각하여 "일반인의 상식에 바탕을 둔 의료상의 과실 있는 행위"라는 새로운 의료과실 입증방법의 도입을 시도한 점에 그 특색이 있다. 즉, 영미법상 인정되는 res ipsa loquitur 이론을 도입하여 인과관계의 입증과 추정에 부수적으로 수반되던 의료과실의 입증 분야를 새로이 조명한 데 그 의의가 있다. 또한 의사의 증언이나 감정이 없이도 의료과실을 직접적으로 인정할 수 있는 방법을 제시하였다. 그러나 위 판결 이후에도 사실상의 추정을 이용한 판례[613]가 계속해서 병존하고 있다.

또한 위 판결이 나온 후 그 의미에 대해서 주의의무의 판단기준으로 보는 견해[614]와 입증부담의 완화 내지 경감으로

"사실상의 추정론"으로 보고 있다(朴永浩, 醫療過誤訴訟에 있어서 過失과 因果關係의 立證과 그 方法, 114쪽; 孫容根, 醫療過誤訴訟의 立證輕減에 관한 判例의 最近 動向, 333쪽).

612) 대판 1995. 2. 10. [93다52402].

613) 대판 1995. 3. 17. [93다41075]; 대판 1995. 12. 5. [94다57701]; 대판 1996. 6. 11. [93다4045]; 대판 1998. 2. 27. [97다38422] 등의 판례가 계속해서 나왔다.

서 증명도의 문제로 보는 견해615)로 나뉘어 있다. 이에 대하
여 실무가와 학자들은 기존의 주의의무규범, 수범자의 표준
및 주의의무 자체의 수준에 대하여는 아무런 영향을 미치지
않고, 단지 의료과실을 일반인의 상식을 바탕으로 입증하면
의사의 과실이 입증된 것으로 보는 견해, 즉 환자 측의 의료
과실의 입증수단 또는 증명도를 감경하여 입증책임을 완화하
고 있는 것으로 보는 견해가 대부분이다.616)

   (나) 大法院 1995. 2. 10. 宣告 93다52402 判決 이후
       判例의 態度(問題點)

   최근에 선고되는 판례들은 종래와 같이 간접사실에 의한
과실과 인과관계의 동시의 추정과 일반인의 상식에 기초한
과실의 입증이 서로 상이하다는 것을 고려하지 않은 판시를
하고 있다.617) 특히 하급심 판례들은 간접사실에 의하여 과

---

614) 梁彰洙, 醫療過誤에 관한 裁判例, 民法硏究 3, 博英社, 1997, 445
    쪽; 崔載千, 醫師의 醫療行爲에 있어서의 注意義務의 基準, 判例
    月報 第323號, 14쪽; 안법영, 의료사고의 불법행위책임, 법학논집,
    고려대학교 법학연구소, 1997, 271쪽 이하.
615) 石熙泰(대한의료법학회 編), 醫療過失 判斷基準에 관한 學說・判
    例의 動向, 의료법학 창간호, 韓國司法行政學會, 347~348쪽; 金天
    秀(대한의료법학회 編), 진료과오 책임의 입증 및 설명의무의 이
    행, 의료법학 창간호, 韓國司法行政學會, 289쪽; 金聖洙・金都泳,
    醫療判例의 綜合的 分析 및 그 展望, 法曹 第46卷 第1號(1997. 1.),
    18쪽; 申殷周, 醫療過誤事件에 있어서 過失의 立證 및 立證妨害,
    判例月報(1996. 2.), 34쪽 등.
616) 특히 동 판결을 사실상의 추정이론을 확실히 표명한 판결로 이해
    하는 견해도 있다(사법연수원, 의료과오 손해배상, 116쪽; 崔載
    千・朴永浩, 의료과실과 의료소송, 850~851쪽).
617) 申殷周, 醫療過誤事件에 있어서 過失의 立證 및 立證妨害, 34쪽.

실과 인과관계를 동시에 추정하는 방식을 사용하면서, 위의
판결의 판시사항을 무조건 인용하는 태도를 취하고 있는 점
이 문제로 지적되고 있다.[618) 뿐만 아니라 대법원 1998. 2.
27. 선고 97다38422 판결에서는 구체적으로 "사실상의 추정"
이라는 용어를 사용하고 있으며, 이러한 판례를 근거로 대법
원의 의료과오소송에서 입증책임의 경감에 관한 현재의 입장
은 "사실상의 추정론"이라고 단정해도 좋을 것이라는 견해도
있다.[619) 뿐만 아니라 res ipsa loquitur 원칙에서 사용하고
있는 일반인의 상식에 바탕을 둔 의료상의 과실이 무엇인지
에 대한 구체적인 제시가 미흡하다.[620)

第4節 訴訟 이외의 方法에 의한
醫療被害의 救濟

I. 槪　說

---

618) 朴永浩, 醫療過誤訴訟에 있어서 過失과 因果關係의 立證과 그 方
法, 123쪽.
619) 孫容根, 醫療過誤訴訟의 立證輕減에 관한 判例의 最近 動向, 363쪽.
620) 이에 대해 朴永浩, 醫療過誤訴訟에 있어서 過失과 因果關係의 立
證과 그 方法, 123쪽에서는 일반인의 상식은 미국에서와 같이 의
료 전문가인 의사들의 감정이나 법정 증언 및 의학교과서 등을
참고하여 형성된 의료의 문외한인 일반 법관들의 상식으로 봄이
타당하다고 생각된다고 하고 있다.

의료분쟁의 종국적인 해결은 법원의 판단에 맡겨지게 된다. 또한 판례도 의료행위와 의료소송의 특수성으로 인하여 나타나는 입증곤란의 문제를 해결함으로써 피해자인 환자 측의 피해구제를 위해 다양한 이론에 의해 입증완화를 시도하고 있다. 그러나 입증완화 등의 방법으로 환자 측의 피해구제를 도모하는 것은 긍정적 효과가 있기는 하지만, 그로 인한 의사 측의 과잉진료·방어진료 및 진료거부의 문제가 환자 측에게 되돌아오는 부정적 효과도 발생하게 된다. 뿐만 아니라 소송에 의한 해결은 당사자 사이의 신뢰관계를 파괴하는 부작용도 있다. 따라서 소송에 의한 해결에 앞서 환자 측과 의사 측 양 당사자의 신뢰관계를 파괴하지 않고, 적절하고 타당한 해결을 하기 위한 방법으로 여러 사회제도의 도입과 활성화가 요구된다.

오늘날 많은 의료분쟁이 법원 또는 법원 외에서 다양한 사회적·법적 제도에 의해서 해결되고 있다. 그중에서 중요한 제도인 ① 의료배상책임보험제도, ② 민사조정법에 의한 조정, ③ 소비자보호원의 소비자분쟁조정위원회에 의한 조정제도만을 간략하게 살펴보기로 한다.

II. 醫療賠償責任保險制度

1. 醫療賠償責任保險의 意義

의료배상책임보험621)은 피보험자인 의사가 의료업무 수행

중의 작위 또는 부작위에 의하여 발생케 한 손해로 인하여 환자 등의 제3자에 대해 법률상 손해배상책임을 부담함으로써 입은 손해를 보상하는 책임보험이다.622) 따라서 의료배상책임보험에 포함되는 위험은 피보험자 또는 그 사용인 기타 피보험자의 업무의 보조자가 의료행위를 수행하는 것으로 타인의 신체에 장해(장해에 기인한 사망을 포함)가 발생한 경우에 피보험자가 부담하는 법률상의 손해배상책임이다.623)

의료배상책임보험은 전문직업인배상책임보험의 한 유형으로 이 보험 분야에 있어서 가장 먼저 발달하고 다른 전문직업인배상책임보험의 토대가 되어 왔다.624) 독일·미국·일본

---

621) 의사배상책임보험은 의사의 제3자에 대한 손해를 전보하는 책임보험으로, 의료배상책임보험은 의사 이외의 의료전문직 위험을 포괄할 수 있는 용어로 사용되기도 하지만(申東昊·車一權, 專門職危險과 賠償責任保險(Ⅱ), 보험개발원 보험연구소, 1998, 40쪽), 그러한 구분을 하지 않고 의사배상책임보험이라는 용어를 사용하기도 한다(金龍潭, 醫療賠償責任保險制度, 裁判資料 第27輯, 法院行政處, 1985, 447쪽; 弥永眞生(山田卓生·加藤雅信 編), 專門家責任と責任保險(新·現代損害賠償法講座 3), 日本評論社, 1997, 386面). 이하에서 살펴보는 것과 같이 최근의 의사배상책임보험은 주로 각 과별 협회 또는 병원을 대상으로 하는 단체협약의 형태를 취하고 있는 경우가 대부분이다. 따라서 정확하게는 의사 및 병원배상책임보험을 구분할 수 있지, 결국 의사·병원 및 그 보조자의 의료행위 또는 시설물 등의 사용·관리상의 부주의에 의해 제3자에게 손해를 입힌 경우 그에 대한 손해를 전보하는 배상책임보험이므로, 이 책에서는 의료배상책임보험과 의사배상책임보험이라는 용어를 특별히 구분하지는 않는다.

622) 金龍潭, 醫療賠償責任保險制度 447쪽; 申仁鳳, 醫師賠償責任保險에 관한 硏究, 忠南大學校 法學博士學位論文, 1997. 2, 53쪽.

623) 弥永眞生, 前揭論文, 386面.

624) 梁承圭, 保險法(第2版), 三知院, 1992, 339쪽; 申仁鳳, 醫師賠償責任保險의 도입 방안, 法學研究 第8卷 第1號(1997. 12.), 忠南大學校 法學研究所. 193쪽.

을 비롯한 여러 나라에 있어서 의사 등 전문직업인에 대한 손해배상책임을 추궁하는 사례가 급격히 증가함에 따라서 손해배상액도 크게 증가해 왔다. 우리나라에서는 최근에 와서 의사의 의료과오에 의한 손해배상청구가 증가하게 되었으며, 의사의 책임은 민사책임에 있어서 중요한 비중을 차지하게 되어 그 손해배상액도 증가하고 있다. 또한 앞에서 살펴본 바와 같이 손해배상청구에 있어서 의사의 과실에 대한 입증부담에 있어서 환자 측에게는 그 부담을 완화하고, 의사 측에 대한 주의의무는 엄격하게 요구함에 따라서 의사책임은 대단히 무겁게 부과되고 있다고 할 수 있다. 따라서 피해자에 대한 손해배상책임의 이행을 위한 배상자력 확보의 근본적인 방안으로 의사의 손해배상책임을 담보하는 보험의 개발이 필요하다.[625]

2. 外國의 醫療賠償責任保險制度의 現況

(가) 獨 逸

독일의 의사배상책임보험(Arzthaftpflichtversicherung)은 1887년에 도입되었고, 1901년에는 약 6,500건의 의사와 약사배상책임보험이 체결되었다.[626] 그러나 독일에서는 의사에게 의료과오가 있는 경우 그 의사는 과실치상 내지 업무상과실치사상이라는 형사책임을 부담하게 될 것이므로, 의사의 재정상의 손

---

625) 申仁鳳, 醫師賠償責任保險의 導入方案, 195쪽.
626) 申仁鳳, 醫師賠償責任保險에 관한 硏究, 126쪽.

실을 보험에 의해 보전하게 할 수 없다는 이유로 의사배상책임보험에 대하여 부정적인 비판이 계속되었다.627) 그러나 그 후 의사도 과오를 범할 수 있다는 것을 인식하게 되어 점차적으로 부정적인 견해가 사라지게 되었다. 이러한 인식을 바탕으로 사회정책적인 측면에서 의사의 사회적 책임을 강조하게 되었고, 그로 말미암아 의사배상책임보험은 전문직업인 배상책임보험(Berufshaftpflichtversicherung)의 한 부분을 이루게 되었다. 또한 의사배상책임보험의 보험자는 이 보험이 실시되기 시작한 때부터 의사의 불법행위책임뿐만 아니라 계약상의 채무불이행책임에 대하여도 보상하고 있다.628)

1976년에 제정되고 그 후 1993년까지 여러 차례 개정된 독일 의사복무규정 제8조에서 의사는 의사배상책임보험계약을 체결할 의무가 있다고 규정되어 있었지만,629) 법적인 효력은 없었다. 그 후 법적인 효력을 갖지 않고 있던 의사복무규정에 대한 입법론으로서 잠재적인 가해자의 지급능력을 보장하고 피해자를 보호하기 위해 복무규정만으로는 충분하지 못하기 때문에 의사배상책임보험에의 가입을 법적 의무로 규정해야 한다는 견해가 주장되었다.630) 이러한 주장은 제100회 독일의사대회(100. Deutscher Ärztetag, Eisenach 1997)가 결의한 독일표준의사규정안(Muster-Berufsordnung für die deutschen

---

627) 申東昊·車一權, 專門職危險과 賠償責任保險(Ⅱ), 79쪽.
628) Jürgen Möle, Die Haftpflichtversicherung im Heilwesen, Hamburg Uni., Diss. 1992, Peter Lang, S. 8~10(申仁鳳, 醫師賠償責任保險에 관한 硏究, 126~127쪽에서 재인용).
629) Jürg Flatten, Die Arzthaftpflichtversicherung, VersR, 1994, S. 1019.
630) Flatten, aaO., S. 1023.

Ärztinnen und Ärzte: MBO-Ä 1997)에 반영되어, 동 결의안 제 21조(MBO-Ä §21)에 규정되었다. 그리고 이 표준의사복무규정은 州의사협회 대표자들의 연석회의에서 각 州의 의사복무규정(Berufsordnung für Ärztinnen und Ärzte)에 수용하기로 결정되어 법적 구속력을 갖게 되었다.631) 그에 따라서 현재는 독일의 각 州의 의사복무규정은 동일한 규정으로 표준화되어 시행되고 있다.

(나) 美 國

의사배상책임보험제도가 가장 발달한 나라는 미국이다. 미국에 있어서 의사의 배상책임에 관한 보험을 의료과오보험(medical malpractice insurance)이라 하며, 피보험자에 따라 보험약관이 세분화되어 있다.632) 이러한 의료과오보험은 대체로 ① 내과의·외과의·치과의 의사배상책임보험(Physicians', Surgeons', and Dentists', Professional Liability Insurance), ② 기타의 전문인배상책임보험(Miscellaneous Medical Professional Liability Insurance), ③ 병원배상책임보험(Hospital Professional Liability Insurance)으로 나누는 것이 보통이다.633)

---

631) Deutsches Ärzteblatt 94, Heft 37(1997), A-2354 ff.(A-2354, 각주 * 참조).

632) 金龍潭, 醫療賠償責任保險制度, 裁判資料 第27輯, 法院行政處, 1985, 448쪽; 申仁鳳, 醫師賠償責任保險에 관한 研究, 73쪽.

633) 金龍潭, 醫療賠償責任保險制度, 448쪽; Philip Gordis, Property and Casualty Insurance, 32nd ed. revised, The Rough Notes Co., Inc., 1991, p.386~391(申仁鳳, 醫師賠償責任保險에 관한 研究, 73쪽에서 재인용).

미국의 경우에 있어서 의사책임보험은 1966년 10월 1일 약관의 개정 이후, 책임보험의 보험약관은 기본약관(Policy Jasket), 계약사항 기재서(Declarations) 및 담보조항(Coverage Part)의 3가지 부분으로 구성되는 것으로 통일되었다. 이로써 책임보험이 각각의 위험마다 독립하여 발행되고 있던 약관을 통일하여 기본약관을 창설하고, 그것에 각 위험에 따른 담보조항을 첨부하는 방식을 채용하였다.634)

미국에서는 1970년대에 들어서면서 소위 의료과오위기 또는 의사배상책임보험위기에 직면하게 되었다. 이러한 현상은 의료과오사고의 다발·손해배상액의 앙등·보험료의 급격한 상승·보험 상품 철회·의료공급 위기·의료수가 인상 등으로 요약된다.635) 이러한 현상은 소위 "깊은 주머니 이론('deep pocket' theory)"636)을 선택한 것에 주요한 원인이 있었다. 의

---

634) 加瀬幸喜, アメリカにおける医師の賠償責任と保険, 「損害保険研究」, 第42卷 第2号, 1980. 9, 95面.
635) 石熙泰, 미국불법행위법에서의 의료과오 민사책임이론, 司法行政 (1994. 5.), 6~7쪽.
636) 과실책임체계에 있어서 "우연한 손해(accidental damages)"는 의사 측 당사자에 대해 과실이 있는지 없는지를 밝히기가 불가능하고, 그로 인한 손해의 위험은 환자에게 부담된다. 그러나 1960년대에 들어서면서 미국의 많은 판결에서 의사에 대한 책임을 인정하는 데 관대하였고, 그로부터 손해가 발생한 곳에서는 누군가 책임을 부담하여야 하고, 事故의 희생자들에 대하여 보상을 하여야 한다는 사회적 요구로 귀결되었다. 그로 말미암아 의료전문가들의 재정적 안정에 대한 내부적 요구는 종종 의료행위 전반(doctor-going public)에 증진된 보호를 제공받기 위한 유혹에 이르게 되고, 결국 대부분의 의사가 의료배상책임보험에 가입함으로써 증가된 보험료와 이에 상응하는 보다 높은 보수를 통하여 의료인과 환자들 사이에 보다 더 공평하게 분배될 수 있을 것이라는 이론을 정책적으로 선택하였고, 이 이론을 "깊은 주머니 이론(deep pocket theory)"이라고 한다. 그러나 이러한 정책으로 인해 의사들에 대하여 엄격책임을

사배상책임보험위기를 타개하기 위해 州법원과 연방법원, 정부, 소비자그룹 및 변호사 등 각계각층에서 다양하게 제시되고 있는 의사배상책임보험위기 타개책 중에서 어느 것이 위기극복에 적합한 것인지에 관해 논쟁은 계속되었고, 그 후 환자보상기금과 공동보험업협회(Joint Underwriting Association)의 설립 및 자가보험법(The Risk Retention Act) 등의 제도개혁도 병행하고 있다.637)

(다) 日 本

일본에서는 2차대전 이후에 의료과오분쟁의 급증과 의사의

부과하여 전문직업상의 과실의 특성을 인정하지 않고 면책을 엄격하게 함으로써 병원의 책임을 광범위하게 인정하게 되었다. 이 정책을 실행하는 데 있어서 법원은 환자에 대한 피해의 회복의 촉진이 의료과오소송을 장려하고 의료배상책임보험에 가입하지 않은 의사들의 불안감을 증대시킨다는 점을 간과하였다. 그로부터 소위 "의료과오위기(malpractice mess)"를 초래하였고, 의사의 약 40%가 의료과오소송의 위협을 받게 되었다. 그중 90%는 법원 밖에서 의료배상책임보험에 의해 해결되고, 나머지 10% 중에서 8%가 최종판결을 받았는데 그중에서 80% 이상이 의사에게 과실 없음이 선고되었다. 이러한 경향은 의료배상책임보험의 일반화와 함께 의사들이 소송에 휘말리는 것보다는 자신의 과실이 있는지 없는지 불분명한 경우에도 쉽게 자신의 과실을 인정하고 환자가 보험회사로부터 손해배상금을 받도록 하였고, 결국 보험회사들은 의료배상책임보험을 판매하면 할수록 손해가 발생하였고, 그 손해를 메우기 위해 보험료를 할증하였다. 그러한 악성 할증금(spiralling premium)은 소송수의 증가와 금전적인 배상액의 증가 등 많은 원인이 복합적으로 작용한 것이었고, 재정적인 수익이 주요 관심사인 민영보험사들은 의료배상책임보험의 판매를 중단하기에 이르렀다(Panayotis J. Zepos, Professional Liability; Physicians, p.41~42).
637) 申仁鳳, 醫師賠償責任保險에 관한 硏究, 99~101쪽.

284

책임이 엄격화되는 상황에 대처하기 위하여 1960년부터 각 都道府縣의 의사회 내에 의사분쟁처리특별위원회를 설치하였고,[638] 1963년부터 의사의 손해배상책임을 담보하는 의사배상책임보험이 판매되었다.[639] 그에 따라 安田火災海上保險株式會社를 시작으로, 大正海上火災保險, 東京海上火災保險, 日本火災海上保險의 3社에서도 이를 판매하기 시작하였다.

의사배상책임보험이 판매된 지 10년 후인 1973년 7월에 일본의사회를 보험계약자로 하여 다시 일본의사회의 의사배상책임보험제도가 발족되었다.[640] 현재 일본에 있어서 의사배상책임보험제도는 각 의사와 기타 의료종사자 및 법인 등이 임의로 가입하는 의사배상책임보험과 일본의사회의 A1, A2급 회원[641]이 자동적으로 피보험자가 되는 일본의사회의사배

---

638) 1963년 의사배상책임보험이 판매되기 시작한 이후 손해배상책임의 존부 등을 판정하기 위한 의사배상책임보험 처리위원회의 설립을 시도하였으나 이를 구성하지 못하였고, 결국 보험회사와 各 都道府縣 의사회(지역은 지역보험의협회)의 의료분쟁처리 담당자가 협의에 의해 손해배상책임의 여부를 심사하게 하였다(畔柳達雄, 醫師賠償責任保險, ジュリスト 第691号(1979. 5.), 112面; 筋 立明・中井美雄, 醫療過誤法, 166面).

639) 筋 立明・中井美雄, 醫療過誤法, 166面; 弥永眞生, 前揭書, 386面.

640) 筋 立明・中井美雄, 醫療過誤法, 204面.

641) 일본에서는 의사배상책임보험의 가입에 있어서 의사를 A・B・C의 세 단계로 구분하고 있다. A회원은 다시 개업의를 중심으로 하는 A1회원과 근무의를 중심으로 하는 A2회원으로 구분하고, A2회원은 A1회원에 준하는 취급을 하고 있다. B회원은 근무의가 일본의사회의 의사배상책임보험의 가입의 제외를 신청한 경우이고, C회원은 의료교육기관에서 수련의로 근무하는 의사를 말한다. 따라서 A1・A2회원만이 일본의사회의 가입과 함께 자동적으로 의사배상책임보험의 적용을 받는다. (http://www.osaka-med.ac.jp/deps/omcda/nyuukai.html에서 인용)

상책임보험의 2개의 다른 제도로 규정되어 있다.642) 이에 따라서 두 보험의 담보범위에서 중복부분이 발생하게 되고, 그 운영을 둘러싸고 혼란이 발생했다. 그러나 일본 대장성에 의한 행정지도를 통하여, 1976년 10월 이후부터 보험회사는 계약종류를 일본의사회 의사배상책임보험과 저촉하지 않는 내용으로 개정하여 판매하고 있다.643)

특히 1973년 7월 일본의사회가 대형손해보험회사 4개사와 제휴하여 일본의사회의 A회원을 피보험자로 하는 의사배상책임보험제도를 발족하면서, 보상금의 최고한도액을 그 당시에는 파격적인 1억 円으로 설정하였고, 분쟁처리의 체제에 대하여 보험회사와 일본의사회로부터 독립한 기관으로 하여, 대표적 법률가를 중심으로 "배상책임심사회"를 설치하여 그 기능을 충분히 발휘할 수 있도록 하였다.644) 그러나 1990년대에 들어서면서 일본에서도 권리의식의 고양과 의료안전에 대한 관심이 높아지면서 1억 円의 보상한도액이 충분하지 않다는 주장이 의사회에서 제기되어 2001년 9월부터는 「日医医賠責特約保険」을 창설하였고,645) 동 보험에서는 의사회의 보상한도액을 합하여 1사고당 2억 円, 년간 6억 円으로 보상한도액을 높여서 운영하고 있다.646)

---

642) 加瀨幸喜, アメリカにおける医師の賠償責任と保険, 80面.

643) 加瀨幸喜, 前揭論文, 80面.

644) 筋 立明・中井美雄, 醫療過誤法, 207面.

645) 日医医賠責特約保険의 적용을 받으려면 특별회비 23,000円을 추가로 납부하면 된다.

646) 병원의 경우에는 일본병원회의 병원배상책임보험에 가입할 수 있고, 납부하는 보험금액에 따라서 의료행위에 의한 사고에 대해서는 1사고당 5,000만 円부터 1억 円, 년간 1억 5천만 円부터 3억

가입률은 京都府를 예로 들면, 京都府保險醫協會와 安田火災海上(株)이 의사배상책임보험을 의료기관의 개설 형태에 따라 6개의 유형으로 나누어 판매하고 있으며, 1993년 12월 1일 현재 진료소·병원이 1950건, 근무의 101명으로 京都府의 가입대상자 중 87%의 의료기관이 가입하고 있었고,[647] 2003년 3월 현재 전국적으로 약 90% 이상의 의료기관이 가입하고 있다.[648] 또한 京都府에서는 京都府保險医協會 등의 의사 또는 의료기관으로부터 접수된 의료분쟁건수도 의사배상책임보험이 판매된 후 1975년부터 1996년 6월까지 21년간 927건(연평균 44.1건)이었으나, 1996년 7월부터 2003년 5월까지 573건(연평균 81.9건)으로 약 2배가 증가하였다.[649] 특히 1996년 이전에는 분쟁접수 건수가 진료소와 병원 등의 의료기관 사이에 별 다른 차이가 거의 없었으나, 1996년 7월 이후 2003년 5월까지의 통계에 의하면, 병원급 이상의 의료기관에서의 분쟁건수가 약 70%를 차지하고 있어서 병원급 이

円의 범위에서 선택할 수 있다. 또한 의료시설의 사용관리상의 사고 및 급식 등에 의한 사고에 대해서는 대인과 대물로 나누어, 대인은 1사고당 3억 엔부터 30억 엔까지, 대물은 500만 엔부터 3000만 엔까지 계약유형에 따라 9단계로 나누어 판매하고 있다 (http://www.nichibyo.co.jp/contents/insura/insura-1.html에서 인용).

647) 筋 立明·中井美雄, 醫療過誤法, 203~204面.

648) http://www.hokeni.jp/amis/kyousai/kanja/baisyou/baisyou.html에서 인용.

649) 분쟁해결의 비율은 1991년부터 2000년까지 10년간 628건의 사건에서 유책이 295건(47.7%), 무책이 161건(25.6%), 미결이 172건(27.4%)이며, 이러한 해결 비율은 법원의 판결에 의한 것과 비교하여도 손색이 없는 양호한 해결이라고 한다(福山正紀, 医事紛爭への取り組み— 京都協會の傳統と實績の再確認を, 京都保險医新聞 第2421·22号 (2004. 3. 15·22.), 6面).

상의 의료기관에서의 의료분쟁이 현저하게 증가하였다. 그에 따라서 2002년 4월부터 일반병상 100 이상의 병원에 대해서는 보험료의 약 25% 인상과 함께 손해율에 따른 보험료 할증제도가 도입되었고, 2003년 4월부터는 일부 의료사고가 많은 병원들에 대해서는 개별조건이 부과되었다.650)

3. 우리나라의 醫療賠償責任保險制度의 現況

(가) 過去의 醫師賠償責任保險의 施行과 廢止

우리나라에서는 1973년 이후 4개의 보험회사가 의사배상책임보험을 개발하여 판매하였으나, 의사들의 보험가입률의 저조와 보험사의 손해율이 높아짐에 따라 수지악화로 보험회사들이 보험인수를 기피하게 되었다. 마침내 1984년 이후 그 판매를 중지하였고, 1988년에는 폐기되었다.651)

우리나라에서 시행되었던 의사배상책임보험의 실패원인으로는 ① 의사들이 의료사고의 발생을 외부로 노출시키는 것을 꺼려하여 의료사고 발생 시 환자 측과 직접 합의하여 해결하려는 경향이 강했으며, 1980년대 초반까지만 해도 의료분쟁이 심각하지 않아 책임보험의 필요성을 크게 인식하지 않았다는 점, ② 의료사고가 의료행위가 이루어진 뒤 오랜 시간이 경과한 후에야 발견되는 경우가 많은데, 보험약관에

---

650) 京都保險医新聞 第2403号(2003. 11. 10.), 1面.
651) 申仁鳳, 醫師賠償責任保險에 관한 硏究, 144쪽; 申東昊・車一權, 專門職危險과 賠償責任保險(Ⅱ), 43쪽; 한국생산성본부, 의료피해구제의 적정화방안에 관한 연구보고서, 한국소비자보호원, 1988, 100쪽.

서는 보험사고 인정의 기준시점을 손해사고 발생 시 주의를
채택하였다는 점,[652] ③ 보험료율과 요율체계를 단순히 일본
에서 모방하여 사용함으로 인하여 보험료율이 비현실적이고
요율체계가 미흡했다는 점, ④ 의료사고의 경우 의료행위가
전문성·특수성·재량성 등과 같은 특수한 요인을 가지고 있
는 데 비해 엄격하고 공정한 심사기관이 없었다는 점 등을
들 수 있다.[653]

　　(나) 醫療賠償責任保險의　再販賣

　　의료사고배상책임보험은 1997년 이후에 현대해상(주) 등의
대형　손해보험사들을　중심으로　의료배상책임보험을　개발하
여, 몇몇　대학병원　및　종합병원을　대상으로　다시　판매되기

---

652) 의사배상책임보험에서 손해사고발생·발견·배상청구·채무확정·
　　변제의 절차단계 중 어느 것을 보험사고로 하느냐 하는 것은 보험
　　자와 피보험자 간의 이해에 중대한 영향을 미치게 된다. 그러나 우
　　리나라의 의사직업위험담보특별약관이 손해사고 발생 시 주의를
　　택하여 피보험자를 보호하였지만, 청구의 장기화에 따라 보험자는
　　손해측정을 하기가 어렵고, 보험료산정 등에 곤란을 격게 됨으로
　　인해 의사배상책임보험제도의 운영 자체를 위협하는 요소가 되었
　　다. 미국에서도 원칙적으로는 손해사고 발생 시 주의를 취하였으
　　나, 이 문제를 해결하기 위해 많은 보험회사가 Lloyd의 이른바
　　claim-made policy(의료사고가 언제 발생하였느냐 하는 것은 고려
　　함이 없이 보험기간 중 보고된 청구에 대해서만 보험회사가 塡補한
　　다는 것)를 채택하였다(金龍潭, 醫療賠償責任保險制度, 450·462
　　쪽). 그러나 우리나라는 그러한 배려 없이 손해사고 발생 시 주의를
　　취함으로써 의사배상책임보험제도의 상품성을 현저히 저하시키게
　　되었다.
653) 申東昊·車一權, 專門職危險과 賠償責任保險(Ⅱ), 40~42쪽; 申仁
　　鳳, 醫師賠償責任保險에 관한 硏究, 153~155쪽.

시작하였다. 그 후 1998년에 현대해상(주)과 치과의사협회의 가입을 시작으로 한의사, 내과, 정형외과 개원의들이 의료배상책임보험에 본격적으로 가입하기 시작하였고,654) 삼성화재를 간사社로 LG·동부화재 3개 손해보험사가 2000. 7. 5.에 대한산부인과 개원의 협의회와 「의사 및 병원배상 책임보험 단체가입에 관한 협약」을 체결하여, 전국 2,300여 산부인과 개원의사의 「의료배상책임보험」 계약업무를 본격적으로 시작했다.655) 또한 삼성화재는 2003. 4. 16.부터 대한치과의사협회와 「치과 의사 및 병원 배상책임보험 단체가입에 관한 협약」을 체결하고, 협회소속 22,000여 명의 회원을 대상으로 이 보험을 판매하기 시작하였다.656) 2000년 6월 말에는 현재 국내의 병원 830여 개 중 약 88여 개의 병원이 의사 및 병원배상책임보험에 가입하고 있으며(약 10.6%), 전체 개원의 30,000여 명 중 약 27% 정도가 각 개원의 협의회를 통하여 의료배상책임보험에 가입하고 있었으며, 과별로 전혀 가입을 하고 있지 않는 경우도 있는 등 가입률이 저조한 편이었다.657) 그러나 2001년 6월 말 현재 110개 종합병원과 산부인과, 내과, 정형외과, 가정의학과, 피부과, 일반외과, 신경외과, 마취과 등의

---

654) 정락형, 앞의 글에서 인용.

655) http://www.samsungfire.com/bbs/other/9999999/9999999_bbs_g_detail.jsp
=20000000&BbsID=9999999&CtID=0&BbsNum=19에서 인용.

656) http://www.samsungfire.com/bbs/other/9999999/9999999_bbs_g_list.jsp?
bbs_gubun=IR&currpage=4에서 인용.

657) 특히 2000. 6. 현재 개원의의 경우에는 전체 17개 과 중 7개과(내과 36%, 산부인과 13%, 신경외과 7%, 치과 45%, 통증의학과 25%, 피부과 9%, 가정의학과 13%)와 한의사(33%)가 가입하고 있으며, 나머지 10과에서는 가입률이 전무한 상태이다(정락형, 앞의 글에서 인용).

개원의협의회를 중심으로 3,500여 명의 개원의사들이 의사 및 병원배상책임보험에 가입하고 있으며,658) 이러한 추세로 볼 때 보험회사의 전문성의 확보와 의료사고 발생 시 적절한 손해배상이 이루어질 수 있는 방법을 강구하여 의료인들이 실질적인 수혜와 필요를 느끼게 한다면 의료배상책임보험에 가입하는 의사 및 병원의 수가 점점 증가할 것으로 예상된다.

4. 現行 醫療賠償責任保險의 運營方式

현재 판매되고 있는 의료배상책임보험은 ① 보험료에 상응하는 보상한도액을 설정하여 유한책임을 원칙으로 하고 있으며, ② 피보험자의 자기부담액을 통상 의사공제회에의 가입금액인 1천만 원을 설정하거나, 보험회사에서 지급하는 보상액과 공제회에 의한 보상금액이 손해액을 초과하는 경우 비율에 따른 보상액의 감액을 하고 있으며, ③ 특약에 의해 경호비용, 관습상 비용, 형사방어비, 벌금, 후천성면역결핍증에 기인한 배상책임 등을 담보하고 있고, ④ 손해조사 및 상담, 위험관리 기법 등의 Claim Service 방식으로 운영되고 있다.659)

5. 現行 醫療賠償責任保險의 問題點과 改善方案

---

658) 윤성원, 의료사고에 대한 환경변화와 사고유형, 의료배상책임보험의 필요성, 대한병원협회지(2001. 9 · 10.)
  (http://www.hospitallaw.or.kr/dispute-medical%20insurance.html 에서 인용).
659) 정락형, 앞의 글에서 인용.

(가) 問題點

의료배상책임보험의 문제점으로는 ① 의료분쟁에 대한 법률의 정비 없이 의사 및 병원배상책임보험의 판매가 이루어짐으로 인해 책임소재와 책임한도가 불분명한 상태에서 보험약관에 의해서만 이루어지고 있으며, ② 보험사의 축적된 자료의 부족으로 요율수준이나 의료사고 처리방법 등이 안정되지 못한 상태에 있으며, ③ 의료행위와 손해 간에 인과관계나 과실 유무의 판정이 어렵다는 의사의 직업상의 특수성을 극복하기 위한 이해관계자 모두가 신뢰할 수 있는 공정하고 객관적인 판단기구가 없으며, ④ 피해자들의 손해배상청구 가능성 및 그 절차와 방법에 대한 인식부족으로 인해 소송에의 접근가능성이 낮고, ⑤ 병원의 의료과실 발생방지를 위한 위험관리노력이 부족하며,660) ⑥ 대한의학협회 공제회와의 이중구조로 되어 있어서 보상기준 등의 처리방식의 相異로 인해 계약자 및 보상처리의 운영상의 혼란이 있으며, ⑦ 의료배상책임보험에 대한 홍보의 부족과 의료사고 분쟁처리의 특수성으로 인한 가입률의 저조를 들 수 있다.661)

(나) 改善方案

위에서 살펴본 바와 같은 문제점에 대해서는 우선, ① 의료

---

660) 정순임, 醫療紛爭調停法安에 대한 法制的 檢討, 法制懸案, 通卷 第102號(2000. 6.), 8~9쪽.
661) 정락형, 앞의 글에서 인용.

배상책임을 인정하기 위한 요건으로서의 과실인정문제, 인과관계문제 및 입증책임문제와 관련하여 사실관계를 조사하고, 책임 유무와 범위를 공정하고 객관적으로 판정하기 위해 법원 이외의 전문적인 의료분쟁조정기구의 설치가 필요하고,662) 과거에 우리나라에서 실패한 의료배상책임보험에 비추어 볼 때 의료배상책임보험제도가 활성화되기 위해서는 ② 공제와의 연계를 통한 의료배상책임보험의 운영, ③ 보험회사 간의 공동개발과 공동인수, ④ 의료배상책임보험에 대한 단체계약 및 강제보험화의 검토, ⑤ 보험회사의 수지개선과 보험가입자에게 신뢰를 줄 수 있는 공정하고도 객관적인 심사기구를 설립하여야 할 것이다.663) 또한 대한의학협회 공제회와 민간의료배상책임보험이 병존하는 현실에서 ⑥ 공제회와 민간손해보험회사와의 상호 협조, 예를 들어 보상하는 손해, 사고처리절차, 방식 등의 차이점의 축소, 관련자료의 상호 공유 및 인정 등의 방안을 모색해야 할 것이고, ⑦ 의료배상책임보험에 대한 홍보 및 사고처리에 있어서 보험사의 역할의 확대 등이 필요하다.664)

6. 小　結

위에서 살펴본 것과 같이 우리나라에서의 의료배상책임제도는 과거 1973년도부터 1988년도까지 도입되었다가 보험회

---

662) 金龍潭, 醫療賠償責任保險制度 463～464쪽.
663) 申仁鳳, 醫師賠償責任保險에 관한 硏究, 171～181쪽.
664) 정락형, 앞의 글에서 인용.

사의 수익성 악화를 원인으로 폐지되었었다. 또한 1981년부터 대한의학협회에서 공제회를 운영하여 의료분쟁에 대한 의사들의 자구책을 강구해 왔으며, 현재까지 지속되고 있다. 한편 국민건강보험의 확대와 경제의 성장과 더불어 의료에의 접근기회가 폭발적으로 증가하였으며, 의료서비스에의 접근가능성 및 빈도수가 많아짐으로 인해 의료사고의 발생이 급격히 증가하게 되었고, 그에 따라서 의료분쟁이 사회적인 문제로까지 확대되었다. 그러한 사회적 배경을 원인으로 1997년 이후 대형손해보험사 위주로 의료배상책임보험이 다시 판매되게 되었다.

의료배상책임보험은 배상책임자의 경제적 손실에 대한 보상뿐만 아니라 신속히 피해자를 구제하는 기능을 가진 보험으로서 그 의의가 있다.665) 독일·미국·일본 등의 국가에서는 우리나라보다 훨씬 먼저 의료과오에 관한 분쟁이 사회적으로나 법적으로 문제가 되었고, 지금은 의료배상책임보험제도가 어느 정도 성숙단계에 이르렀다고 보여진다. 우리나라에서도 다시 판매되고 있는 의료배상책임보험이 시간이 지남에 따라서 현실적이고 합리적인 해결점을 찾아 정착될 것이므로, 현재로서는 전문적이고 공정한 의료분쟁조정기구를 설치하여 환자와 의사 및 보험사 간의 신뢰를 높이는 것이 우선적으로 필요하다고 생각된다.

아울러 사회정책적 대책으로서 ① 의료사고 예방을 위한 의료감시기능의 강화, ② 의료계와 법학계의 연구노력 강화

---

665) 申仁鳳, 醫師賠償責任保險에 관한 研究, 53쪽.

를 위한 공동연구의 활성화 또는 기관의 설립, ③ 의사와 환
자의 의식전환, 특히 의사에게는 전근대적인 의료관이나 책
임회피적인 태도에서 벗어나려는 의식전환이, 환자 측에게는
의료사고 발생 시 감정적이고 폭력적인 방법이 아닌 이성적
이고 합리적인 해결방안을 강구하려는 의식전환이 필요하다
고 생각된다.

Ⅲ. 民事調停法에 의한 調停

1. 訴訟節次와 調停節次의 差異

민사분쟁을 해결하는 절차에는 크게 소송절차와 조정절차
가 있다. 소송절차는 분쟁당사자 쌍방이 권리를 주장하고 다
툼 있는 사실관계에 대한 증거를 제출하면 법원이 어느 당사
자의 주장이 옳은지를 판단하여 판결로써 분쟁을 강제적으로
해결하는 제도이다. 이에 반하여 민사조정절차는 분쟁당사자
로부터 주장을 듣고 여러 사정을 참작하여 상호 타협과 양보
에 의하여 평화적으로 해결되는 차이가 있다.666)

2. 民事調停節次의 長點667)

---

666) 宋相現, 訴訟에 갈음하는 紛爭解決方案(ADR)의 理念과 展望, 民
事判例研究(ⅩⅣ), 博英社, 1992, 418쪽.
667) http://www.scourt.go.kr/ke/html/ke111.html;
http://www.scourt.go.kr/cgi-bin/nbo-ard/nboard_
usr_KCcontent.cgi?h_gubun=6&h_seqnum=67&h_detail_gubun=-&

(가) 迅速하고 低廉한 紛爭 解決

신청일과 조정기일 간의 기간이 짧고, 대부분 한번의 기일
(출석)로 종료되어 신속한 분쟁해결이 가능하다. 또한 민사조
정절차에 있어서는 인지대가 소송대비 5분의 1에 불과하고,
고액의 감정비용 등 절차 비용을 절약할 수 있다.

(나) 常識에 立脚한 具體的 妥當性 있는 紛爭 解決

당사자 사이의 상호 타협과 양보에 의하여 상식에 입각한
구체적 타당성이 있는 해결이 가능하다. 즉, 민사소송절차에
의한 분쟁 해결은 법규정에 엄격하고 획일적으로 구애되어
개별 사건에 있어서 구체적 타당성이 미흡한 면이 있으나,
상식을 바탕으로 개별 사건의 특성을 고려하여 당사자가 납
득할 수 있도록 실정에 맞게 해결하므로, 소송절차보다 구체
적 타당성이라는 면에서 우월하다.

(다) 紛爭의 平和的 解決

판결에서 패소한 당사자는 내심 그 결과에 승복하지 못하
여 판결 후에도 감정적 대립이 해소되지 않지만, 상호 타협
과 양보에 의하여 분쟁을 평화적으로 해결하는 조정에서는

---

h_business=-&h_bub_cd=-&h_year=0&h_search=IMF시대의%20
민사분쟁%20해결방식-조정&t_flag=0.(IMF시대의 민사분쟁 해결
방식-조정, 1998. 2. 10, 법원행정처 송무국)에서 인용.

상대방과 감정 대립이나 원한 관계가 남지 않는다.

  (라) 利用節次의 簡便

  법률지식이 부족하여도 법원서기관 등의 도움을 받아 법원에 비치된 민사조정신청서 양식을 이용하거나 구두로도 신청이 가능하며(동법 제5조), 소액사건뿐만 아니라 합의사건에 대하여도 가까운 시·군 법원에 조정신청을 할 수 있다(동법 제2조).

  (마) 當事者 意思의 충분한 反影

  민사조정절차는 법률을 기준으로 당사자의 의사에 관계없이 강제적으로 분쟁을 해결하는 소송과 달리 조정담당판사 또는 조정위원회가 사건의 실정에 따라서 딱딱한 법정이 아닌 자유로운 분위기의 조정실 또는 법원 외의 장소에서도 할 수 있고(민사조정법 제19조), 원칙적으로 비공개로 진행되기 때문에 철저한 비밀보장이 이루어진다(동법 제20조). 뿐만 아니라 조정절차에서의 당사자 또는 이해관계인의 진술은 민사소송에서 援用이 제한된다(동법 제23조). 따라서 당사자의 자유로운 의사를 충분히 듣고 실정에 맞게 분쟁을 해결할 수 있다.

  (바) 當事者의 높은 任意履行의 可能性

  이러한 절차에 의해 내려진 조정결정에 대해서는 상대방의 임의이행을 기대할 수 있다는 장점이 있다. 이러한 장점으로 인해 이 제도는 최근 법원에서 적극 활용되고 있으며,668) 법원은 민사조정사건의 점유비율을 일본 수준인 30% 정도로 끌어 올려 민사소송제도와 어깨를 나란히 하는 분쟁해결제도로 정착시키고자 노력하고 있다.669)

3. 民事調停에 의한 紛爭의 解決 現況 및 檢討

2002년도 사법연감에 따르면 2001년 한 해 동안의 조정신청건수는 전년도 미제건수 1,565건을 포함하여 9,000건이었으며, 그중에서 7,921건이 처리되었고 1,079건이 미제로 남았다. 7,921건의 처리현황을 보면 조정성립이 2,190건, 조정에 갈음하는 결정이 2,650건, 불성립 1,262건, 취하 1,066건, 기타 753건으로 전체 처리건수 대비 약 61%가 조정이 성립되었다. 그중에서 이의신청으로 인해 소송으로 간 경우가 368건, 직권에 의한 취소 47건을 제외하면, 56%가 조정에 의해 사건이 종국적으로 해결되었다.670) 다만, 그중에서 의료분쟁의 해결현황을 구체적으로는 찾아볼 수 없었다. 민사조정법상의 조정이 갖는 장점을 생각한다면, 앞으로 의료분쟁에 대해서도 더욱 적극적으로 이용되어야 할 필요성이 있는 제도이다.

---

668) 崔載千·朴永浩, 의료과실과 의료소송, 908~909쪽.

669) http://www.scourt.go.kr/cgi-bin/nboard/nboard_usr_KCcontent.cgi?h_gubun=6&h_seqnum=67&h_detail_gubun=-&h_business=-&h_bub_cd=-&h_year=0&h_search=IMF시대의%20민사분쟁%20해결방식-조정&t_flag=0.

670) 법원행정처(편), 사법연감, 2002, 651쪽.

IV. 消費者保護院의 消費者紛爭調停委員會에
의한 調停

의료법에서 의료심사조정위원회의 설립과 운영을 규정하고 있었기 때문에, 소비자보호원은 1999년 2월 5일 소비자보호법이 개정되기 전까지는 舊소비자보호법 제28조 제2항 제2호의 규정으로 말미암아 의료사고 피해자에 대한 피해구제업무는 할 수 없었다. 그러나 1999년 2월 5일 소비자보호법 제28조 제2항의 개정으로 1999년 4월 5일부터 의료관련 소비자피해구제업무를 할 수 있게 되었다.[671] 소비자보호원의 의료분쟁에 대한 구제절차를 살펴보면 아래와 같다.[672]

1. 醫療紛爭에 대한 相談

소비자보호원은 의료분쟁의 당사자 중 소비자(피해자)가 전화·방문·서신·팩스·인터넷 등의 다양한 방법을 이용하여 상담을 요청함으로써 시작된다. 이러한 방법으로 접수된 상담에 대하여 적절한 정보를 제공하여 소비자 불만을 처리하거나 다른 기관의 알선 또는 상담 등을 행하고, 소비자보호원에 의해 피해구제가 가능한 사건에 대해서는 청구인(소비자)과 피청구인(사업자)의 인적 사항과 피해사실 등을 확인한 후 피해구제 청구건으로 접수하여 처리할 수 있다.

---

671) 崔載千·朴永浩, 의료과실과 의료소송, 910쪽; 김성천, 의료서비스와 소비자피해구제, 2쪽.
672) 한국소비자보호원, 2001 소비자 피해구제 연보 및 사례집, 2002. 5, 15~21쪽.

2. 合意勸告

소비자보호원은 소비자로부터 피해구제를 청구받은 경우에 그 사실을 지체 없이 사업자에게 서면으로 통보하여 해명을 요구하고, 사실조사·전문위원회의 자문 및 필요한 시험검사 결과 등을 종합적으로 검토하여 내린 결론을 근거로 양 당사자에게 피해보상에 대한 합의를 권고할 수 있다. 이러한 합의권고가 피해구제 청구일로부터 30일 이내에 이루어지지 않은 때에는 지체 없이 소비자분쟁조정위원회에 조정을 요청하게 된다.

3. 消費者紛爭調停委員會에 의한 調停

(가) 消費者紛爭調停委員會의 構成과 運營

소비자분쟁조정위원회는 위원장을 포함하여 30인 이내의 위원(상임 2명)으로 구성되며, 매 회의마다 위원장이 상임위원 및 각 당사자(소비자와 사업자)를 대표하는 조정위원을 1인 이상 균등하게 포함하여 7~9인의 위원을 지명하여 소집된다. 또한 필요한 경우에는 분야별 전문위원을 둘 수 있다.

(나) 調停節次

위원장은 조정절차에 있어서도 분쟁조정요청을 받은 날로부터 10일 이내에 당사자에게 합의를 권고할 수 있으며, 부득이한 사유가 없는 한 분쟁조정 요청일로부터 30일 이내에 조정 결정을 하게 된다. 다만, 원인규명을 위한 시험·검사 등이 필요하거나 부득이한 경우에는 그 사유와 기한을 명시하여 당사자에게 통보하고 연장할 수 있다. 소비자분쟁조정위원회는 비공개를 원칙으로 진행되고, 전문위원의 자문 또는 이해관계인·소비자단체·주무관청의 의견을 청취할 수 있으며, 필요한 경우에는 양 당사자가 참석하여 의견을 진술할 수 있다.

(다) 調停의 效力

소비자분쟁조정위원회의 조정결정이 있게 되면 양 당사자에게 서면으로 통보되고, 15일 이내에 양 당사자가 동 위원회의 결정을 수락하면 성립하게 된다. 동 위원회의 결정은 재판상화해와 동일한 효력을 가지고(소비자보호법 제45조 제4항), 양 당사자가 조정결정을 수락한 후 당사자 일방이 그 이행을 하지 않는 경우에는 관할법원으로부터 집행문을 부여받아 강제집행을 실시할 수 있다.673) 그러나 동 위원회의 결정에 대해 당사자 일방이라도 조정결정 후 15일 이내에 서면으로 수락거부의사를 밝힌 경우에는 민사소송절차에 따라서 해결될 수밖에 없게 된다.

---

673) 소비자보호법 제45조 제4항의 규정에 의한 소비자분쟁조정위원회의 결정은 민사집행법이 적용 또는 준용되지 않는 법률의 규정에 해당하므로, 동 위원회의 결정은 대법원규칙(2002. 6. 28. 대법원규칙 제1768호) 제2조에 의해 집행문을 받을 수 있고, 동 규칙 제3조에 의해 그 조서를 작성한 조정위원회의 소재지를 관할하는 지방법원(그 소재지가 지방법원지원의 관할구역에 속하는 경우에는 그 지방법원의 본원)의 관할로 된다.

(라) 救濟節次의 終了

소비자보호원에 의한 피해구제 절차는 ① 피해구제 처리절차 진행 중 소비자가 피해구제 청구를 取下하거나 일방 당사자가 관할법원에 소송을 제기한 경우, ② 당해 피해구제청구 사건에 대해 수사기관에서 수사가 진행 중인 경우, ③ 당사자가 합의하고 그 내용이 전화 또는 서면으로 확인된 경우, ④ 피해구제청구가 이유 없거나 처리가 불가능한 것으로 판명된 경우, ⑤ 행정관청의 선행행위가 있어야 피해구제절차를 진행시킬 수 있거나, 소비자의 선행행위가 있어야 하는 경우 소비자가 그 선행행위를 하지 않아 피해구제처리가 불가능한 경우, ⑥ 시험·검사 또는 전문가의 자문 등에도 불구하고 원인규명이 불가능한 경우에는 그 구제절차가 종료하게 된다.

4. 消費者紛爭調停委員會에 의한 醫療紛爭 處理現況

1999년 2월 5일 舊소비자보호법 제28조 제2항 제2호의 개정으로 소비자보호원이 의료분쟁에 대한 상담, 합의권고 및 조정 등을 할 수 있게 됨으로써 의료사고 피해자들이 소비자보호원을 통해 많은 피해구제를 신청하고 있다. 연도별로는 1999년에는 272건, 2000년에는 450건, 2001년에는 559건으로 매년 증가하고 있다.674)

2001년도 소비자보호원의 의료분쟁에 관한 피해구제 청구

---

674) 한국소비자보호원, 2001 소비자 피해구제 연보 및 사례집, 79쪽.

와 그 처리현황을 보면 2001년 한 해 동안 의료분쟁과 관련하여 소비자보호원에 접수된 청구건수는 총 559건이었다. 특히 소비자(환자 측)가 의료인이나 의료기관을 대상으로 청구한 것 중 주의의무위반을 원인으로 한 것이 365(65.3%)건으로 의료인으로서 마땅히 지켜야 할 주의의무를 해태하여 발생한 책임이 가장 크다. 또한 처리결과를 보면 전체 559건 중에서 249건(44.6%)은 조정절차에 들어가기 이전에 배상 또는 환급에 의해 해결되었고, 정보제공이나 상담 등이 193건이며, 취하 또는 중지가 97건이었고, 16건이 소비자분쟁조정위원회에 조정이 요청되어 조정결정이 이루어졌다. 2001년도에 조정결정이 내려진 16건은 모두가 배상결정을 내린 것이었고, 9건은 양 당사자가 조정결정을 수락하여 사건이 종결되었고, 7건이 불성립되었다. 불성립된 7건 중 3건은 소송으로, 4건은 소비자가 피해구제를 포기하였다.[675]

소비자보호원의 위와 같은 실적은 의료법상의 의료심사조정위원회가 거의 유명무실한 제도인 것과는 달리 의료사고 등에 의해 피해를 입은 소비자(환자 측)에게 실질적으로 유용한 제도가 되고 있다고 여겨진다. 다만, 소비자보호원의 소비자분쟁조정위원회에 의한 조정결정에 대해 당사자들이 이를 수락하는 비율이 다른 사건의 경우 평균적으로 80%를 넘는 점을 감안하면, 의료분쟁에 대한 조정의 성립률이 약 56%로 낮은 편이다.[676]

---

675) 한국소비자보호원, 2001 소비자 피해구제 연보 및 사례집, 281~283쪽.
676) 한국소비자보호원, 2001 소비자 피해구제 연보 및 사례집, 293~303쪽. 또한 의료분쟁과 관련하여 조정이 요청되어 조정결정이 있

5. 小　結

　소비자보호원의 피해구제는 소비자분쟁조정위원회의 조정
건수가 많지 않으며, 조정결정에 의해 의료분쟁이 종국적으
로 해결되는 경향이 낮은 편이다. 그러나 1999년부터 현재까
지 의료분쟁에 대한 상담건수 또는 합의권고의 실적이 증가
하고 있으며, 2001년도의 경우 44.6%가 조정절차에 이르기
전에 배상 또는 환급이 이루어졌고, 34.5%는 상담 또는 정보
제공을 한 것으로 나타나고 있어서 의료분쟁에 대한 소비자
보호원의 활동이 의료사고 피해자들로부터 점차로 인식되고
신뢰를 얻고 있다고 생각된다.

第 5 節　小　結

　의료과오에 있어서는 책임구조의 선택을 통해서는 입증부
담의 경감 문제는 해결될 수 없지만, 채무불이행책임 구성에
있어서 이행불완전을 환자 측에게 주장·입증하게 하면서도
의료사고의 특질에 따라 석명권의 행사, 일응의 추정, 입증방
해 등의 수단을 통해서 구체적 사안의 해결을 할 수 있기 때
문에 전혀 무의미한 것은 아니라고 생각된다. 다만, 입증책임
을 실질적 근거에 입각하여 분배하고자 하는 위험영역설 등

　었던 건수는 연도별로는 1999년 43건, 2000년 15건, 2001년 16건
이 있었다.

과 같은 새로운 이론들은 위험영역의 한계의 모호, 입증책임과 주장책임과의 관계의 불분명, 의료행위의 특수성 등으로 인하여 의사책임이 무과실책임이 될 가능성이 있으므로 보다 세밀한 검토가 필요하다고 생각된다.

의료과오소송에 있어서 표현증명이론은 과실이나 인과관계의 입증에 존재하는 정보편재를 타파하는 수단으로서 거론되어 온 대표적인 이론이다. 그러나 인체 내의 복잡한 생물학적, 생리학적 현상에 있어서는 고도의 개연성이 있는 경험칙을 발견하기가 쉽지 않다. 독일의 판례는 의료과오소송에 있어서는 인과관계에 관한 입증책임의 전환을 인정한지가 오래되었으며, 의사가 당해 사건에 있어서 일반적으로 현실적인 손해를 발생시키기에 적합하고 중대한 과실(grober Fehler)을 저지른 경우에 의사는 그 과실이 손해의 원인이 아니라는 점에 대한 입증책임을 부담한다고 하여 그 기준을 고정화·명확화하고 있었다.677) 그러나 최근 독일의 연방대법원 판결678)에 있어서는 사실심 법관의 평가에 따라 '입증책임전환까지도 가능한 입증경감'이라고 함으로써 기존의 입증책임전환의 입장에서 입증책임의 완화의 방향으로 가고 있다고 보인다.

우리나라의 판례는 1990년대에 들어서면서 입증책임을 완화하는 경향을 확고하게 보이고 있으며,679) 설명의무위반에 관하여는 입증책임을 완화하는 입장을 명확히 하고 있다.680) 또

---

677) 吳錫洛, 立證責任論, 187쪽.

678) BGH NJW 1978, 2339.

679) 대판 1977. 8. 23. [77다686]; 대판 1980. 5. 13. [79다1390]; 대판 1981. 6. 23. [81다413]; 대판 1989. 7. 11. [88다카26246] 등.

680) 대판 1994. 4. 15. [92다25885]; 1994. 11. 25. [94다35671]; 대판 1994.

한 일반인의 상식에 바탕을 둔 영미법상의 res ipsa loquitur 원칙도 판례에 도입되고 있어서, 사실상의 추정의 방법과 영미법상의 res ipsa loquitur 원칙 및 일반인의 상식에 바탕을 둔 common knowledge 이론이 병존하고 있다고 할 수 있다. 따라서 의료과오소송의 입증책임의 경감에 있어서는 대륙법계와 영미법계에서 사용되고 있는 이론들을 병행하거나 혼합 적용하여 의사와 환자의 입증책임의 공평한 분담을 꾀하고 있다.

그러나 입증책임을 완화하여 피해자인 환자 측의 피해구제를 용이하게 하여 당사자 사이의 공평을 꾀한다고 하더라도, ① 의료에 대해 비전문가인 환자 측이 의사의 과실을 입증하는 데에는 한계가 있고, ② 의료과오소송의 심리에 있어서 의사 측의 진료기록의 위조·변조의 가능성과 비협조적인 태도, ③ 법관의 비전문성으로 인한 실체적 진실의 발견이 어렵고, 그로 인해 판례가 입증책임 완화의 범위를 더욱 확대할 가능성이 있으며, ④ 환자의 피해구제에만 집중하는 경우 의사들은 책임추급이 두려운 나머지 방어진료, 위축진료 또는 과잉진료를 하게 되고, 그로 인한 불이익은 환자들에게 돌아갈 위험성이 있다는 점 등의 여러 가지의 문제가 파생하게 될 것이다. 따라서 의료사고 발생 시 소송에 의한 해결에 앞서 의사 등의 전문가와 소비자가 참여하는 중재 또는 조정제도의 도입 및 활성화가 필요하게 되고, 이와 아울러 의사배상책임보험제도의 활성화를 위한 정책적·제도적 뒷받침이 필요하다고 생각된다. 특히 현재로서는 ① 소비자보호원의 상담, 합의권고 및 소비자분쟁조정위원회에 의한 조정절차,

---

4. 15. [93다60953]; 대판 1995. 1. 20. [94다3421] 등.

② 민사조정법에 의한 조정절차, ③ 의료배상책임보험을 활성화시켜서 효율적으로 이용하는 방법이 가장 실효성 있는 분쟁해결 방법이라고 생각된다.

第5章 結 論

Ⅰ. 檢討 및 要約

이 연구에서 환자와 의사 사이의 의료계약관계를 중심으로
살펴 본 내용을 종합적으로 요약해보면 다음과 같다:

1. 醫療契約의 本質과 法的 性質

환자와 의사 사이의 관계는 계약, 사무관리 및 법률의 규
정에 의한 관계의 세 가지 유형으로 나눌 수 있다. 그중에서
의사와 환자 사이에 맺어지는 의료계약은 진료계약과 기타의
계약관계를 포괄하는 유상·쌍무·낙성·불요식의 계속적 채
권관계이다. 유상성은 무상의 특약이 없는 한 사회통념 내지
는 거래관행상 인정된다. 쌍무계약이기는 하지만 동시이행의
항변권의 행사는 보건의료기본법(제5조 제2항)과 의료법(제
16조 제1항) 등의 특별법규에 의하여 제한을 받고, 위험부담
의 문제는 민법 제686조 제3항과 응급의료에관한법률 등의
특별법규로 말미암아 발생할 여지가 거의 없다. 의료계약은
낙성·불요식의 계약이기 때문에 의료관행상 작성하는 진료
신청서 및 기타의 서류는 의료계약의 성립요건이 아니다.

또한 의료계약의 본질에 관하여 여러 가지 학설이 있기는
하지만, 우리나라의 민법체계에서는 특약이 없는 의료계약뿐

만 아니라 특약이 있는 의료계약이라 할지라도 위임계약과 가장 유사한 계약이라고 보는 것이 타당하고, 도급계약으로 해석할 수 없다. 따라서 의료계약에 대하여 적용할 수 있는 명확한 법률규정을 가지고 있지 않은 현재의 상황에서는 민법상의 위임계약규정을 유추적용 할 필요성이 있다. 그러므로 의료계약의 당사자들 사이에서 나타나는 권리와 의무관계를 기본적으로는 위임계약의 유추적용을 통해서 구성하고, 위임계약규정이 적용될 수 없는 부분에 대해서는 보건의료기본법 내지 의료법 등의 의료관련 법규들을 상호 보충적으로 적용하여야 할 것이다. 물론 이러한 해결방법이 가장 바람직한 것은 아니고, 궁극적으로는 의료계약을 민법전의 전형계약에 포함시키든가, 아니면 특별법 형태의 의료계약법을 마련하여야 한다. 왜냐하면 의료계약의 주된 급부는 수단채무의 성질을 가지고 있을 뿐만 아니라, 계약체결 이후에 의사와 환자 사이에 상호 교섭에 의하여 계약의 내용이 구체화되는 계약이기 때문이다.

2. 醫療契約의 成立, 當事者 및 終了

우선 의료계약관계에서 각 당사자에게 인정되는 권리와 의무의 귀속자를 명확히 하기 위해서 구체적인 상황에 따른 의료계약의 당사자를 확정하고자 하였다.

의료계약의 성립에 있어서 환자 측의 청약과 의사 측의 승낙의 의사표시는 명시적·묵시적인 경우뿐만 아니라 경우에 따라서는 당사자의 의사를 추단할 수 있는 거동에 의해서도 성립한다. 그러나 의료기관개설자는 보건의료법 제5조 제2항과 의료법 제16조 제1항 등의 진료거부금지의 규정으로 인하여 정당한 사유가 없는 한 환자 측의 진료요청을 거부할 수 없으므로 계약체결의 자유가 제한된다. 이에 반하여 환자 측은 의료계약의 청약에 있어서 특정의 의사를 선택하거나 이를 변경·해지할 수 있다. 그러나 의료기관개설자는 특별한 사정이 없는 한 이를 거절할 수 없을 뿐만 아니라 임의로 변경·해지할 수도 없다. 이러한 청약과 승낙의 방식은 보험진료·일반진료·선택진료 모두에 동일하게 적용된다.

의료계약에 있어서 의사 측 당사자는 의료기관개설자이고, 의료기관에 고용된 의사는 의료기관개설자의 이행보조자(이행대행자)이다. 다만, 의료기관이 비전속 전문의를 두고 있는 경우에 당해 비전속전문의가 의료기관과의 독립성의 여부, 특히 경제적인 독립성이 인정되거나 의료기관이 다른 의료기관의 의사에게 시설·장비 및 인력을 사용하게 한 경우에 의료과오가 발생한 경우에는 환자 측에 대해서 쌍방 모두가 계약당사자로서 연대하여 책임을 부담하고, 내부적으로는 과실의 비율에 따른 구상관계에 있게 된다.

환자 측 당사자는 그 능력과 상황에 따라서 구체적으로 구분하여야 한다:

첫째, 성년이고 행위능력자인 환자는 본인이 계약당사자이다.

둘째, 행위능력은 없지만 의사능력이 환자가 단독으로 계약을 체결한 경우에는 환자와 의사 측 사이에 직접적인 의료계약관계가 성립할 수 있고, 계약체결 후 행위무능력을 이유로 당해 의료계약을 취소할 수 있다. 그러나 대부분의 경우 환자 본인 또는 법정대리인이 당해 의료계약을 취소하는 경우는 거의 없을 것이고, 취소한다고 하여도 법정추인이 인정되거나 사무관리관계의 성립이 인정될 것이고, 그렇지 않은 경우라 할지라도 부당이득의 법리에 의해 의사 측의 진료보수의 확보에는 별 문제가 없다고 생각된다. 또한 의사능력자인 미성년자도 원칙적으로 의사 측에 대하여 진료보수의 지급의무를 부담하고, 환자가 무자력인 경우에도 법정대리인에 대하여 부양청구권을 행사할 수 있으므로 환자와 법정대리인은 의사 측에 대한 진료보수지급의무를 연대하여 부담하는 것으로 하여야 할 것이다. 왜냐하면 의료계약은 다른 계약과 달리 원상회복이 불가능한 경우가 많고, 환자 측의 진료를 실질적으로 거부할 수 없는 의료 측의 보수청구권과의 형평성을 고려하여야 하기 때문이다. 뿐만 아니라 미성년자에 대한 것과 마찬가지로 한정치산자와 금치산자의 경우에도 후견인 또는 법률상 부양의무를 부담하는 배우자·직계존비속 등의 친족이 사회적 타당성이 인정되는 한도 내에서 연대하여 환자의 진료보수채무를 부담한다.

셋째, 의사무능력자는 단독으로 유효한 계약을 체결할 수 없고, 사무관리관계만이 성립한다. 그러나 의사무능력자가 법정대리인·후견인·배우자·부양의무 있는 친족을 동반하여 진료를 요청한 경우에는 원칙적으로는 친권자와 후견인 등의 법정대리인이 의사와 제3자인 환자를 위하여 의료계약을 체결한 것으로 보고, 구체적인 사정에 따라서 제3자를 위한 계약과 의사와 환자 사이의 의료계약 내지는 사무관리관계가 병존하는 것으로 보는 것이 타당하다.

　넷째, 배우자 있는 환자의 경우에 원칙적으로는 당해 환자가 계약당사자이지만, 당해 환자가 무자력인 경우 일상가사대리권의 법리를 적용하여 타방배우자도 연대책임을 부담하는 관계에 있는 것으로 보아야 한다. 그러나 환자에 대한 의료비가 상상을 초월하는 정도에까지 확대되는 경우 등에 있어서는 사회적 타당성이 인정되는 한도 내에서만 일상가사대리에 의한 연대책임이 인정된다.

　다섯째, 부양의무 없는 제3자가 의식불명자의 진료를 요청하였거나, 경찰관·소방관 등의 구조활동에 의한 경우에는 의사와 환자와의 사무관리관계만이 성립된다. 다만, 교통사고 등의 가해자가 진료를 요청한 경우 의료계약의 관계는 의사와 환자사이에만 발생하지만, 가해자가 진료보수의 지급을 명시적으로 거부하는 경우가 아닌 한 진료보수지급의 채무는 가해자와 환자가 연대하여 부담한다.

　여섯째, 보험의료의 관계에 있는 경우에 국민건강보험공단 등의 보험자는 환자의 의사에 대한 진료보수지급의 수단 또는 제도에 불과하고, 계약당사자는 일반의료계약의 경우와 마찬가지로 환자 측과 의사 측의 직접계약관계가 성립한다.

　일곱째, 의료계약은 당해 계약이 목적으로 하는 의료의 완료, 기간을 정한 경우 기간의 만료 및 불능이 확정된 경우에 종료한다. 그러나 환자 측은 거의 무제한적인 해지의 자유가 인정되지만, 의사 측은 의료계약의 체결에 있어서뿐만 아니라 의료계약의 이행으로서의 진료의무의 이행 중에도 진료거부금지규정의 적용이 있으므로 정당한 사유가 없는 한 당해 의료계약을 해지할 수 없다. 물론 환자 측도 의사 측이 특정한 의료행위의 준비 또는 당해 환자만을 위한 특수한 의료기구 등을 준비한 경우와 같은 사정이 있는 경우에는 의사 측이 불리한 시기에 계약을 해지한 것이 되어 그로부터 발생하는 손해를 배상하여야 한다.

환자의 파산은 의료계약의 종료사유가 아니다. 그러나 의사 측이 파산한 경우에는 의료계약이 종료한다. 다만, 개인개업의가 파산한 경우에는 면허가 취소되지 않은 경우에 한하여, 법인인 의료기관의 경우에는 당해 법인인 최종적으로 해산하는 시점까지 청산의 범위 내에서 환자를 다른 의료기관에 전원시키는 등의 긴급사무처리 등은 할 수 있다.

환자가 사망하거나 단독개업의가 사망, 자격정지, 면허취소 및 금치산선고를 받은 경우에는 의료계약이 종료되지만, 2인 이상의 의사가 있는 의료기관의 경우에는 환자에 대한 의료행위의 제공 가능성에 따라 다르다.

3. 醫療契約의 效力

의료계약의 효력으로서 먼저 환자는 의료계약의 본지에 따른 진료의 이행을 청구할 수 있는 권리와 진료보수지급의무 및 그에 따른 협력의무 등의 부수의무가 있으며, 의사에게는 진료보수청구권, 의료행위상의 치료특권·재량권 내지는 진료행위에 있어서의 문진권 등의 권리가 있고, 진료의무·설명의무·안전관리의무·연찬의무·비밀준수의무·각종 진료기록의 작성과 교부의무 등이 있다. 특히 설명의무의 경우에는 환자의 자기결정권에 기여하는 설명의무라고 하더라도 진료의무의 이행으로서의 설명의무와 그 구별이 용이하지 않고, 진료의무의 이행으로서의 설명의무와 결합되어 있는 경우가 대부분이다. 따라서 의료계약상의 의무에 포함되므로 불법행위에 의한 책임뿐만 아니라 채무불이행의 책임도 부담한다. 그리고 당사자 쌍방은 일방당사자의 채무불이행이 있는 경우에는 그에 대한 손해배상청구권이 있다.

4. 醫療契約의 不履行과 그 救濟

(가) 損害賠償의 請求와 立證責任

의료과오로 인한 환자 측의 손해배상의 청구에 있어서 그 청구원인을 계약책임으로 구성하여도 의사 측의 과실과 그에 대한 인과관계의 입증책임은 의료계약상 의사가 부담하는 채무가 수단채무이기 때문에 그 책임 구조의 선택을 통해서는 해결될 수 없다. 그러나 채무불이행책임 유리설을 비판하는 견해도 채무불이행책임 유리설에서 제시하고 있는 논거를 전면적으로 부정하지는 않고 있다. 이는 이행불완전의 주장·입증책임을 환자 측에게 요구하면서도 의료사고의 특질에 따라 석명권의 행사·일응의 추정·입증방해 등의 수단을 통해 구체적인 사안에서 타당한 해결을 할 수 있기 때문이다. 물론 오늘날에 와서는 학설·판례가 어느 견해를 취하든 그 책임구조에 따른 차이가 발생하지 않도록 노력하여 양 당사자의 공평을 꾀하고 있다. 특히 환자 측의 입증경감을 위해 표현증명, 사실상의 추정 및 일반인의 상식에 바탕을 둔 입증경감(res ipsa loquitur 원칙과 common knowledge 이론) 등의 방법을 통하여 환자 측의 입증부담을 경감함으로써 양 당사자의 공평을 꾀하고 있다. 그러나 의료기술의 발달과 환자의 신체적인 특성 등으로 말미암아 환자 측의 입증책임을 경감하더라도 원인불명의 의료사고가 발생할 가능성이 많기 때문에 근본적인 해결방법은 되지 못하고 있다. 따라서 이러한 문제를 근본적이고 합리적으로 해결할 수 있는 법적·사회적 제도가 필요하다.

(나) 訴訟 이외의 方法에 의한 醫療被害의 救濟

의료분쟁 발생 시 양 당사자에게 합리적이고 효율적인 분쟁해결을 위해 현재 활용되고 있는 소송 외의 제도에 대하여 살펴 본 결과 다음과 같은 것들이 필요하다.

첫째, 1988년에 보험사들의 수지악화로 폐기되었던 의료배상책임보험이 1997년부터 다시 판매되기 시작하였고, 그에 따라 의료분쟁을 보험제도에 의해 해결할 수 있는 길이 마련되었지만, 아직 의사 측의 의료배상책임보험에의 가입이 보편화되지는 않은 단계이다. 의료배상책임보험은 의사 측과 환자 측의 대립구도를 제거하고 신뢰관계를 회복하여 의료분쟁의 문제를 해결하는 데 상당한 도움을 줄 수 있는 제도이다. 따라서 의사 측 당사자들이 더욱 많이 가입할 수 있도록 의료인에 대한 형사책임에 대한 특례 등의 유인책이 필요하다.

둘째, 민사조정법에 의한 조정제도는 절차의 간이성과 낮은 비용, 비공개로 인한 사생활의 비밀의 보장, 높은 임의이행을 기대할 수 있는 제도이다. 따라서 적극적으로 이용되고 활성화할 필요성이 있다.

셋째, 소비자보호원의 소비자분쟁조정위원회에 의한 조정은 그 건수가 많지 않고, 분쟁의 종국적 해결은 낮은 편이지만, 의료분쟁에 대한 상담건수 내지는 합의권고의 실적의 증가로 인해 의료사고 피해자들로부터 점차로 인식되고 신뢰를 얻어가고 있다. 따라서 소비자보호원을 통한 의료분쟁의 해결방안도 좀 더 활성화시킬 필요성이 있다.

Ⅱ. 立法論 및 代案

이상에서 살펴본 것을 바탕으로 의료계약과 의료분쟁에 대한 문제점을 극복하기 위한 입법론을 제시해 보면 다음과 같다.

1. 醫療契約法에 대한 立法論

현재 우리나라에서 적용되고 있는 의료계약에 관한 제 법률을 통일적으로 규율할 수 있는 법률이 필요하다. 또한 의료계약관계를 통일적으로 규율하는 입법에서는 계약체결의 능력과 의사의 환자에 대한 설명의 수령자 및 동의권자를 명확히 하고, 계약당사자의 권리·의무에 대해서도 현재 보건의료법이나 의료법에 규정되어 있는 규정보다 좀 더 구체적인 기준이 필요하다. 또한 장래에 영리목적의 의료기관의 설립이 가능하게 될 것을 예상한다면 민법전에 포함시키기보다는 특별법의 형태로 규정하는 것이 바람직하다고 생각된다.

왜냐하면, 영리법인으로서의 의료기관의 설립이 허용되게 되면 상법과의 문제도 고려하여야 하기 때문이다.

의료계약이 장래에 독자적인 계약유형으로의 입법이 이루어진다면 다음과 같은 것이 고려되어야 할 것이다:

첫째, 의료계약은 환자가(환자의 법정대리인 등 포함) 의료기관개설자(의사 포함)에 대하여 진료 등 의료급부의 이행을 청구하고 의료기관개설자는 정당한 사유가 없는 한 이를 거절할 수 없는 계약으로 하여야 할 것이다. 의료기관개설자가 환자의 의료계약의 체결을 거절할 수 있는 정당한 사유는 앞에서 살펴본 것과 같이 의사의 부재, 전문 외의 진료, 진료 중, 진료시간 외, 입원시설의 불비, 病床의 만상, 환자의 病狀의 긴급성, 전의 또는 전원의 난이성 및 당해 지역의 진료환경 등이 고려되어야 할 것이다.

둘째, 환자의 계약체결능력에 관해서 의사는 환자가 계약체결 당시 16세 미만의 미성년자 또는 의사무능력자이거나 계약체결 후 의식불명 등의 사유가 있는 때에는 배우자, 친권자, 기타 법률상 부양의무 있는 친족의 意思가 환자의 이익에 명백히 반하는 경우 외에는 환자의 意思를 갈음하는 대리인의 의사표시에 따라 의료급부를 이행하여야 하고, 이러한 자도 없는 때에는 환자의 추정적 意思에 좇아 의료급부를 이행하여야 하는 것으로 할 필요가 있다. 16세 이상의 미성년자와 한정치산자 또는 금치산자라 할지라도 의사능력이 있는 한 자기 자신의 신체의 건강 및 생명의 유지와 같은 중대한 법익에 영향을 미치는 계약에 대해서는 당사자의 意思가 우선적으로 고려되어야 할 것이다.

16세 이상의 미성년자에 대하여 계약체결능력과 의사의 설명에 대한 동의능력을 인정하고 있는 입법례로는 영국의 Family Law Reform Act, 1969, C. 46의 제8조와 네덜란드 민법 Article 7:447을 들 수 있다. 또한 우리 민법 제1061조가 遺言適齡을 만 17세로 하고 있는 것을 의료계약에도 유추적용이 가능하다고 생각된다. 우리 민법 제1061조에서 유언적령을 만 17세로 하고 있는 이유는 입법자가 "유언자의 자유의사의 존중과 비밀이 유지되어야 하는 그 성격상 미성년자도 만 17세 이상에 달한 후에는 총칙규정을 배제하고 유언할 수 있도록 하는 것이 타당하다. 또한 한정치산자와 금치산자(의사능력이 사실상 회복된 때에 한하여)에게도 총칙의 규정을 배제함이 타당할 것이다"라고 밝힘으로써 당사자의 독립된 자유의사의 존중과 비밀의 유지가 중요한 경우에는 미성년자, 한정치산자 및 금치산자에 대하여 총칙편의 일반규정의 적용을 배제하고, 미성년자의 경우에 그 연령을 낮추는 것이 타당하다고 밝히고 있다.[681] 따라서 당사자의 자유의사와 비밀유지가 중요한 법익으로 되는 의료계약에 있어서도 유언적령의 경우와 같이 단독으로 계약을 체결할 수 있는 연령을 낮추는 것이 타당하다고 생각되고, 최근 민법의 개정안에서 성년연령을 청소년의 성숙도를 근거로 19세로 낮추기로 하였다.[682] 그렇다면 의료계약에 있어서 계약체결능력을 낮추는 경우에 외국의 입법례와 우리민법의 성년기의 인하를 고려하여 16세로 하는 것도

---

681) 民議院 法制司法委員會 民法案審議小委員會, 民法案審議錄 下卷 (親族, 相續編); 第千七十條, 1957, 193面.
682) 法務部, 民法(財産編)改正 公聽會 資料集, 2001. 12, 11쪽.

가능하다고 생각된다.

셋째, 의사 또는 의료기관 개설자는 연대하여 환자에게 의료행위 당시의 임상의학에서 인정되고 있는 의료수준에 따른 책임을 부담하고, 의사는 필요한 경우에 환자를 다른 전문의에게 이송하거나 다른 전문의를 초빙할 수 있도록 하여야 할 것이다. 또한 의료기관에 고용된 의사의 경우 또는 의사 이외의 이행보조자의 과실에 의한 손해에 대해서는 의료기관개설자가 모든 책임을 부담하는 것으로 하는 것이 타당하다고 생각된다.

오늘날 의료과오소송에 있어서 판례가 의사의 의료과오의 판단을 하는 데 그 기준으로 임상의학의 의료수준을 적용하고 있다고 생각되고, 팀의료의 일반화로 인해 의료행위의 현장에 담당의사 이외에도 마취의사, 보조의사 및 간호사와 같은 보조 인력의 참여가 일반화되어 있기 때문에 현재의 의료상황을 확인하고 이를 명문으로 구체화하는 규정으로서의 의미가 있을 것이다. 또한 환자에게 의료행위를 실시하는 의사가 당해 의료기관에 전속되지 않고 의료행위를 하는 경우에 발생한 의료사고로 인한 의료과오소송에 있어서는 당해 의료기관과 당해 의료기관에 전속되지 않은 의사 사이의 책임소재가 불분명한 경우를 고려하여, 그러한 경우에는 원칙적으로 의료기관과 담당의사가 환자에 대하여 연대하여 손해배상책임을 부담하는 자로 하는 것이 타당하고, 예외적으로 어느 당사자의 고의·과실로 인하여 의료과오가 발생한 것인지 명백한 경우에 한하여 의료기관 또는 의사 일방이 책임을 부담하는 것으로 하는 것이 타당하다고 생각된다.

넷째, 환자는 보험의료인 경우에는 의료기관개설자에 대하여 국민건강보험법 제41조의 규정에 따른 진료보수를, 일반의료인 경우에는 의료법 제37조에 따라 의료기관이 당해 의료기관을 감독하는 기관의 장에게 신고한 진료보수를 지급하여야 하고, 그 이외에 응급의료에관한법률, 의료보호법 등 다른 법률의 규정의 적용이 있는 경우에는 그 법률에 의해 진료보수를 지급하게 하는 것으로 하여야 할 것이다. 또한 의료기관개설자는 환자 본인으로부터 진료보수를 제공받을 수 없는 때에는 배우자, 친권자 및 법률상 부양의무가 있는 자에 대하여 사회통념상 인정되는 범위 내에서 그 이행을 청구할 수 있도록 하는 것이 필요하다. 특히 환자가 무자력인 경우라 하더라도, 의사 또는 의료기관에게는 정당한 사유가 없는 한, 환자의 진료요구를 거부할 수 없는 보건의료법 제5조와 의료법 제16조의 "진료거부금지의무"를 부과하고 있는 점을 고려하여야 할 필요성도 있기 때문이다.

다섯째, 의사는 환자에게 질병의 종류와 경과 및 치료의 가능성과 그에 따른 위험에 대하여 고지하여야 한다. 이러한 고지는 환자의 인식능력에 상응하는 방법으로 하여야 할 것이다. 또한 의사는 환자의 진료에 있어서 완전히 검증되지 않은 진료방법이거나 위험성이 있는 처치를 하는 때에는 환자에 대하여 설명을 한 후 그에 따른 동의를 필요로 하고, 동의의 의사표시를 환자 본인이 할 수 없는 때에는 환자의 배우자, 친권자 또는 법률상의 부양의무자의 동의를 얻어야 하고, 환자가 의식불명이고 배우자, 친권자 또는 법률상 부양의무자가 없거나, 급박한 치료가 필요한 경우 또는 환자 본인이 사전에 서면으로 명백한 의사를 표시한 경우에 한하여 설명을 이행하지 않고 의료행위를 실시할 수 있도록 할 필요성이 있다.

여섯째, 환자를 진료하는 의사는 진단과 치료 등 의료행위 전반에 대하여 법률의 규정에 맞는 기록을 하여야 하고, 의사 또는 의료기관개설자는 환자의 진료기록의 열람, 등사 및 복사에 대하여 정당한 사유가 없는 한 이에 응하도록 하여야 할 것이다. 진료기록 등의 작성과 열람·등사·교부에 대해서는 의료법 제18조·제18조의 2·제20조 내지 21조의 2의 규정을 준용하는 것으로 하고, 진료기록 등의 열람·등사·교부 시에 의사 또는 의료기관개설자는 합리적인 범위 내에서의 수수료를 청구할 수 있도록 하여야 할 것이다. 다만, 현행 의료법 제21조 및 동법 시행규칙 제18조에서는 진료기록에 관한 보존기간을 진료기록부와 수술기록을 제외하고는 각 2년 또는 5년간의 보존기간을 정하고 있다. 그러나 의료분쟁은 의료행위 종료 후 5년이 경과한 후에도 발생할 수 있으므로, 채권법상의 손해배상청구권 행사기간을 고려하여 그 기간을 10년으로 하는 것이 타당하다고 생각된다. 진료기록 등의 보존기간을 10년으로 한다고 하여도 과학기술의 발달로 인해 의사 또는 의료기관개설자에게 크게 불리한 경우는 발생하지 않을 것이다.

일곱째, 의사는 진료행위로부터 취득한 정보를 누설하지 않을 비밀준수의무가 있으며, 의사의 비밀누설로 인해 환자에게 명예훼손 등을 초래한 경우 그에 대한 손해를 배상하게 하는 것이 타당하다. 다만, 전염성 질환을 가지고 있는 환자의 경우와 같이 의사 또는 제3자에게 건강상의 손해를 초래할 위험이 있는 때에는 의사 측에게 이러한 위험을 예방 또는 제거하기 위한 범위 내에서, 또는 환자가 명백한 의사표시에 의해(가능한 한 서면에 의해) 의사의 비밀유지의무가 면제되어야 할 것이다. 뿐만 아니라 의학기술의 발전이나 통계의 목적을 위해서도, 환자의 동의를 받을 수 없는 것이 명백한 경우 외에는, 환자의 동의 얻어서 이를 제공할 수 있도록 하여야 할 것이다.

여덟째, 의료과오소송에 있어서, 의사 또는 의료기관개설자는 고의·과실로 인하여 환자에게 발생한 손해를 배상할 책임이 있지만, 당사자의 입증책임에 관련하여 의료기관이 진료기록 등을 규정에 맞게 작성하고 환자의 요구에 응해 진료기록부 등을 지체 없이 제공한 경우와 설명의무를 설명의 수령권자와 동의권자에게 적절하게 이행한 경우에는 원칙적으로 환자가 입증책임을 부담하는 것으로 하는 것이 타당하다고 생각된다. 다만, 중대한 진단상의 과오 또는 치료효과가 확실한 의료행위로 인해 환자의 건강상태가 중대하게 악화된 경우에, 의사 또는 의료기관개설자는 그러한 결과가 제3자의 개입으로 인한 것이라는 사실 또는 자신에게 과실이 없었다는 사실을 입증하게 하여, 입증책임을 의사 또는 의료기관개설자에게 전환시킬 필요성이 있다.

아홉째, 계약관계는 원칙적으로 환자의 계약해지, 환자와 의사(개인개업의)의 사망·금치산, 치료의 종결 및 다른 의사가 치료를 개시하는 경우 종료하는 것으로 하여야 한다. 다만, 환자는 의사와 의료기관개설자에게 손해를 가하지 않는 한 언제든지 계약을 해지할 수 있지만, 의사는 중대한 사유가 없는 한 계약을 해지할 수 없고, 계약을 해지하는 경우에도 다른 의사의 진료를 받을 수 있을 때까지 진료를 계속하여야 하는 것으로 하여야 할 것이다.

열째, 그 밖에도 ① 의사 또는 의료기관개설자의 책임은 어떠한 경우에도 사전에 제한되지 않는 것으로 하여야 할 것이고(일반적인 면책특약의 효력 부정), ② 환자의 진료방법의 제한이 사회통념에 반하지 않는 한 의사는 환자의 선택에 따라야 하고(환자의 진료방법선택권의 인정), ③ 의사 또는 의료기관개설자에 대한 환자의 손해배상청구권은 민법 제162조의 규정을 준용하여 의사 또는 의료기관개설자의 과실 있는 행위가 있은 날로부터 10년의 기간의 경과로 소멸하는 것으로 하는 것이 타당하다고 생각된다(10년의 소멸시효).

2. 醫療紛爭의 適切한 解決을 위한 代案

의료분쟁을 적절하게 해결하기 위해 필요한 제도에는 다음과 같은 것이 마련되어야 할 것이다:

첫째, 가능한 한 빠른 시일 내에 의료분쟁조정법이 제정되어야 할 것이다. 현재까지 진행되어 왔던 의료분쟁조정법안은 최근에 이르러 상당한 의견의 절충 내지는 공감대가 형성되었다고 생각된다. 다만, 의료분쟁조정법의 입법에 있어서 첨예한 대립이 있었던 부분 중에서 ① 필수적 조정전치주의는 국민의 재판청구권을 침해할 가능성이 있기 때문에 임의적 조정전치주의를 채택하는 것이 타당하고, ② 조정위원회의 구성과 설치에 관해서는 중앙과 지방의 관계를 병렬적 구조로 하고, 설치의 범위 내지 지역은 분쟁당사자의 접근 가능성과 관련기관과의 연계성 및 효율성의 제고를 위해 각 지방법원과 지방법원지원의 소재지를 중심으로 설치하는 것이 바람직하다고 생각되고, ③ 의료배상책임보험의 가입을 법적 의무화하여야 할 것이고, ④ 의료인의 형사처벌의 특례는 인정할 필요성이 있지만, 의료배상종합보험 또는 종합공제보험의 가입을 전제로 하여야 하고, 경과실에 한해서 인정해야 할 것이다. 또한 ⑤ 의료배상책임보험의 의무가입의 문제는 의료배상책임보험이 활성화되어 있는 선진국들의 보험가입금액이나 보상금액 및 운영방법상 나타난 문제점, 소위 "깊은 주머니 이론('deep pocket' theory)"의 선택에 의해 나타난 것과 같은 악순환의 폐단을 미리 차단할 수 있는 전문적이고 공정한 의료사고에 대한 보상기준과 감정기구가 반드시 설치되어야 할 필요성이 있다.

특히 조정제도를 이용하는 경우에는 여러 기관에서 의료분쟁에 관한 조정을 담당함으로써 동일 또는 유사한 분쟁에 대해 담당 기관에 따라서 상이한 조정이 이루어지는 등의 문제점이 발생할 수 있기 때문에 가능한 한 빠른 시일 내에 의료분쟁조정법을 마련하여 하나의 기구에서 보다 전문적·효율적·객관적이고 공정한 분쟁처리를 하여야 할 필요성이 있다고 생각된다. 더 나아가 1980년대 말부터 계속해서 시도되었고, 최근 2002년 10월 23일 이원형 의원 외 43인이 발의한 의료분쟁조정법안이 제16대 국회의 임기만료로 자동폐기 되었지만, 그동안의 많은 토론과 공청회 등을 통하여 마련된 이해관계인들의 입장을 고려한 입법이 제17대 국회에서 이루어지기를 기대한다.

둘째, 첨단의료기술의 발전과 신체반응의 예측불가능성 등으로 인해 원인불명의 의료사고가 발생한 경우 이에 대한 피해구제를 위해 무과실보상제도의 도입이 필요하다. 무과실보상제도의 도입에 필요한 재원의 마련은 국가, 의료계 및 국민이 일정한 비율에 따라 부담하는 방식이 타당하다고 생각된다. 예컨대 국가의 경우에는 국가예산의 책정에 있어서 원칙적으로 국민건강보험공단의 주도하에 그동안 국민으로부터 징수한 국민건강보험료와 의료기관에 지급한 비용을 고려하여 국가, 의료계 및 국민이 적정한 선에서 분담할 수 있도록 하는 것이 현실적이라고 생각된다. 다만, 무과실보상제도의 도입은 정부예산의 책정과 같은 복잡한 문제를 수반하게 되고, 무과실보상을 인정하고 있는 뉴질랜드, 스웨덴과 같은 선진국에 있어서도 그 액수가 소액으로 제한되어 있는 것이 일반적이다. 따라서 무과실보상제도를 도입할지의 여부는 장기적인 타당성의 검토와 예산의 확보 등이 필요하기 때문에 시급하게 도입되어야 할 제도가 아니라 지속적인 연구와 장기적인 의료분쟁의 해결을 위해서 검토되어야 할 제도라고 생각된다.

셋째, 의료분쟁의 발생을 방지하고, 의료분쟁이 발생한 경우 적절한 해결이 이루어질 수 있도록 국가와 의료계가 공동으로 참여하는 독자적인 관리·감독기관이 필요하다. 왜냐하면 ① 환자 측의 알권리의 실현과 의료행위의 투명성 제고를 위해 보건의료법과 의료법 등에서 인정되고 있는 의사 측의 환자 측에 대한 진료기록의 열람·사본교부의무를 강화함과 아울러 진료기록의 위·변조의 방지를 철저히 관리·감독하여야 하고, ② 의사의 주의의무 태만으로 인한 피해를 줄이기 위해 지속적인 사례수집 및 감시활동을 통한 진료환경의 개선뿐만 아니라 정기적인 의사의 업무수행능력의 검증이 필요하다. 또한 ③ 오늘날 진단을 위해 각종의 첨단장비가 사용되고 있지만, 진단 내지 검사 장비의 노후로 인한 오진·사고 등이 발생할 가능성이 점점 더 높아지고 있다. 따라서 이러한 의료사고를 방지하기 위해 의료장비의 관리와 교체의 기준을 마련할 필요성이 있다.

參考文獻

Ⅰ. 國內文獻

1. 單行本

姜玹中, 民事訴訟法, 博英社, 1997.

郭潤直, 債權各論(再全訂版), 博英社, 1994.

─────, 債權各論(第六版), 博英社, 2003.

─────, 債權總論(新訂 修正版), 博英社, 2000.

─────, 民法註解[ⅩⅥ]－債權(8), 博英社, 1997.

─────, 民法註解[ⅩⅤ]－債權(9), 博英社, 1997.

權五乘, 民法의 爭點, 法元社, 1993.

─────, 民法特講, 弘文社, 1995.

─────, 消費者保護法, 法文社, 1997.

김민중, 의료분쟁의 법률지식, 청림출판, 2002.

金先錫, 證明責任의 研究 第1卷, 育法社, 1991.

김성천, 의료서비스와 소비자피해구제, 한국소비자보호원, 1999. 6.

金天秀, 診療에 대한 說明과 同意의 法理, 大邱大學校 出版部,
　　　　1999.

金顯泰, 不法行爲論, 一潮閣, 1979.

文國鎭, 醫療의 法理論, 高麗大學校 出版部, 1982.

328

─────, 醫療法學, 청림출판, 1989.

梁彰洙, 醫療過誤에 관한 裁判例, 民法硏究 3, 博英社, 1997.

梁承圭, 保險法(第2版), 三知院, 1992.

吳錫洛, 立證責任論, 博英社, 1996.

이덕환, 의료행위와 법, 문영사, 1998.

李時潤, 民事訴訟法(新訂版), 博英社, 1994.

李銀榮, 債權各論, 博英社, 1995.

─────, 債權各論, 博英社, 2001.

이준상, 醫療過誤에 관한 判例分析, 高麗大學校 出版部, 1997.

丁容鎭, 보건의료법·의료분쟁, 울림사, 1999.

曹喜宗(編著), 醫療過誤訴訟, 法元社, 1996.

崔載千·朴永浩, 의료과실과 의료소송, 育法社, 2001.

사법연수원, 의료과오 손해배상(손해배상Ⅱ), 1997.

소비자보호원, 의료사고 피해구제에 관한 검토 및 개선방안, 1994. 6. 1.

申東昊·車一權, 專門職危險과 賠償責任保險(Ⅱ), 보험개발원 보험연구소, 1998. 11.

法院行政處(編), 司法年監, 2002.

判例硏究會(編), 民事判例硏究(ⅩⅣ), 博英社, 1992.

한국생산성본부, 의료피해구제의 적정화방안에 관한 연구보고서, 한국소비자보호원, 1988.

한국소비자보호원, 2001 소비자 피해구제 연보 및 사례집, 2002. 5.

J. Prölss(吳錫洛 譯), 損害賠償訴訟에 있어서의 證明輕減, 日新社, 1990.

Leo Rosenberg(吳錫洛, 金亨培, 康鳳洙, 共譯), 立證責任論, 博英社, 1995.

2. 論　文

康鳳洙, 醫療訴訟에 있어서의 證明責任, 裁判資料 第27輯, 法院行政處, 1985.

高鉉哲, 醫療事故와 國家의 責任, 裁判資料 第27輯, 法院行政處, 1985.

權南赫, 醫療專門人의 醫療過誤로 인한 民事責任, 民事法研究 第四輯(1995), 大韓民事法學會.

權五乘, 醫療紛爭調停法安의 問題點과 改善方案, 서울대학교 法學 第36卷 第1號(1995).

權龍雨, 醫療過誤의 責任, 法律研究 第3輯(1983), 延世大學校 法學研究所.

―――, 藥禍事故의 責任, 法學論叢 第20輯(1994), 檀國大學校 法學研究所.

金敏圭, 醫療事故에 대한 無過失補償提案들, 東亞法學 第17號, 東亞大學校 法學研究所.

金玟中, 醫療契約, 司法行政(91. 1.).

―――, 醫療行爲에서의 法律問題와 醫師의 責任(上), 法曹 通卷 第414號.

―――, 判例를 통한 '醫師法' 理論의 發展과 問題點, 法學研究 第21輯(1999), 全北大學校 法學研究所.

330

金尙永, 醫療過誤訴訟에 있어서 因果關係·過失의 立證責任, 法學研究 第37卷 第1號(1996), 釜山大學校 法學研究所.

金聖洙·金都泳, 醫療判例의 綜合的 分析 및 그 展望, 法曹 第46卷 第1號(1997. 1.).

金載亨(譯), 獨逸의 債權法 改正: 새로운 賣買法, 서울대학교 法學 제43권 제4호(2002. 12.).

金龍潭, 醫療賠償責任保險制度, 裁判資料 第27輯, 法院行政處, 1985.

金天秀, 診療契約, 民事法學 第15號(1997).

──────, 진료과오 책임의 입증 및 설명의무의 이행, 의료법학 창간호, 대한의료법학회.

朴永浩, 醫療過誤訴訟에 있어서 過失과 因果關係의 立證과 그 方法, 저스티스 통권 제77호(2004. 2.).

朴一煥(編輯代表 郭潤直), 民法註解[ⅩⅥ]-債權(9), 博英社, 1997.

──────, 醫療過誤의 立證에 관한 獨逸法과 美國法의 比較法的 考察(下), 法曹, 第34卷 第2號(1985. 2.).

朴種斗, 醫療契約의 法的 構成, 法曹 通卷 第433號(1992. 10.).

徐光民, 醫療過誤責任의 法的 構成, 民事法學 第8號(1990. 8.).

──────, 診療契約의 法律關係, 考試界(1992. 9.).

石熙泰, 醫療契約(上), 司法行政 통권 제333호(1988. 9.).

──────, 醫療契約(中), 司法行政 통권 제335호(1988. 11.).

──────, 醫療契約(下), 司法行政 통권 제336호(1988. 12.).

──────, 醫療契約의 法的 性質과 內容, 月刊考試(1994. 3.).

──────, 醫療過失 判斷基準에 관한 學說·判例의 動向, 醫療法學

創刊號, 대한의료법학회.

―――, 醫師와 患者의 基礎的 法律關係, 法學研究 第3輯(1983), 延世大學校 法學研究所.

孫容根, 醫療過誤訴訟의 立證輕減에 관한 判例의 最近 動向, 民事法研究 第7輯(1999), 大韓民事法學會.

宋相現, 訴訟에 갈음하는 紛爭解決方案(ADR)의 理念과 展望, 民事判例研究(ⅩⅣ), 博英社, 1992.

申殷周, 醫療過誤事件에 있어서 過失의 立證 및 立證妨害, 判例月報, 1996. 2.

―――, 醫療過誤에 있어서 立證責任에 관한 研究, 慶熙大學校 法學博士學位論文, 1992. 2.

申仁鳳, 醫師賠償責任保險의 도입 방안, 法學研究 第8卷 第1號 (1997. 12.), 忠南大學校 法學研究所.

―――, 醫師賠償責任保險에 관한 研究, 忠南大學校 法學博士學位論文, 1997. 2.

신현호, 원내감염과 법적 책임(의료법규 쟁점 시리즈 ⑱), 의협신보 제3627호.

梁三承(譯), 醫師의 責任, 民事法學 第4·5號(1985).

윤성원, 의료사고에 대한 환경변화와 사고유형, 의료배상책임보험의 필요성, 대한병원협회지(2001. 9·10.)

李德煥, 民法上 醫師의 說明義務法理에 관한 研究, 漢陽大學校 法學博士學位論文, 1991.

李輔煥, 醫療過誤로 因한 民事責任의 法律的 構成, 裁判資料 第27輯, 法院行政處, 1985.

李英俊, 事實契約理論의 批判, 韓獨法學 第6號(1986).

이인영, 의료분쟁조정법의 입법과정에서의 의사배상책임보험제
　　도의 도입에 관한 논의, 延世法學研究 第7輯 第1卷, 2000.

李在睦, 醫療過誤訴訟에 있어서 立證輕減의 法理, 법정고시
　　(1997. 7.).

李在洪(編輯代表 郭潤直), 民法註解[ⅩⅥ] － 債權(8), 博英社, 1997.

長容國, 民事調停制度의 現況과 對策, 民事判例研究(ⅩⅣ), 博英
　　社, 1992.

정순임, 醫療紛爭調停法安에 대한 法制的 檢討, 法制懸案 通卷
　　第102號(2000. 6.).

鄭震明, 混合契約의 解釋, 民事法學 第16號(1998).

趙寬行(編輯代表 金曾漢), 註釋 債權各則(Ⅱ), 韓國司法行政學會,
　　1987.

曺圭昌, 債務不履行과 不法行爲(不法行爲判例肥大化의 原因), 主
　　題別判例研究 ⑤ 民法, 債權(Ⅱ), 法院公報社, 1993.

趙炳元, 醫師와 患者의 法律關係, 現代民法의 展望(範周 徐永培
　　博士 華甲記念論文集), 慶尙大學校 法學研究所, 1995.

최봉경(譯), 독일 개정 채권법상의 신급부장애론, 법학연구 제12
　　권 제3호(2002. 12.), 연세대학교 법학연구소.

崔載千, 醫師의 醫療行爲에 있어서의 注意義務의 基準, 判例月報
　　第323號.

韓東觀, 醫療技術發展에 따른 醫療法의 受容 및 規制方法上의
　　問題點, 韓日法學研究 第18輯, 1999.

이원형(외 43인), 의료분쟁조정법안, 2002. 10. 23(의안번호 1883).

보건복지위원회, 의료분쟁조정법안(이원형 의원 대표발의) 검토
　　보고서, 2002. 10.

대한병원협회, 의료분쟁조정법 제정 관련 전문가 토론회 팜플렛
　　　(2001. 7. 18.)
보건복지위원회, 「의료분쟁조정법」 제정을 위한 공청회, 공청회
　　　자료집, 2002. 8. 29.

Ⅱ. 日本文獻

1. 單行本

菅野耕毅, 医療契約の基礎理論, 信山社, 2001.
────, 医療過誤責任の理論, 信山社, 2001.
筋 立明・中井美雄, 医療過誤法, 靑林書院, 1995.
────────, 医療過誤法入門, 靑林書院, 1986.
大谷 實, 医療行爲と法, 弘文堂法學選書 11, 1980.
山口和男・林豊 編, 現代民事裁判の課題 ⑨ 医療過誤, 新日本法
　　　規出版株式會社, 1991.
山田卓生・加藤雅信(編), 新・現代損害賠償法講座 3(製造物責
　　　任・專門家責任), 日本評論社, 1997.
石橋信, 医療過誤の裁判, 新日本法規出版, 1977.
松倉豊治, 医師からみた法律, 大阪府医師會(医療と法律), 法律文
　　　化社, 1971.
植木 哲・齋藤ともよ・平井 滿・東 幸生・平栗 勳, CASE 医療
　　　判例ガイド, 有斐閣, 1996.

334

深谷　翼, 医療關係者のための医療事故と法的責任, 南山堂, 1994.

岩垂正起, 診療契約(裁判實務大系　17, 医療過誤訴訟), 靑林書院,
　　　　1992.

遠藤　浩・林　良平・水本　浩・江草忠敬　監修, 現代契約法大系　第
　　　　7卷(サービス・勞務供給契約), 有斐閣, 1985.

椿　壽夫(編), 現代契約と現代債權の展望(新種および特殊の契約　6),
　　　　日本評論社, 1991.

呪　孝一・有泉　亨　編, 代損害賠償法講座(4), 日本評論社, 1982.

2. 論　文

平林勝政, 医療過誤の契約的構成と不法行爲的構成, 別冊ジュリス
　　　　ト(民法の爭點　II), 有斐閣, 1985.

吉田邦彦, 近時のインフォームド・コンセント㕥くの一疑問－日本
　　　　の医療現場の法政策的考察を中心として一, 民商法雜誌　第
　　　　110卷　第3号.

弥永眞生(山田卓生・加藤雅信　編), 專門家責任と責任保険(新・現
　　　　代損害賠償法講座　3), 日本評論社, 1997.

畔柳達雄, "醫師賠償責任保険", ジュリスト　第691号(1979. 5.).

福山正紀, 医事紛爭への取り組み―京都協會の傳統と實績の再確認を,
　　　　京都保険医新聞　第2421・22号(2004. 3. 15・22).

浜上則雄, "製造物責任における證明責任", 判例タイムズ　第309号.

寺美洋, 過失割合, 판례タイムズ　第686号(1989).

西井龍生(遠藤　浩・林　良平・水本　浩・江草忠敬　監修), 医療契

約と医療過誤訴訟, 現代契約法大系　第7卷(サービス・勞務供給契約), 有斐閣, 1985.

石田穰, 立證責任論の現狀と將來, 法學協會雜誌　第90卷　第8号.

―――, 立證責任論の再構成－通說의　批判－, 判例タイムズ　第322号.

星野雅紀(山口和男・林豊　編), 医師の說明義務と患者の承諾, 現代民事裁判の課題　⑨　医療過誤, 新日本法規出版株式會社, 1991.

松倉豊治, 医療過誤をめぐる諸問題, 法律時報　第501号.

―――, 未熟兒網膜症による失明判例といわゆる(現代医學の水準), 判例タイムズ　第311号.

―――, 医師からみた法律, 大阪府医師會(医療と法律), 法律文化社, 1971.

手嶋　豊, 医師の責任, 新・現代損害賠償法講座　3(製造物責任・専門家責任), 日本評論社, 1997.

植木　哲, 宗教上の理由から輸血拒否の意思が固い患者に輸血した医師の不法行爲責任, 私法判例リークス, 日本評論社, 2001(下).

新堂幸司, 医療過誤訴訟についての一考察, ジュリスト　第619号(1976).

新美育文, 診療契約論では、－どのような点が未解決か－, 現代契約と現代債權の展望(新種および特殊の契約　6), 日本評論社, 1991.

―――, 医師の說明の義務と　患者の同意, 別冊ジュリスト(民法の爭點　Ⅱ), 1985.

安田　寛(山口和男・林　豊　編), 因果關係の立證, 現代民事裁判の

課題 ⑨, 新日本法規出版株式會社, 1991.

岩垂正起, 診療契約, 裁判實務大系 17(医療過誤訴訟), 靑林書院, 1992.

野田寬, 最近の医療過誤訴訟の動向, ジユリト 第724号.

宇都木 伸, 患者の承諾－イギリスにおける未成年者の取扱, 現代損害賠償法講座(4), 日本評論社, 1982.

定塚孝司, 医師と患者の法律關係, 實務法律大系(5) 『医療過誤・國家賠償』, 靑林書院, 1973.

竹下守夫, 間接反證という概念の効用, 法學敎室 2期 5号, 有斐閣.

淸水兼男, 診療過誤と医師の民事責任, 民商法雜誌 第52卷 第6号.

浦川道太浪(譯), ドイシにおける契約法改革の一動向－醫療契約を中心として－, ジュリスト 第756号(1982. 1. 1.).

下山瑛二, 医療事故と國の責任, 現代損害賠償法講座 4, 日本評論社, 1983.

塚原明一, 民事責任の構造－債務不履行構成と不法行爲構成(現代民事裁判の課題 ⑨ 医療過誤), 新日本法規出版株式會社, 1991.

呪 孝一, 治療行爲における患者の意思と医師の說明, 契約法大系 第7卷, 有斐閣, 1970.

─────, 現代医療における事故と過誤訴訟(現代損害賠償法講座(4)), 日本評論社, 1982.

下山瑛二, 医療事故と國の責任, 現代損害賠償法講座4, 日本評論社, 1983.

賀集唱, 請求の構成と擧證責任及び訴訟指揮への影響, 判例 タイムズ 第686号.

藤木英雄, "醫療事故における因果關係と過失", ジュリスト　第548号.

京都保險医新聞　第2403号(2003. 11. 10.).

Ⅲ. 西洋文獻

1. 單行本

A. Laufs, Arztrecht, 5. Aufl., C. H. Beck, 1993.

Abschlußbericht der Kommission zur Überarbeitung des Schuldrechts, 1992, Bundesanzeiger.

André Tunic(Chief Editor), International Encyclopedia of Comparative Law(Torts XI), J. C. B. Mohr(Paul Siebeck)' Tübingen/Martinus Nijhoff Publisher' The Hague・Boston・London, 1983.

Diter Franzki, Die Beweisregeln im Arzthaftungsprozeß, Duncker&Humblot(Berlin), 1982.

Deutsch/Geiger, Medizinsicher Behandlungsvertrag, Gutachten und Vorschläge zur Überarbeitung des Schuldrecht Ⅱ, Bundesanzeiger, 1981.

Geigel, Der Haftpflichtprozeß, 22. Aufl., C. H. Beck, 1997.

Giesen, Arzthaftungsrecht, 4. Aufl., J. C. B. Mohr(Paul Siebeck), 1995.

Laufs/Uhlrnbruck, Handbuch des Arztrechts, 2. Aufl. C. H. Beck, 1999.

338

Prosser/Keekon, The Law of Torts, 5th ed. West, 1984,

Steffen/ Dressler, Arzthafhtungsrecht, 7. neu. Aufl., RWS
　　　Verlag Komm-unikations forum · Köln, 1997.

2. 論　文

A. Laufs, Die Entwicklung des Arztrechts 1982/83, NJW
　　　1983, 1345~1351.

E. Deutsh, Das therapeutische Privileg des Arztrecht, NJW
　　　1980, 1305~1306.

――――――, Schutzbereich und Bweislast der ärztlichen Aufk-
　　　lärungspflicht, NJW 1984, 1802~1802.

J. Katz, Physician-Patient Encounters "On a Darkling Plain",
　　　9 W. New. ENG. L. Rew.(1987).

Hondius/Hooft, The New Dutch Law on Medical Services, 1
　　　NILR, 1996.

Jürg Flatten, Die Arzthaftplichtversicherung, VersR, 1994, S.
　　　1019.

Markus Philipp Förster, Arzthaftung-Haftungsfragen aus der
　　　juristischen Praxis für die Ärztliche Praxis

　　　(http://kanzlei-trier.de/frameset/download/Arzthaftung.doc).

Panayotis J. Zepos(Chief Editor André Tunic), International
　　　Encyclopedia of Comparative Law(Trots XI), Chapter
　　　6(Professional Liability; Physicians), J. C. B. Mohr(Paul

Siebeck)’ Tübingen/Martinus Nijhoff Publisher’ The Hague・Boston・London, 1983

P. Schuck, Rethinking Informed Consent, 103 YALE L. J. 899(1994).

Rolf Stürner, Entwicklungstendenzen des zivilrozessualen Beweisrechts und Arzthaftungsprozeß, NJW 1979, 122 5~1234.

Ⅳ. 인터넷 Web Site

http://www.cpb.or.kr

http://www.courts.go.jp.

http://kanzlei-trier.de/frameset/download/Arzthaftung.doc.

http://scourt.go.kr/ke/html/ke111.html.

http://www.scourt.go.kr/cgi-bin/nboard/nboard_usr_KCcontent.cgi?h_gubun=6&h_seqnum=67&h_detail_gubun=-&h_business=-&h_bub_cd=-&h_year=0&h_search=IMF시대의%20민사분쟁%20해결방식-조정&t_flag=0.

http://www.samsungfire.com/bbs/other/9999999/9999999_bbs_g_detail.jsp?SysCD=20000000&BbsID=9999999&CtID=0&BbsNum=19.

http://www.samsungfire.com/bbs/other/9999999/9999999_bbs_g_list.jsp?bbs_gubun=IR&currpage=4.

http://www.hokeni.jp/amis/kyousai/kanja/baisyou/baisyou.html.

340

http://www.nichibyo.co.jp/contents/insura/insura-1.htm.

http://www.osaka-med.ac.jp/deps/omcda/nyuukai.html.

http://www.nhic.or.kr/wbh/wbhf/2002/10/29/80,59,2,0,0.html.

http://www.news.media.daum.net/society/medical/20040304/yon
hap/v6249649.html.

http://www.hospitallaw.or.kr/dispute-insur.html.

http://www.hospitallaw.or.kr/dispute-mdeical1%20insurance.html.

· 저자 ·

김병일　█ 약력
金炳一　　목원대학교 사회과학대학 법학과 법학사
　　　　　충남대학교 대학원 법학과 법학석사 및 법학박사(민법전공)

　　　　　한국민사법학회 회원
　　　　　한국재산법학회 회원
　　　　　대한의료법학회 회원
　　　　　한국중재학회 회원
　　　　　현 대전대학교 법학연구소 연구전담 전임강사

　　　　█ 주요논저

　　　　　「의료계약의 본질과 법적 성질, 재산법연구」
　　　　　「의료분쟁의 소송외적인 해결방안」
　　　　　외 다수

● 의료계약법론

· 초판 인쇄	2006년 3월 30일
· 초판 발행	2006년 3월 30일
· 지 은 이	김병일
· 펴 낸 이	채종준
· 펴 낸 곳	한국학술정보㈜
	경기도 파주시 교하읍 문발리 526-2
	파주출판문화정보산업단지
	전화　031) 908-3181(대표) · 팩스　031) 908-3189
	홈페이지　http://www.kstudy.com
	e-mail(e-Book사업부)　ebook@kstudy.com
· 등　　록	제일산-115호(2000. 6. 19)
· 가　　격	32,000원

ISBN　　89-534-4478-0 93360　(Paper Book)
　　　　　89-534-4479-9 98360　(e-Book)